胡放之 ◎ 著

经济高质量发展
与民生改善问题研究

中国财经出版传媒集团

经济科学出版社
Economic Science Press

图书在版编目（CIP）数据

经济高质量发展与民生改善问题研究/胡放之著.
—北京：经济科学出版社，2018.10
ISBN 978 - 7 - 5141 - 9867 - 6

Ⅰ.①经⋯　Ⅱ.①胡⋯　Ⅲ.①经济发展 - 关系 -
人民生活 - 研究 - 中国　Ⅳ.①F124②D669.3

中国版本图书馆 CIP 数据核字（2018）第 239924 号

责任编辑：周国强
责任校对：王肖楠
责任印制：邱　天

经济高质量发展与民生改善问题研究

胡放之　著
经济科学出版社出版、发行　新华书店经销
社址：北京市海淀区阜成路甲 28 号　邮编：100142
总编部电话：010 - 88191217　发行部电话：010 - 88191522
网址：www. esp. com. cn
电子邮件：esp@ esp. com. cn
天猫网店：经济科学出版社旗舰店
网址：http://jjkxcbs. tmall. com
固安华明印业有限公司印装
710 × 1000　16 开　16. 75 印张　320000 字
2018 年 10 月第 1 版　2018 年 10 月第 1 次印刷
ISBN 978 - 7 - 5141 - 9867 - 6　定价：78. 00 元
（图书出现印装问题，本社负责调换。电话：010 - 88191510）
（版权所有　侵权必究　打击盗版　举报热线：010 - 88191661
QQ：2242791300　营销中心电话：010 - 88191537
电子邮箱：dbts@ esp. com. cn）

前　　言

　　推动高质量发展，是保持经济持续健康发展的必然要求，也是不断满足人民日益增长的美好生活需要的必然要求。

　　当前，我国社会主要矛盾已经转化为人民日益增长的美好生活需要和不平衡不充分的发展之间的矛盾。深刻分析这一矛盾，从民生方面来说，一是收入上的不平衡，地区之间、城乡之间、行业之间收入分配差距较大。目前人们对收入的不满意，主要体现在对收入不平衡的原因方面。造成社会收入分配不平衡的主要原因，除市场经济引发收入上的差距外，现行分配体制的不完善也进一步拉大了收入差距。二是发展上的不充分，具体表现在就业、医疗、教育、住房、养老等方面。如在就业领域，由于人力资源过剩、城乡二元结构与劳动者生活成本和就业预期的提高造成"就业难"与"用工荒"并存的结构性矛盾。而随着人工智能的发展，越来越多的制造业用机器替代人的方式来应对劳动力成本的上升压力，引起用工需求持续下降。"用工荒"是由于职业教育不足引起高技能劳动者短缺，不能满足经济发展方式转变以及产业结构调整、升级加快对高素质劳动者的要求。再如在社会保障领域，近年来我国社会保障事业发展较快，但仍存在保障水平较低、覆盖面不广，进而社会保障制度难以应对老龄化、人口流动和就业方式多样化以及收入分配不平衡的挑战。又如在住房方面，住房资源配置的不合理真实反映了社会分化的程度，特别是在城镇化进程中，城市低收入群体和农民工的住房问题成为制约城市经济社会健康发展的重要问题。

　　民生问题的结构性矛盾是经济社会转型期经济社会发展失衡的集中体现，是转型期的经济社会资源、机会缺乏或配置不合理所引起的。而民生问题的解决就是要从保障民生和改善民生入手。保障民生就是要对现有的经济资源和机会配置格局进行结构调整，让更多的人共享发展成果；改善民生就是要通过产业调整、升级、教育培训和制度创新推动经济发展，为民生提供更多经济资源和物质基础。

本书是基于改革开放以来经济社会快速发展所累积的民生领域的结构性矛盾、在大量的实际调查以及理论研究的基础上撰写而成。本书分为三个部分，即：城镇化进程中的民生改善问题研究；企业转型升级与民生就业收入增长问题研究；经济结构调整与民生改善问题研究。

本书分别从宏观、中观、微观三个不同层面，围绕经济结构中的矛盾、城乡区域发展不平衡、民营经济发展不充分以及一些深层次的体制机制问题，深刻分析了高质量发展的现实基础和一些民生"短板"问题，尤其是结合部分大学生和农民工群体在城镇化、企业转型、经济结构调整过程中，在就业、职业培训、住房、收入分配、社会保障等方面出现的矛盾做了长期的、深入的调查和理论研究，为着力解决高质量发展中的民生"短板"持续深入探索奠定了坚实的基础。

本书收集了 35 篇调研报告和理论文章，系笔者长期调查研究和多年理论研究的成果汇集，体现了"改善民生永远在路上"的时代理念。

胡放之

2018 年 9 月 10 日

目 录
CONTENTS

第一部分 城镇化进程中的民生改善问题研究

城镇化进程中民生改善进程问题研究
——基于湖北城镇化进程中低收入群体住房、就业及社会
保障的调查 / 3

关于湖北省资源型城市工矿棚户区改造的调查报告 / 13

保障住房、增加就业与改善民生的可持续性
——以湖北黄石棚户区改造为例 / 19

大力推进"农超对接" 促进农业发展方式转变 / 30

当前我国农村消费需求不足的深层原因及对策选择 / 38

返乡农民工与社会主义新农村建设刍议 / 47

农民工融入城市的困境
——基于制度排斥与工资歧视的分析 / 51

农民工市民化之制度障碍与路径选择 / 58

关于湖北省农民工就业质量的调查报告 / 62

全面建成小康社会与民生改善问题研究
——基于湖北企业职工收入分配、就业、社会保障的调查 / 68

第二部分 企业转型升级与民生就业收入增长问题研究

增加中低收入者收入 切实保障和改善民生
——基于湖北省传统制造企业一线职工收入状况的调查 / 79

"招工难、就业难"并存的原因及解决对策

　　——基于湖北的调查 ／ 86

企业用工短缺与结构性失业的深层原因探析

　　——基于湖北企业的调查 ／ 96

创新驱动、人才为本与中国制造企业转型升级

　　——以湖北制造企业高技能人才培养为视角 ／ 102

降成本补短板　进一步完善社会保险制度 ／ 111

实事求是地认识中国的比较优势与竞争力 ／ 115

劳动成本、劳动生产率与中国制造业企业的竞争力 ／ 118

大力开展集体协商　推进企业一线职工工资正常增长

　　——基于湖北省部分行业一线职工收入状况的调查 ／ 124

员工参与与工资决定

　　——基于企业工资集体协商的实证分析 ／ 132

关于企业劳动定额与职工工资决定的调查与思考 ／ 144

企业初次分配中劳动报酬决定机制研究

　　——基于湖北省企业职工收入分配状况的调查 ／ 150

第三部分　经济结构调整与民生改善问题研究

加快供给侧结构性改革　保障职工工资合理增长 ／ 167

破解结构性失业难题　切实保障和改善民生

　　——基于湖北省企业用工短缺与结构性失业的调查 ／ 173

制度障碍、社会流动性与大学毕业生就业难 ／ 181

发展数字经济　大力创造就业 ／ 190

关于湖北省新兴产业高技能人才供求状况的调查 ／ 195

保障"网约工"劳动权益　促进"新业态"健康发展 ／ 201

新时代和谐劳动关系的构建：影响因素与对策

　　——基于湖北企业的调查 ／ 205

劳资关系协调及劳资矛盾化解机制研究 ／ 213

行政垄断、收入流动性与我国行业收入差距的扩大 ／ 221

从收入流动性看我国居民的收入差距
　　——一个新的研究视角 / 229
我国产业结构演进中工资水平与劳动力配置刍议 / 237
工资水平与经济起飞刍议 / 241
加薪就能提高劳动报酬比重吗 / 248
提高初次分配中劳动报酬比例促进经济健康发展 / 251

后记 / 259

第一部分

城镇化进程中的民生
改善问题研究

城镇化进程中民生改善进程问题研究

——基于湖北城镇化进程中低收入群体住房、
就业及社会保障的调查[*]

随着经济的发展，我国城镇化进程逐步加快。然而，伴随着城镇化的推进，一些社会普遍关注的民生矛盾，如住房、就业及社会保障等问题逐渐凸现。那么如何化解这些矛盾，让广大农民工在就业、住房、医疗、养老等方面得到保障，使农民工真正融入城市，享受城市居民应有的待遇和经济发展带来的成果，是亟待解决的重大课题。

一、引　言

关于城镇化进程中的民生问题，国外学者著述较多。他们主要围绕着城乡差距、就业机会、贫民窟现象等问题进行了深入分析。刘易斯（1954）在其著名的《无限劳动供给下的经济发展》中就指出，劳动力从农村流向城市，主要取决于城乡实际收入差异，只要城市工业部门的一般工资水平高于乡村农业且一般工资水平达一定比例，农民就愿意离开土地迁移到城市中谋求新职业。托达罗（1969）以农业劳动者在城市的就业机会为视角，提出农业劳动者迁入城市的动机主要决定于城乡预期收入差异，差异越大，流入城市的人口越多。托达罗认为，在任一时期，迁移者在城市现代部门找到工作的概率与现代部门新创造的就业机会成正比，与城市失业人数成反比。戴维斯（Davis，1975）针对发展中国家城市普遍存在高迁入率、贫穷和贫民窟现象，认为流向城市的农民多数缺乏培训和技术，很难马上获得稳定的工作和收入，其生活方式和习俗也往往遭到当地人的歧视，难以融入城市社区，只

---

　* 该文刊载于《湖北社会科学》2015 年第 2 期，获第十一届湖北省社会科学优秀成果奖二等奖。

好聚集在贫民窟。从发展中国家城市化发展的现状看，几十年来由于人口不断增长，同时国民收入分配严重不均，大量失地农民涌入大城市，以致人口暴涨，严重超过城市的负担能力，结果在一些发展中国家民生矛盾一直没有得到根本解决。

在国内，关于城镇化进程中民生问题的研究也较多。学者们普遍认为，城乡差距是推动农村劳动力向城市转移的主要动因。同时许多学者也提出，随着城市经济快速增长、人口迅速向城市聚集，一些矛盾越来越突出，最主要的就是农民工就业不稳、社会保障不足、享受不到城市居民的待遇等。李昱（2010）以就业环境为视角，认为农民工在城市就业，存在一系列的门槛，他们不仅面临着就业技能缺乏、就业市场竞争激烈等问题，还面临着就业制度化壁垒稳固、就业保障机制不健全等不利因素。王新、王冬（2011）以农村劳动力迁移的成本为视角，认为当前由各级政府推动的高速城市化，造成土地和住房等城市要素价格过快增长。而农民工工资增长缓慢，造成农村劳动力城市化的边际成本高于城市化的边际收益；同时农村劳动力转移与城市化在空间上出现不匹配，因为农村劳动力就业过多集中于劳动密集型行业。而劳动密集型行业普遍缺乏创新能力，这会造成农村劳动力转移的边际收益小于城市化成本的趋势，从而制约农村人口向城市迁移。杨永华（2010）以城市化发展模式为视角，认为当前的城市化是一种不彻底状态，是"半城市化"，它表现为流动人口在制度上没有完全享受市民权，即与市民相比，享受不平等的就业权、居住权、教育权、社会保障权、社会福利等。贺雪峰（2014）以城市化质量为视角，认为城市化的质量根本取决于经济社会发展水平。并认为，农民进城了，即使有了户口，但如果没有获得就业机会并取得可靠收入，他们仍会成为"进城失败者"，沦落到城市社会底层。

综上，学者们从多个角度对进城农民工的民生问题，特别是在就业、住房、社会保障等方面遇到的矛盾进行了深入的研究。笔者认为，要让进城农民工在就业、住房及其他福利方面得到切实保障，并能真正融入城镇而不至于成为低收入群体，还需要从现有城市管理体制下的各种利益保护机制方面、从城市体制改革方面、从城市发展方式的转变方面进行深入的研究。这既是解决民生问题的天然要义，也是让广大人民群众分享发展成果的根本要求。

二、湖北城镇化进程中低收入群体的现状及特点

改革开放以来，湖北省约有 1600 万农村劳动力向城镇转移就业，其中有

近500万人实现了市民化,包括从农村考学出来的大中专学生以及其他转移就业人员。现仍然有1138万农民工的户籍关系留在农村。在这些人当中,有600多万人在外省务工,约有500万人在省内各城镇打拼。从部分农民工群体的就业与收入看,他们具有如下特点:

首先,就业不稳定。近年来,湖北各地就业结构性矛盾十分突出。一方面,许多企业严重缺工。特别是中小劳动力密集型企业如纺织、服装、住宿、餐饮、机械制造、建材、电子信息、粮油加工等缺工较严重,且这一现象有进一步加剧的趋势。据对省内351家企业的调查,企业平均缺工率达到12.7%。资料显示,2013年湖北省在商业服务、制造业等方面的用工缺口在进一步扩大。但另一方面,相当多的农民工就业不稳定。调查显示,2012年,351家企业员工平均流失率为21.5%;2014上半年,武汉市员工流失率平均为7.5%。据悉,在湖北省不同的就业群体中,农民工就业不满意率达55%,灵活就业人员不满意率达60%,这反映农民工就业质量明显偏低。

其次,工资收入偏低。据笔者对湖北9市81家传统制造企业的调查:一是企业员工实际工资普遍偏低,2012年人均月工资为1795元。一线员工工资在1500元以下的占19%,1500～2000元的占54%,2000～2500元的占10%,2500～3000元的占11%,3000元以上的占6%,多数员工工资在2000元以下。二是一线工人工资远低于平均水平。目前,湖北省在岗平均工资为32050元/年,而企业一线员工人均工资仅为21540元/年。三是企业一线员工工资增长缓慢。2009年以来增幅为10%以下的职工占31%,增幅10%～20%的占45%,增幅20%～30%的占18%,增幅30%的占6%,表明多数企业员工工资增幅缓慢。

再次,居住条件普遍较差。受工作不稳定、工资收入偏低等因素的影响,农民工住房情况亦不理想。据悉,外出农民工多选择在"城中村"租房;在建筑工地工作的,则按施工地提供的工棚集中就近居住。而在一般的制造或传统服务行业,从业人员大部分是在生产经营场所居住或在附近的出租屋集体租住,而雇主则往往以提供免费食宿为由压低工资。据2010年一份针对武汉市农民工租房情况的调查,有超过60%的农民工自行租房,用人单位提供住房的比例约为31%。且居住条件较差,18%的农民工人均住房面积仅为2～3平方米,22%的农民工住房开支占收入比重超过20%,这对低收入的农民工来说无疑是不小的负担。另据笔者的调查,发现棚户区居住环境普遍较差,生活设施缺乏。这些房屋多数年代较长,以平房砖木结构为主,大多没有排水设施(60%),没有燃气、消防、垃圾转运等设施(98%)。许多房屋已严重损坏(23.6%)、一般损坏(33.3%)。普遍呈现人均居住面积小、卫生条件差、安全隐患高的特征。

最后，社保参保水平仍较低。作为外来务工人员，由于户籍制度的限制以及社会保障制度的不完善，农民工往往很难享受到城市就职人员所能享受到的社会保障与社会福利，并长期处于社会保障体系的边缘。调查显示，不少企业特别是私营企业没有为工人提供"五险"，他们或者只是为部分骨干提供"五险"，或者只是提供部分险，还有一些企业自定土政策，降低企业应承担的社会保险部分，提高职工缴纳的比例。

需要注意的是，部分家庭来自农村的大学生成为城镇化进程中的新弱势群体。伴随高校不断扩张，越来越多来自农村的大学毕业生选择在大城市就业，但由于个人自身以及户籍等因素的制约，使得农村大学生融入城市困难重重。他们在就业上处于弱势地位，由于工作经验与技能不足或是缺乏背景与人脉，只能和农民工一样，就职于一些中小私营企业，有的甚至处于失业或半失业状态，人均月收入低于 2000 元，尚未达到城镇职工平均工资水平，也远低于大学生毕业半年后的平均工资。在住房上也享受不到以廉租房、公租房和经济适用房为主体的住房保障制度。这部分大学毕业生群体通常被称为"蚁族"。他们人数虽不及农民工多，问题也不及农民工突出，但也是在城镇化进程中出现的一个低收入群体。

三、城镇化进程中低收入群体产生的主要原因

改革开放以来，一批批农民离开农村，进入城市，进入工厂，形成庞大的打工群体，他们不仅为中国的工业化做出了贡献，也为城镇化做出了贡献。但是农民工群体在城市不仅就业不稳定，收入低，社会保障水平总体低，没能分享到城市化带来的红利，还因在就业、住房及其他福利方面得不到保障而无法真正融入城市。究其原因，主要是长期以来在城市发展理念上片面强调城市管理，忽略了公共服务、以人为本；过于注重经济建设，忽视了民富优先、民生为重；单纯追求城镇化速度，没有切实从产业结构、就业方式、人居环境、社保保障等方面实现由"乡"到"城"的转变上下功夫，致使相当数量的农民工难以融入城市，以致成为城镇化进程中的低收入群体。

首先，公共产品供给不均等。长期以来，户籍制度及其附属的社会保障制度是横在农民工和城镇市民身份之间的根本制度障碍。需要注意的是，户籍只是一个表面现象，真正的障碍实际是其背后的社会保障和公共福利。资料显示，与户籍制度挂钩的社会保障主要是公积金、养老保险、医疗保险、

失业保险等，这些社会保障中，政府补贴的部分往往是城镇职工个人支付的2～4倍。如公积金，按《住房公积金管理条例》的规定，个人缴存与单位缴存的比例为1:1，这就意味着城镇职工所享有的住房公积金数量为其实际支付数量的2倍。再如养老保险，根据行业统筹企业养老保险缴费比例标准，单位的费率为工资总额的20%，个人缴费大约为工资总额的8%。因此，该项补贴的数量约为职工支付的2.5倍，而实际收入为职工支付的3.5倍。而目前我国农民工参加养老保险、工伤保险、医疗保险、失业保险和生育保险的比例分别只有13.9%、23.6%、16.7%、8%和5.6%，这意味着绝大多数农民工并没有享受到社会保障的好处。不仅如此，除城镇居民所获得的隐性补贴（综合各类补贴，约为4275元）远远高于农村居民所获得的人均收入水平外，城镇居民还在教育、医疗、住房等方面比农村居民拥有更多更完善的保障和福利。

其次，保障制度设计不合理。随着全社会对农民工民生问题的关注，许多地方开始为农民工提供养老、医疗、工伤等保险。然而，事实上，我们看到许多农民工不愿意参保、甚至一些已经参保的又退保，或者宁愿放弃社保换工资。为什么会出现这种现象？主要是保障制度本身存在一定缺陷。由于社保制度的设计碎片化，不同地区的保障标准不一样；同时，对不同群体的保障也不一样。对农民工、自由职业者、个体工商户、灵活就业人员等这部分群体来说，一方面，社保运作属地化倾向过于明显，而这部分人群工作不稳定，流动性强，且随着年龄的增加或工作性质的变化，他们随时可能"走人"，很少有人可以最终享受到制度规定的养老金；另一方面，鉴于区域经济发展不平衡，各地社保标准不统一，且社保异地转移接续目前还处在摸索阶段，很多地方社保不能跨地区接续，一旦"转保"就等于放弃。因为要"转保"到异地，接收地只能接收到个人账户的钱，若要承担加上企业缴纳的那部分钱计算出来的退休金，显然接收地是不愿意接收、不愿意续保的。如果退保，农民工最多只能拿回自己缴纳的那一小部分，企业缴的那部分"大头"则留在了当地。因此不能转移的养老保险制度对"流动的"农民工来讲根本没有起到养老保险的作用，反倒成为一种累赘和负担。再加上通货膨胀的因素，与社保相比，这部分群体对当下的实际收入要求更为迫切。本来他们的收入就不高，而强制上"四险"要占他们工资收入的很大一部分，这使他们很难应对养家糊口的现实压力。

再次，进城农民住房无保障。目前，大量农民已进入城市工作，但其宅基地和承包地等基本的财产还不能进入市场流通。农民在农村的宅基地和住房是连在一起的。从农民工老家住房情况看，一方面，农村的房子处于闲置，而宅基地不能流转，房屋不能自由处置，使进城的农民工缺乏原始积累，只能从事简单繁重的体力劳动，获取微薄的收入；另一方面，即便一些农民工想将土地进行流转，他们也得不到合理的补偿，以至于不得不保留那么一点土地并根据农业生产季节性特点边打工边种田，甚至让其荒芜，而无法完全脱离土地，融入城市。从农民工在城镇住房情况看，一方面，农民工在城镇居住条件恶劣、极度渴望拥有城镇住房；另一方面，城市保障房制度缺失。尽管 20 世纪 80 年代以来我国在城市住房改革方面采取了一系列的措施，如：①以优惠价格鼓励居民购买公房；②建设商品房满足高收入家庭的需要；③面向中低收入家庭建设经济适用房；④为经济困难家庭提供廉租房；⑤逐步放开对租售原公有住房的限制，培育二手房市场等。但这些都是针对符合条件的城市居民，没有一项涉及外来农民工。受户籍制度的限制，农民工被排除在公房租售和购买经济适用房之外，也无法在城市获得土地自建房屋，唯一可能的是从市场上租用或购买商品房。但城镇商品房房价和人均收入比又完全脱离国际上的一般水准，绝大多数低收入农民工可望而不可即，以致大部分农民工无力在城市定居。因此，住房实际上已经成为两极分化的分水岭，且这一因素还会产生"马太效应"，成为阻碍农民向城市永久转移的主要因素。

最后，农民工就业很不稳定。一般地，稳定的就业与收入是农民工融入城市的基础。然而，长期以来，我国的产业结构主要是以中低端制造业为主，服务业规模太小。产业结构不合理成为农民工就业结构性矛盾加深的主要原因。目前，我国农村人口在城市务工，相当部分人集中在中小劳动密集型企业和建筑业，还有部分人集中在传统生活服务性行业。这些中小企业长期徘徊在产业链的最低端，转型升级步伐缓慢，生存存在极大的困难，且不说根本无法满足农民工增加工资的要求，保障农民工的合法权益，如一旦经济发生波动，农民工就业首当其冲地受到影响。同时，大多数农民工缺乏一技之长，只能在传统劳动密集型、资源型、订单类的企业，以及餐饮、住宿、物流、保洁等生活服务性行业做着简单的劳动，且因自身素质不高，又不具备工资议价能力，其工资收入始终较低。资料显示，2012 年，我国住宿和餐饮业从业人数 454.45 万人，占第三产业就业人口数的 1.64%。从年平均工资看，2012 年全国住宿和餐饮业城镇单位就业人员平均工资为 31267 元，为全国城镇单位就业人员平均工资的 66.85%。显然，以农民工为主体的一线劳动者收入明显过低，这不仅使城镇化进程中农民工民生的改善未得到体现，还导致社会上一些人歧视农民工，出现了比较普遍的轻视劳动，蔑视劳动的现象。值得注意的是，多年来，由于收入分配制度以及涉及劳动关系方面的法律制度还很不完善，对劳动者保护不够，农民工的工资一直较低，这使得大多数农民工所在的竞争性行业和垄断行业的收入差距不断扩大，从而使不同行业的人群逐渐分化，部分人群成为利益阶层，另一些人群特别是部分农民工群体沉入收入下层，并逐渐被固化，成为城镇化进程中的低收入群体。

四、建议与对策

城镇化是人类改善民生、发展民生到一定阶段的聚集地，是人们享受现代文明的重要场所。城市是人们不断追求民生的解决、改善和发展，才逐渐形成的。从世界171个国家的经验可知，人类发展指数与城镇化率之间有着直接的正向关系。因此，城镇化与民生发展是一种"互构互长"的关系。一方面，城镇化可有效促进民生改善，通过加快城镇化进程，可以改变人们的生活质量、提升人们的幸福指数。这是因为，城镇化在使人口不断向城镇转移的同时，也促使第二、第三产业不断向城镇聚集，不断增强城镇产业承载能力，并为居民提供充分的就业以及适宜的居住、社会保障、医疗、教育等条件，达到不断改善民生的目的。同时，城镇化的快速发展，将导致生产要素高度集聚，经济要素得到优化配置，这不仅可带动巨大的基础设施投资需求和消费需求，自身的经济也能得到长足的发展；还能提高整个国家财力，为民生发展提供雄厚的物质基础，提高人们的收入水平，为住房、教育、社会保障、医疗等提供支持，从而扩大民生保障的覆盖面。另一方面，民生改善与发展必将推动城镇化进程逐步加快。首先，民生改善既为城镇化创造稳定的就业环境，吸引农村劳动力不断向第二、第三产业流动、向城镇转移；也为城镇化营造安全的社会环境，解决由于农村劳动力流动所产生的一系列问题，使得流动更加有序、快速地进行。其次，民生改善在不断提高人的生活质量的同时，也在很大程度上增强了市场经济活力、拉动了消费需求，为城镇的经济发展提供了更广阔的市场空间，有利于城镇化的不断推进。再次，通过城镇化的推进以及城镇各项社会事业的发展，不断推进基本公共服务均等化，不断满足人们在就业、住房、社会保障等民生方面的需要，使广大群众共享改革发展的成果，提升人们的幸福指数，这无疑可极大地调动劳动者的积极性、创造性，成为推动城镇化的重要力量，并使城镇化可持续地发展。

显然，当前进城农民工群体在住房、就业以及社会保障等方面遇到的各种民生问题与中国独特的"二元经济结构"有着深刻的联系，同时与我们在吸纳农村劳动力、推动城镇化建设方面的政策机制不完善有关，为解决当前日益突出的农民工市民化问题，提出以下建议：

第一，大力推动产业结构升级，为农民工创造更多的就业机会。产业结构优化升级是解决就业结构性矛盾的关键，政府应制定相应政策，为促进产业结构升级与增加就业良性互动创造条件。一方面，大力发展高附加值劳动密集型中小企业。实行更加有利于企业发展和就业的税收优惠政策和信贷扶持政策，促使企业向产业链两头延伸。另一方面，多层次地发展服务业。服务业是创造和扩大就业的主要途径。政府应拓展生活服务和社会服务新领域，围绕消费需求升级和城镇化对医疗、教育、社会保障、养老等服务的需求，大力发展就业容量大的养老服务、社区服务、健康服务等劳动密集型新兴服务业。同时大力发展现代服务业特别是生产性服务业，促进制造业与服务业的融合，在做大服务业规模、提升服务业水平的同时，优化城市产业空间，提升城市的创新功能和服务功能，增强对农村劳动力的吸纳能力。

第二，消除工资歧视，夯实农民工进城的经济基础。政府要充分重视农民工特别是低收入群体的工资问题，加强对企业就农民工工资问题的宏观调控，通过提高最低工资标准，逐步提高农民工的工资水平。一是要引导企业健全完善基本工资制度，特别是劳动定额管理制度，通过提高按劳分配在初次分配中的比重逐步提高企业农民工的工资水平。二是进一步完善企业工资指导线、劳动力市场指导价位、企业人工成本信息指导制度，要通过舆论宣传扭转劳动要素分配权益相对弱化的趋势，要让没有法律效力的工资指导线，通过宣传获得"自然正义"的法律效果，强化对企业提高农民工工资水平的指导和促进。三是各地工会应积极引导和帮助组农民工加入工会组织，积极引导他们参与劳动法律制度、工资集体协商等相关制度的建设。作为群众性的工会组织，应把农民工组织起来反映劳动者的意愿，维护农民工的合法权益，使工资集体协商实现其作为维护劳动者权益的价值取向。四是缩小收入差距，增强社会的流动性，从根本上矫正社会平均利润率扭曲问题，同时调整收入分配结构，缩小行业间、地区间、城乡间的收入差距。一方面，严格执行国家"限高、扩中、提低"的收入分配政策，实现公平合理的收入福利分配机制，限制垄断行业工资过高增长；另一方面，规范垄断企业及政府部门的人员招聘机制，增强就业市场的公开度和透明度，通过法律和制度建设防止就业歧视，保障就业公平，增强社会流动性。

第三，加快城乡社会保障制度改革，实现基本公共服务的均等化。要让农民工真正融入城市，不仅仅只是改革户籍管理制度，而是要剥离户口制度背后的各种城市偏向性的福利制度和政策，实现基本公共服务的均等化，让农民工能平等地参与就业竞争，平等地享受劳动权利。同时必须创新城市公共财政制度，使各种基本公共服务包括社会保险、公共卫生、义务教育、劳动报酬等逐步覆盖到全体低收入农民工，并与城市职工一视同仁，彻底破除农民工的身份界限，从制度上保障进城农民的合法权益。当前，农民工就业不稳定、流动性高，社保关系无法异地转续，且转移时只能提取个人缴纳部分，导致很多农村进城务工人员不愿意缴纳社保，基础参保率很低，无法享受基本的社会保障。针对此问题应加快社会保障制度改革，实现社保全国统筹；同时在现有条件下，允许社保中单位缴纳部分也可以随个人进行转移，允许个人以最低标准补交，保证社保关系的连续性。

第四，重视教育培训，提高农民工进城就业的适应条件。在加快推进农民工市民化步伐的过程中，政府应发挥优势，帮助中小制造企业加强技能培训，使区域内的职业技术培训资源与中小制造企业更好地对接，使农民工尽快提高职业技能，适应企业发展需要；还应充分重视农民工子女的教育问题，统筹发展农村基础教育、继续教育，提高农民工人力资本的积累。具体说，主要从三个方面进行：一是政府应主导成立农民工职业教育机构，并以财政补贴形式进行长期支持；二是应从制度上规定企业在农民工就职过程中必须进行职业教育培训；三是鼓励民间力量参与农民工的职业技能培训，并给予相应的政策优惠与补贴支持。

第五，加快宅基地制度改革的步伐，为农民工进城创造条件。当前农民工市民化的核心内容之一在于农村宅基地的流转及农民工住房问题的解决。为此，应有计划地开展试点，完善土地确权，改革农村土地制度特别是宅基地制度。只有明晰土地所有权，才能保障农民自由耕种、土地合法流转的权利，才能加强农民在土地转让中的定价权和话语权，农民才能真正享受到土地转让和土地增值过程中的利益和好处，并在此基础上实现农村和农民土地财产资本化，解决农村经济发展中资金短缺问题，才能建立健全农村宅基地退出、复垦机制，实施土地规模经营，实现资源的最优配置，才能真正增加农民财产性收入，让农民工真正成为市民，破解城乡二元结构。

参考文献

[1] Lewis W A. Economic Development with Unlimited Supply of Labour [J]. The Manchester school, 1954, 22 (5): 139 – 191.

[2] Todaro M P. A Model of Labor Migration and Urban Unemployment in Less Developed Countries [J]. The American Economic Review, 1969, 59 (1): 138 – 148.

[3] Davis K. Asia's cities: problems and options [J]. Population and Development Review,

1975（1）：71 – 86.

[4] 李昱．新生代农民工融入城市问题探析 [J]．求索，2010（10）：91 – 93.

[5] 王新，王冬．民工荒和半城市化：刘易斯模式困境与出路 [J]．经济问题，2011（12）：22 – 26.

[6] 杨永华．民工荒、半城市化模式和城市化模式 [J]．经济学家，2010（9）：71 – 76.

[7] 光给户口给福利只是低质城镇化 [N]．长江日报，2014 – 04 – 17.

[8] 湖北去年输出农民工超 1100 万 创收 1556 亿元 [EB/OL]．新华网，2012 – 02 – 12.

[9] 商业服务、制造业用工缺口又扩大了 [N]．长江商报，2014 – 01 – 07.

[10] 湖北就业质量评估报告出炉总体处于"一般"水平 [N]．湖北日报，2013 – 11 – 09.

[11] 黄烈佳，童心，王勇．武汉市农民工住房现状调查分析及其保障对策探讨 [J]．湖北经济学院学报（人文社会科学版），2010（2）：21 – 22.

[12] 李实，高明勇．户籍制度是怎样拉大"收入差距"的 [N]．新京报，2010 – 06 – 05.

[13] 蒋未文，庞丽华，等．中国城镇流动人口的住房状况研究 [J]．人口研究，2005（7）：16 – 27.

[14] 我国服务业已成为吸收就业主渠道 [EB/OL]．中研网，2014 – 04 – 12.

[15] 不解决民生问题城镇化不可持续 [N]．新民晚报，2013 – 09 – 01.

关于湖北省资源型城市工矿棚户区
改造的调查报告[*]

近来，保障房建设成为职工群众最为关切的问题之一。按照中国机冶建材工会的要求，笔者重点对黄石市以及辖区内的大冶有色金属集团控股有限公司（以下简称大冶有色）、黄石工矿（集团）公司（以下简称黄石工矿）等省内 10 家工矿企业棚户区改造情况进行了调查。调查采取入户走访、个案访谈、调查问卷和召开座谈会等方式进行。本次调查发放问卷 220 份，有效作答 152 份。调查表明，黄石市兼有老工业基地和资源型城市的双重特征，棚户区改造工作取得了重大进展，探索了被住建部肯定的成功经验，但也同时存在一些亟待解决的问题，应引起有关方面的高度重视。

一、棚改前职工住房状况

棚改前，黄石市共有棚户区 164 片，占地面积约 200 万平方米，聚居在各棚户区的 10 多万名职工中，有 80% 以上属低收入或住房困难家庭。其中，中心城区棚户区占地面积约 80 万平方米，住户达 3 万余户；工矿企业棚户区占地面积约 120 万平方米，住户达 7 万余户。棚户区职工居家状况显现如下特征：

一是职工生活设施大多"随矿而建"。如黄石市十三排棚户区是在袁仓煤矿十三排简陋平房基础上形成的，素以"车进十三排，进去出不来；晴天打雨伞，雨天穿套鞋；垃圾靠风刮，污水靠蒸发"著称。该区 89.5% 的

---

　　* 该文刊载于《工运研究》2011 年第 18 期；源于中国机冶建材工会调研课题，形成调查报告：《关于对有色金属、黄金行业部分工矿棚户区改造情况的调查》。

房屋为 1960～1979 年所建，其中，砖混结构占 32.3%，砖木结构占 56%，简易结构占 7.4%，其他占 4.8%，严重损坏房占 23.6%，一般损坏房占 33.3%，没有排水设施占 60%，没有燃气、消防、垃圾转运等设施占 98%。在此聚居的 1852 户居民，面积不足 30 平方米的达 426 户。历经百年采掘，企业因资源枯竭多次辗转作业区，滞留于此的历代煤矿工人形成了一个特殊的住房困难群体。企业改制重组后，该区域 50% 以上的居民靠路边摆摊、饲养家禽、政府救济维持生计，住房兼具了多代同室、搭盖严重、危房居多、环境恶劣、产权复杂等特点，成为湖北省资源型城市工矿棚户区的一个缩影。

二是职工期待棚改的愿望十分强烈。由于历史的原因，棚户区职工家庭在就业、就医、就学等方面存在诸多困难，大多为生活、住房"双困户"。在被调查的职工家庭中，人均收入在 1000 元以下的就占 69.1%。住上好房子是他们的最大愿望，是几代人梦寐以求的期盼，但是，单靠自身力量很难实现愿望。调研显示，有 43.2% 的棚户区居民认为改善住房条件是其最现实的问题。

三是"半边户"职工住房存在边缘化。由于受福利分房政策的限制，"半边户"职工家属子女处于政策边缘，所分住房过于窄小，多数为单间或集体宿舍。实施住房货币化后，这种状况更难改变，除了退休返乡的老职工外，现仍在工作的职工年龄多在 45 岁以上，工龄多在 25 年以上，且体力差、收入低、负担重。伴随城市化进程加快和矿山资源逐渐枯竭，"半边户"职工家庭住房成为现实难题。从人均住房面积调研数据分析，有 63.7% 城镇最低收入家庭人均住房建筑面积在 20 平方米目标要求以下。

四是困难企业棚户区改造举步维艰。如黄石工矿是原黄石矿务局改制续存的煤炭采掘企业，现有职工 4466 人，抚恤人员 2500 人，离退休人员 8700 余人，职工分散居住在袁仓、源华、胡家湾等七个矿区。该矿 8836 户职工中，无房的有 2480 户，占居民总数的 28%；人均住房面积在 12.6 平方米以下的有 3250 户，占居民总数的 36.78%；无房户借居农村或搭建简易棚，存在"半边户"三代人共居 18 平方米棚户的极端困难情况。由于企业经营困难，自我改造能力甚弱，棚改工作推进艰难。调查发现，该矿棚户区建筑密度高，危房成片，乱搭乱建现象严重，不仅居住环境极差，而且还存在严重的治安、消防隐患。其房屋砖木结构占 16.1%、竹木泥坯占 1.3%、泥草房占 1.3%，其中使用 40 年以上的竟占 23.8%。

二、实施棚改的成功经验

在实施保障房建设进程中，湖北省各级党委、政府认真贯彻落实党中央、国务院的英明决策，切实把工矿棚户区改造作为改善和保障民生、构建和谐社会的一件大事来抓。黄石市委、市政府于 2010 年 7 月出台了《关于加快推进城市和国有工矿棚户区改造工作的意见》，计划用 4 年（2010～2013 年）时间，通过建设 70 万平方米的还建房、25 万平方米廉租住房、18 万平方米公共租赁房，基本完成全市城区和国有工矿棚户区改造。

在推进过程中，黄石市充分利用国家有关资源枯竭转型城市和棚户区改造等优惠政策，抓住机遇、大胆创新，健全机制、多举惠民，探索了"共有产权、公共租赁、租售并举"的成功做法，创造性地提出将还建房多出部分的产权由政府、企业、产权人三方共有，此部分可租也可售。属保障房对象可按廉租房、公租房的租金付租居住；经济条件较好的，按市场租金付租；经济条件允许的，可选择分期购买。该制度明晰了政府、企业、居民的责权利，较好地解决了棚户区居民买不起还建房的问题。

为使棚户区居民"搬得出、住得下、稳得住、能发展"，黄石市还出台了相应的就业扶持政策，将棚户区首期改造工程近 3 万平方米商业配套设施所形成的岗位优先提供给拆迁居民，配套设施建设以及日后产生的经济效益，也完全用于还建房物业管理补贴；在拆迁还建安置上，该市采取了"就地还建与异地还建相结合，以异地还建为主；集中还建与分散还建相结合，以集中还建为主；坚持多种途径安置还建（廉租房、经济适用房、公共租赁房、共有产权房），实施先建后拆，以建促拆"等多项措施，有效缓解了拆迁中的矛盾纠纷；在公租房租金管理上，该市采用"市场租金，分类补贴，租补分离，可租可售"的方式，视不同经济状况，给予住房困难户更多的实惠。

备受社会关注的十三排棚户区改造（金广厦）项目，是黄石市启动棚户区改造的首个项目，也是国家按康居示范工程标准规划设计的首个示范工程。该项目占地面积 207 亩，还建面积 42 万平方米，总投资 7.56 亿元，建设各类住宅 5008 套，其中还建房 3504 套，廉租房 1004 套，公共租赁房 500 套。

在黄石市委、市政府的强力推动下，辖区内工矿棚户区改造取得了突破性进展。大冶有色的成效更为突出，其基本做法值得各类工矿企业借鉴。

一是用足用活政策，科学制定规划。大冶有色在保障房建设中，成立了专门的房地产公司，统筹利用各种社会资源，实行市场化、专业化运作，并结合企业实际，通过实行统一规划、统一设计、统一施工，使小区规划、工程质量、工程速度、房屋价格等方面达到理想效果。

二是创新运行机制，开辟发展新路。为解决低收入职工"买不起"的问题，大冶有色率先提出的"共有产权"廉租房建设新模式，打通了由"租"到"有"的产权通道，既满足了困难职工的住房需求，又解决了廉租房使用中的退出机制，在保障房建设中具有突破性意义，已被国家住建部在全国推广。

三是实施多措并举，破解建设难题。在筹集建设资金上，大冶有色广开筹资渠道，采取政府减免一点，即积极争取国家对国有工矿棚户区改造给予的资金支持和税费减免等优惠政策；企业投资一点，即从企业利润留存中列出专项资金和盘活存量土地、运作底层商业门面而筹集建设资金；职工拿出一点，即开发多种属性的保障房，鼓励职工根据各自需求，购买不同属性的房屋产权。

三、棚改中存在的问题

一是历史欠账多。由于计划经济时期实行"先生产、后生活"的方针，导致企业积累大多用于生产建设，职工住房欠账太多，且住宅建设都比较简陋。如袁仓煤矿在建职工生活区之初，其水、电、路等配套设施均不齐全，几十年来，棚户区环境状况越来越差，由此造成沉淀问题多，棚改任务重，加剧了工作难度。

二是困难家庭多。调查显示，在黄石市10万多棚户区居民中，近八成为住房困难户。面对拆迁重建，有的居民原住房面积仅有10多平方米，而安置房面积至少有40～50平方米，按照拆一补一原则，不得不为新增面积支付大额费用，也就是说，他们仍没有经济能力迁住新居。伴随棚户区改造带来的新增开支，很可能使部分棚户区居民生活重新陷入困境。

三是资金缺口大。有关资料显示，2008年，黄石下岗职工人数累计达10万多人，其中采掘业及初级产品加工业下岗职工人数占80%左右。从本次调查得知，有27.3%的职工曾经历过所在企业关闭等问题，由此形成了庞大的住房困难户群体。由于地方财力有限，企业积重难返，加之工矿棚户区地处边远矿区，缺乏商业开发价值，建设资金不足往往成为棚改的瓶颈。据了解，黄石市二期保障房建设资金高达59亿元，其中，14亿元靠自筹，45亿元靠国家开发银行的中长期贷款，筹资、还贷压力都相当大。

四是工作难度大。虽然棚户区改造是棚户区居民的普遍要求，但要把好事做好并不容易。调研显示，由于棚户区居民家庭状况千差万别，各自的要求与期盼也不尽相同。如在43.2%认为改善住房条件是其最主要问题的被调查者中，一部分居民希望原拆原建，另一部分居民希望迁住新建小区。面对统一的拆迁政策，棚户区居民各有所求，对拆迁政策的公平感受也不尽相同。再如，一些居民在房前屋后搭盖的非法建筑，在拆迁时得不到补偿，由此引发了不少矛盾纠纷，增大了棚户区拆迁改造工作的难度。

五是发展不平衡。据调查，在棚户区改造过程中，工程配套资金到位率低，建设规划落实、征用土地手续、基本建设程序等方面不尽完善；地方政府公共投入责任不够明确，企业承受棚改任务过重；改造项目多头管理，城矿平行并存两套公共服务和管理体系相互干扰等因素，导致了此项工作的发展不够平衡。调查还发现，个别企业甚至是国有控股企业，由于股本结构等原因，经营层对此漠不关心，不愿承担企业应尽的社会责任，棚改仅停留在"纸上谈兵"，职工反映十分强烈。

四、几点建议

第一，大力推广棚改成功经验。近几年来，湖北省保障房建设取得了重大进展，尤其是黄石市、大冶有色的经验，不仅成功破解了"用地难、拆迁难、筹资难、安置难、购房难"等难题，还使党的惠民政策在棚改中得以充分体现；不仅有效解决了低收入职工住房问题，还彰显了社会公平正义；不仅使广大职工分享了经济发展的成果，还进一步密切了党与人民群众的血肉联系。其探索的"共有产权、公共租赁、租售并举"等成功做法，破解了全国棚户区改造的难题，得到了住建部的肯定并上升为国家政策。为此，建议在全省广泛推广黄石市、大冶有色的经验，以推进湖北省城市和工矿棚户区改造健康稳妥发展。

第二，改善棚改区域区位条件。在棚改总体规划和阶段规划中，应充分考虑职工群众以及市场对小区位置、规模的接受程度，尽量将交通、医疗、教育等区位条件较好的地段用于保障房建设，同时，强制规定开发商在商品房建设中按一定比例配建和插建公共租赁房屋，促进棚改区融入其他社区，防止困难职工"地域化"和"区域隔绝"。目前，在国家只给建房补助、基础配套设施由企业自行解决的条件下，地方政府应加大对其基础设施建设的投入，对工矿棚户区的界定应区别于城市棚户区，在土地出让、划拨上应给予更大支持，尤其是金融部门要完善针对困难企业和贫困家庭的扶持政策，尽量降低贷款利率，研发新的金融产品，以期适应城镇化发展和资源枯竭矿区转型的需要。

第三，广开资金筹措渠道。资金筹措难是棚户区改造的最大难题。在建设资金筹措上，应借鉴黄石市、大冶有色的做法，一是千方百计争取国家对资源枯竭城市和工矿棚户区改造的资金支持；二是建立以财政贴息为基础的低息贷款机制和以政府信用为基础的贷款担保机制；三是从地方财政每年度城市维护建设税、城镇公用事业附加、城市基础设施配套费、土地出让收入中加大对棚改的投入；四是用足用活优惠政策，广泛吸纳社会资金，推行"共有产权"廉租房建设新模式，完善保障性住房准入、退出制度，以机制创新来破解棚改资金不足的难题。

第四，强化棚改监督管理。棚户区改造是一项艰巨而复杂的工作，涉及千家万户的切身利益。要把好事办好，就必须强化拆迁建全过程监管。在强化行政监管的同时，要充分发挥各级工会组织的作用，充分运用职代会、厂务公开等民主管理形式，严格履行职代会审议通过职工分房安置方案的民主程序，切实做到公平公正公开，有效遏制违法违纪行为发生。

保障住房、增加就业与改善
民生的可持续性
——以湖北黄石棚户区改造为例*

近年来,国家不断加大对棚户区改造的力度,从而改善了棚改居民居住条件,提高了居民的生活水平,保障了居民的基本民生,促进了经济健康发展。不过,从各地棚户区改造工程可知,棚户区改造仍困难重重。一方面,棚户区量大面广,建设资金筹措紧张,特别是不少地方土地资源紧缺,改造任务艰巨;另一方面,随着大面积的棚改居民搬入新居,其可持续发展成为一个问题,如何做好棚户区改造工作,避免形成新的贫民住区,吸取国外教训,切实改善民生,是摆在党和政府面前的一个重大课题。

一、引　言

所谓棚户区,是指在城市建成区范围内,以旧式简易平房为主,建筑密度大、使用年限久、房屋质量差、人均面积小、基础设施简陋、使用功能不全、交通不便利、治安和消防隐患大、环境恶劣的居住区域。棚户区的特征除居住环境、房屋建筑外,另一个特征就是,棚户区的居民大多是低收入人群。

国际上关于贫民住区通常称为"贫民窟",是贫困家庭生存生活的地方,是低收入人口大规模、大范围聚居的地区。联合国人居署对贫民窟的界定是,"以低于标准的住房和贫穷为特征的人口稠密的城市区域。"其特征为:"具有不充足的安全饮用水;不充足的卫生和基础设施;房屋结构质量差;过度拥挤;不安全的住房状况。"按此特征,我国的棚户区与国外贫民窟高度相似。

＊　该文刊载于《理论月刊》2014 年第 12 期。

关于发展中国家城市贫民窟形成的原因，许多学者都有研究。戴维斯（Davis，1975）认为，流向城市的农民多数缺乏培训和技术，很难马上获得稳定的工作和收入，其生活方式和习俗也往往遭到当地人的歧视，难以融入城市社区，只好聚集在贫民窟。简达姆（Gendarme，1994）在比较了发展中国家和发达国家城市化发展的历史和现状后，认为近几十年来由于发展中国家人口不断增长，同时国民收入分配严重不均，造成大量失地农民涌入大城市，以致人口暴涨，严重超过城市的负担能力，结果在大城市周围形成星罗棋布的贫民窟。另据世界银行统计，1984年以前，印度有1/6的城市居民住在贫民窟里，2004年该数字已上升到1/4，贫民窟的整体规模和人数在世界上首屈一指。对于贫民窟及其引发的社会经济问题，巴道夫（2004）认为，贫民窟居民大部分处于贫困线，享受不到作为公民所应享有的经济社会发展的成果，居住、出行、卫生、教育条件极差，不仅影响当代人，也影响下一代人的发展。联合国人居署官员班吉·奥拉仁奥因卡一直关注城市贫民窟这个"世界性难题"。他在过去几年持续地发布报告称，"城市贫困化日益加剧，这是我们这个时代一个令人悲哀的事实。"

正因为此，国际社会对贫民窟的改善、改造一直高度关注。早在1875年，英国为改造贫民窟通过了《改善居住法案》，这可以说是最早关注贫民窟的法案。当时英国政府为了提高工人住房条件，大规模清除贫民窟，并建造公有房屋安置城市贫民。然而，由于工人居住区在空间上与中上层居住区相隔离，且房屋质量较差、人居环境也较差，以致当初所建的大量保障性住宅日后又变成了新的贫民窟，成为难以治愈的城市病。20世纪30年代，美国纽约作为最大的工商业城市，同时也是拥有贫民窟面积最大的城市，为解决低收入居民的住房问题，进行了大规模的贫民窟清理改造，兴建公有住房，建设成果颇丰。不过，从公有住房建设看，由于缺乏综合治理，从而没有从根本上解决贫民窟居民的住房问题，亦没有解决居民家庭可持续生活的问题。20世纪60年代，印度政府开始实施改善、改造乃至消除城市贫民窟的政策，成效不大；80年代，印度政府推行"城镇无贫民窟"政策，试图通过强行安置等措施解决城市贫民窟问题，但没能成功；2009年，印度启动了一个名叫RAIN的计划，用来解决都市中的贫民问题。20世纪90年代，墨西哥也曾经通过私人资本的投入，为贫民窟居民兴建了大批住房。可因为资金短缺和规划失误，这两次尝试都没能达到预期效果。2008年，中国棚户区改造工程全面启动，至2012年，全国改造各类棚户区1260万户。现仍有超过1200万户的棚户区亟须改造。对于中国城市低收入家庭在住房保障方面取得的初步成效，世界银行专家安娜指出："中国的棚户区改造实践体现了对贫困人群住房、收入和利益的保障。"

由上可知，一方面，国际社会的贫民窟改造收效甚微；另一方面，中国棚户区问题亦很突出，改造挑战巨大，亟须经验。笔者认为，在棚户区改造过程中，政府有责任为没有能力改善住房条件的家庭提供住房保障，同时各级政府必须采取切实可行的措施，在统筹规划、筹措资金、基础设施建设，乃至为低收入群体提供新的就业机会方面共同努力，才能确保棚户区改造这一项目的可持续性。这也许是棚户区改造能否取得成功的关键所在。

二、黄石工矿棚户区改造前职工居住的基本状况

（一）改造前黄石工矿棚户区职工住房的基本状况

湖北省黄石市兼具老工业城市和资源性城市双重特征，城市建设严重滞后、历史欠账较多，棚改任务十分繁重。棚改前，黄石市共有棚户区 164 片，占地面积200 多万平方米，聚居在各棚户区的 10 万户家庭中有80%以上属低收入或住房困难家庭。其中，中心城区棚户区占地面积约 80 万平方米，住户达 3 万余户；工矿企业棚户区占地面积约 120 万平方米，住户达 7 万余户。棚户区职工居家状况如下：

一是棚户区职工居住环境恶劣。黄石市工矿棚户区大多建于 20 世纪 50～70 年代，建设之初，居住环境和配套设施就极不完善。如黄石市袁仓煤矿十三排棚户区建设之初就是十三排简易平房。随着人口不断增加，加上居住区缺乏规划和管理，房屋乱搭乱盖，致使居住区拥挤不堪、损害严重。据调查，该片区砖混结构的房屋占32.3%，砖木结构占 56%，简易结构占 7.4%，其他占4.8%；严重损坏房占 23.6%，一般损坏房占 33.3%；没有排水设施占60%，没有燃气、消防、垃圾转运等设施占98%。这些棚户区不仅住房结构简陋老化，功能设施极不完善，而且基础设施落后，火灾隐患严重，巷道坑洼不平，居住环境恶化；走路难，排水难，如厕难；垃圾遍地，污水横流，是工矿棚户区环境的真实写照。

二是棚户区职工收入水平普遍较低。随着工矿企业的改制和企业效益的下降，许多职工下岗，职工收入水平普遍降低。调研显示，2010 年棚户区居民家庭人均收入在 600 元以下的占 33.6%，601～1000 元的占 35.5%，1001～1500 元的占 23.0%，1501～2000 元的占 5.3%，2001 元以上的占 2.6%，合

计家庭人均收入 1500 元以下的占 92.1%。棚户区居民不仅收入低，下岗失业人员也较多。据悉，2008 年黄石下岗职工人数累计达到 10 万多人，其中采掘业及初级产品加工业下岗职工人数占 80% 左右。调查还得知，下岗工人再就业压力非常大，他们无不因为年龄偏大（37.5%），或文化水平偏低（30%），或技能水平较低（19.2%），或身体状况较差（13.3%），使得再就业十分困难，这也给社会保障带来了巨大的压力。

三是棚户区居民生活十分困难。历经百年采掘，黄石许多矿产资源逐渐枯竭，企业也因资源枯竭多次转辗作业区或关停，滞留于此的历代矿工成了一个特殊的住房困难群体，不少人成为低保对象，居民生活非常困苦。据调查，在袁仓煤矿十三排棚户区，约 50% 的居民靠在路边摆摊、喂猪养鸡、踩三轮车、到建筑工地打零工，或靠政府救济来维持生计。在此片区聚居的1852 户居民，住房面积狭小，不足 30 平方米的达 426 户，许多住户多代同室。房屋阴暗潮湿、隐患严重，年久失修、日渐破败，成为湖北省资源型城市工矿棚户区的一个缩影。

四是棚户区居民单靠自身力量很难实现"居者有其屋"的夙愿。黄石工矿棚户区的居民大多是"一五"时期的老产业工人和他们的后代，他们为国家建设做过历史性贡献，但是随着资源逐渐枯竭和企业的衰落，棚户区居民大多成为低收入人群和住房保障对象。这些居民根本无力改善自身的居住状况。据调查，在涉及多项亟待解决的民生改善的选项中，有 43.2% 的棚户区居民认为住上好房子是其最大的愿望，但是仅靠自身力量很难实现。需要注意的是，由于受福利分房政策的限制，"半边户"职工家属子女处于政策边缘，他们不仅住房窄小，一家人挤在一起，而且家属子女无城镇户口，在住房保障政策上更是受到限制。除了退休返乡的老职工外，现仍在职的矿工多已年龄大、体力差、收入低、负担重。伴随城市化进程加快和矿山资源逐渐枯竭，"半边户"职工家庭住房成为现实难题。

（二）黄石工矿棚户区居住状况恶化的原因

从改造前的黄石工矿棚户区职工住房的基本状况可知，黄石工矿棚户区是城市建设中的特定历史产物，是贫困群众的聚集区。需要说明的是，这点与国际上不少城市中由外来人口涌入、聚集成群，形成缺少管理的"贫民窟"性质是迥然不同的。

黄石工矿棚户区的形成，最早可追溯到 19 世纪末 20 世纪初，1890 年湖广总督张之洞在黄石西塞山区（西塞山区是黄石市的中心城区之一）筹办炼铁厂，并于1908年获清政府批准成立煤铁厂矿有限公司；1907年清华实业公司创建水泥厂（今华新水泥厂前身）；1909年建富源煤矿。这几个铁厂、水泥厂、煤矿都是百年老厂。当时厂矿附近一些矿工搭建工棚、自建住房。这些住房十分简陋，没有配套相应的基础设施和服务设施。随着时间流逝、人口增加，再加上长期以来缺乏统一规划，个人乱搭乱盖，居住环境不断恶化。黄石工矿棚户区大规模兴建主要是在计划经济时代。"一五"时期，黄石依靠丰富的资源宝藏，布局了一批大型冶钢、冶铁、水泥、有色金属企业，形成了以资源型产业为主导的经济格局。伴随着工矿业的发展，大批工人宿舍区兴建起来。那时的工人宿舍区主要以平房为主，住房属单位福利分房。尽管住房简陋，结构不尽合理，缺乏相应的配套设施，甚至一些住房没有排水设施、没有独立的厨房和卫生间，但住房的管理和维修是由单位来承担的。然而，随着住房体制改革，单位所有制的福利性实物分配式住房制度消失，家庭住房被推向了市场，和住房相关的基础设施及配套建设也被推向了市场。与此同时，企业改制、企业倒闭，大量职工下岗并成为低收入群体，个人亦没有能力对不断恶化的居住环境加以维护。而黄石这座"因矿建市，因矿兴市"的城市，随着矿产资源逐渐枯竭，大量的破产企业和下岗职工使得政府负担沉重，无法对简易住房的环境和基础设施进行维修、改造。而这些基础设施等公共物品或准公共物品本应由政府提供，现在都交由市场来解决，而市场在这方面却是失灵的。以致长年累月这些宿舍区逐渐沦落为棚户区。

三、湖北黄石棚户区改造的主要做法

棚户区的改造是个世界性难题，它不仅关系到众多百姓的基本生存，更关系到民生的可持续改善以及城市的可持续发展。因此棚户区改造不只是局限于房屋本身，而是要通过人居环境的改善这一基础目标，来实现经济社会的可持续发展。这是个巨大的挑战。

作为典型的资源型城市，黄石市在改造棚户区过程中首先面临的是整体经济水平较低、职工下岗问题突出、政府资金十分有限，同时还面临着产业结构单一、环境严重污染、城市结构混乱等问题。基于这一现实，黄石在棚户区改造过程中按照"一个主线，四个结合"的方式，即以着力改善棚户区居民的居住条件为主线，把棚户区改造与城市发展、城市转型相结合，与完善城市功能、提升城市形象相结合，与改善城市环境相结合，与改善民生相结合的思路，全力推进棚户区改造工作。

首先，在推进棚户区改造过程中，黄石市充分利用国家有关资源枯竭城市转型和棚户区改造等优惠政策，抓住机遇，率先在全国实现公租房制度，同时创设了被拆迁人与他人共同持有房屋产权的"共有产权房"制度。提出将还建房多出部分的产权由政府、企业、产权人三方共有，此部分可租也可售。属保障房对象实行"以租为主、先租后售"，即对象可按廉租房、公租房租金付租居住；经济条件较好的则是"可租可售、租售并举"，住户部分购买产权，剩余部分按市场租金付租，也可选择分期购买。该制度既明晰了政府、企业、居民的责权利，从而在国家、政府、个人之间找到了一个共同分担、共同解决棚户区改造难题的方案，把政府在公租房管护中的无限责任转化为有限责任，有效解决政策性住房"退出难"的问题，又稳定了公租房建设资金来源，通过调动保障对象的积极性，破解保障房资金来源不足的问题，还较好地解决了棚户区居民买不起还建房的问题。棚户区居民通过先租后买，实现了"居者有其屋"的梦想。

其次，为使棚户区居民"搬得出、住得下、稳得住、能发展"，黄石市出台了相应的就业扶持政策。一是在拆迁还建安置上，该市采取了就地还建与异地还建相结合，以异地还建为主；集中还建与分散还建相结合，以集中还建为主；坚持多种途径安置还建（廉租房、经济适用房、公共租赁房、共有产权房），实施"先建后拆，以建促拆"等多项措施，有效缓解了拆迁中的矛盾纠纷；在公租房租金管理上，该市采用"市场租金，分类补贴，租补分离，可租可售"的方式，视不同经济状况，给予了住房困难户更多的实惠。二是将棚户区改造与商品住宅配套建设结合起来，所形成的岗位优先提供给拆迁居民，使棚户区居民可以通过为周边居民提供相应服务来实现就业和再就业。三是通过充分利用棚户区改造腾出的土地，兴建劳动密集型小企业、创业市场、农贸市场、再就业一条街等形式，增加就业机会。资料显示，2011年以来，实施棚户区改造项目57个，惠及家庭11711户。全市城乡统筹就业机制和"五险"合一的社保制度均已基本建立。

再次，以棚户区改造为契机，大力调整产业结构，既大力发展劳动密集型企业，又通过改造提升传统产业、积极培育战略性新兴产业、突破性发展现代服务业，培育和发展多元支柱产业。为此，一方面黄石市大力培育发展了社区服务、旅游、资讯等服务业，积极接续一批东部转移的劳动密集型企业，如纺织服装业和食品饮料业等。尽管这类企业与黄石传统的冶钢、采矿产业相比，在黄石经济体系中所占比重并不大，但在促进就业方面的作用却很突出。同时加快传统产业升级。如新冶钢有限公司不断加大技术改造、发展延伸项目，加快主导资源型产品从源头生产向精深加工生产转变，提高资源型产品附加值。目前以新冶钢为龙头的钢铁产业集群聚集企业 200 多家，包括西塞山特钢产业园、大冶灵成模具钢工业园、黄石经济开发区薄板加工产业园等多个钢铁产业园，成为黄石"十二五"末实现千亿元产值的生力军。另外，以高新技术产业为主导，发展一批接续替代产业，如医药化工、电子信息、特色机械制造业、新材料等。通过产业结构调整，既为企业发展提供了机遇，为扩大就业增添了岗位，又增加了居民收入，促进了民生改善，推动了资源型城市的转型。

最后，将人居环境改善作为棚户区改造的重点，调整城市规划和整体布局，从而优化城市生活环境。过去由于居民住区围绕矿区布局，随着城市规模的扩大，城市结构混乱、人居条件恶劣成为许多资源型城市的通病。而黄石市身具资源型城市与老工业基地的双重特征，矿区、企业和居住区相互交织，情况更加复杂。针对这一现状，一方面，黄石充分结合自身的实际情况，以棚户区改造（包括城中村改造、园区建设）为载体，大力推进城市布局优化，坚持高起点规划、高水平设计、高标准建设。对城市各功能区进行区分，逐步引导城市的生产和生活空间分离，有机疏散老城区人口，改善人民居住环境。另一方面，充分满足棚户区（包括城中村、危旧房改造）过程中不符合廉租房政策的住房困难群众和重点工程、园区、新区建设拆迁户的住房问题，逐步向城市外来人员扩展，既实现了多层次、广覆盖的住房保障目的，又提升了城市功能，有效地推动了城市建设的转型升级，逐步实现向生态宜居型城市转变。

四、当前棚户区改造存在的主要问题

经过几年努力，湖北省棚户区改造取得了重大进展，尤其是黄石市在推进湖北省工矿棚户区改造方面取得了许多宝贵的经验，其探索的"共有产权、公共租赁、租售并举"模式，不仅有效解决了低收入职工住房问题，还改善了棚户区居民的居住环境，缩小了城市不同群体之间的住房差距和生活差距；不仅成功破解了"用地难、拆迁难、筹资难、安置难、购房难"等难题，还提高了城市公共服务设施和服务能力，提升了城市品位；该模式不仅破解了棚户区改造的难题，还得到了住建部的肯定，并在全国范围内推广；黄石市在工矿棚户区改造方面的经验，不仅改善了民生，使广大职工分享了经济发展的成果，还通过扩大内需等措施带动了相关产业的发展，推动了资源枯竭型城市及产业的转型。总之，黄石棚户区改造，取得了较大的成就，为改善民生、破解城市二元结构，为经济社会的可持续发展创造了良好环境与支撑条件。

不过，需要注意的是，棚户区改造毕竟是一项巨大的系统工程，这一工程具有艰巨性、复杂性、长期性的特点。目前全国各地需要改造的棚户区很多，大多是由于历史原因遗留下来的。除了工矿棚户区外，还有林业棚户区、农垦棚户区、城市棚户区等，类型较多，且量大面广。据统计，全国仍有超过1000万户家庭居住在拥挤、肮脏的棚户区之中。仅湖北黄石而言，全市共有棚户区164片，涉及居民12万户。几十年来，棚户区环境状况越来越差，由此造成沉淀问题多，棚改任务重，工作难度很大。

一方面是贫困家庭多，公共政策不够完善。以湖北黄石市为例，工矿棚户区内关停企业多、失业人员多。区内多半是住房和经济困难家庭，生活难、就业难。全市80%以上的低收入家庭聚居于棚户区中。对于这些低收入家庭而言，棚户区改造即是他们最迫切的愿望，而一旦旧房拆迁，按照拆一补一原则，一些原居住面积仅有20~30多平方米的居民，面对至少有50~60平方米的安置房，如何为新增面积支付大额费用，又是难上加难。同时伴随棚户区改造因搬迁、安置所造成的损失，还有可能使部分棚户区居民生活重新陷入困境。需要注意的是，尽管"共有产权"制度可以暂时化解拆迁户买不起房的难题，但住房问题仅仅是棚户区居民面临的一个问题，由于许多居民都是下岗职工，下岗之后没有其他职业技能，无法转岗，就业与再就业是他们必须面临的重大问题；同时由于就业困难，生活品质低，对居住环境也会带来一定的影响。因此，仅仅解决住房问题不能真正解决棚户区居民的贫困。如果这些棚改居民未来的生存和发展问题不能得到有效解决，还可能促成新的"棚户区"和新的社会问题的形成。

另一方面是资金压力大，改造难度大。棚户区改造最大的难点在于资金问题。按照相关规定，所有棚户区改造建设用地实行净地出让，通过净地出让获取资金再进行改造。然而，由于棚户区大部分由厂矿工棚改造而成，地域偏远闭塞，且地质条件复杂，商业开发价值低，运行成本高，各市场主体缺乏抵质押物，融资困难，这是一。二是配套压力大，公共基础设施、公共服务设施建设所需资金（供水、供电、供气、通信、道路、教育、医疗等基础设施）存在较大的缺口，即使有中央资金支持，地方政府财力仍有限，数额巨大的资金缺口，仅靠政府力量难以担当。三是改造过程中矛盾较多。如在棚户区改造过程中，工程配套资金到位率低，建设规划落实、征用土地手续、基本建设程序等方面不尽完善；地方政府公共投入责任不够明确，企业承受棚改任务过重等，这些都加大了棚改工作的难度。四是现时棚改居民搬入新居后所缴纳的物业费非常少，而相关配套服务所需资金较欠缺，这使得小区物业服务质量难以保证。如何解决中低收入者支付能力的问题，避免出现物业费缴纳不足（资金紧张）从而导致相关的设施维护和管理无人问津的恶性循环的局面，也是棚改工作的难点之一。

五、对策与建议

棚户区改造实际上折射了民生改善的艰巨性、复杂性、长期性。悉尼大学城市与规划研究中心教授爱德华·布莱克利在评价不同国家的贫民窟改造项目时认为，城市的改造项目一定要通过更加聪明的方式进行。所谓"更加聪明"的方式，指的是政府的开放方式应当能创造更多的经济机会、社会机会和就业机会。显然，棚户区改造并不是盖房子这样一个单纯的问题，而是一个综合发展的概念。棚户区改造在改善人居条件的同时只有不断发展经济，通过有效拉动投资、消费需求，带动相关产业发展，为低收入居民创造更多的就业机会，才能实现民生的可持续发展。同时，在棚户区改造过程中，只有大力改善民生，不断提高人们的生活水平，为住房保障、社会保障、教育、医疗等提供支持，棚户区改造才具有发展的动力。为此，建议如下：

第一，加快传统产业转型升级。目前我国资源枯竭城市历史遗留问题严重，不仅民生问题突出，而且传统产业转型存在很大困难。就黄石市而言，作为资源枯竭型城市和老工业城市，职工下岗问题较突出，因此在选择接续替代产业时，重点应选择有利于充分吸纳就业、资源综合利用和具有核心竞争力的项目；对于传统产业转型，重点应放在产业链条的延伸、增加产品的附加值、产品优化升级和产业结构多元化等方面。应扬长避短，既充分依托本地资源禀赋优势，特别是劳动力资源的优势，体现资源型城市的自身特点，同时也要体现地域分工和国家区域产业发展的布局。

第二，建立完整的社会保障安全网。随着城市转型升级以及城市产业结构的转变，实现棚户区居民的职业技能和创业能力的提升是改变其生活品质的核心，特别是那些传统产业的困难群体和正在转移到城市的农民工，帮助其提高各种就业技能，实现其就业和再就业，才是棚户区居民真正实现脱贫、实现民生改善可持续性的必由之路。为此，在保障棚改居民住房的同时，要加强职业技术培训，提高大批传统产业工人的素质和技能，为产业结构调整和新兴产业的发展准备条件；给棚改居民各种就业和创业的辅导和支持，培育其创业和创富的能力，增强其造血功能，解决中低收入者支付能力的可持续性。另外，除了解决住房问题，其他的保障机制也应该以此为契机相应地加以完善，要把低收入群体纳入整个社会保障体系中去，使他们在就业、教育、医疗、养老等多方面享受公共服务。

第三，多方融资突破资金瓶颈。当前，遗留下来的棚户区多数条件较差，商业开发价值不高，资金缺口大，融资又十分困难。如何解决资金问题，是棚户区改造能否顺利进行的关键。对此，一是国家要加大对资源枯竭城市和工矿棚户区改造的资金支持，增加财政投入，除增加政府直接的预算安排，政府还应在出让转让费方面予以减免；同时加大国家开发银行的贷款支持，在政策性和商业性贷款方面予以补贴等。二是鼓励商业银行、社保基金、保险机构等积极参与融资，重点用于支持棚改及城市基础设施等相关工程建设；对于那些具有商业价值的项目和那些具有部分商业价值或不具有商业价值的项目，可以采取不同的办法，前者靠市场化融资应能做到；而对于后者，政府则应建立"短借长还"机制，由政府财政、项目未来收益等在未来若干年内偿还。三是政府应制定相关激励政策，鼓励企业、非政府组织、法人和自然人等营利性和非营利性投资，广泛吸纳社会资金，加大对棚改的投入。通过各种融资渠道，推行"共有产权"新模式，完善保障性住房准入、退出制度，以机制创新来破解棚改资金不足的问题。

第四，加大棚户区改造综合治理。棚户区改造是一项艰巨而复杂的工作，涉及千家万户的切身利益。要使民生得到持续改善，一是必须实行"拆建迁"全过程监管。改造中应坚持公开、公平、公正的原则，坚持统一政策、统一标准，实行统一还建、统一安置、统一征收。鼓励社会参与监督。二是完善棚户区改造后续工作。一方面，通过扩大就业、鼓励创业、增加低收入家庭的收入。另一方面，通过市场运作，对物业配套服务所缺资金给予适当补充；同时，对物业管理，公共设施的提供、保护和维修等，都需要以规范的法律法规制度来确保棚改成果。三是注重社区的环境建设。通过棚户区改造积极探索城市环境与居住环境共赢发展模式，完善相关配套政策，对居住环境进行综合整治，从而实现人与环境的和谐共赢。

参考文献

[1] 联合国人居署. 贫民窟的挑战——全球人类住区报告 2003 [M]. 于静，斯淙曜，译. 北京：中国建筑工业出版社，2006.

[2] Davis K. Asia's cities: problems and options [J]. Population and Development Review, 1975 (1): 71–86.

［3］Gendarme R. Urbanisation et Eeveloppement des Nations ［J］. Mondes en Developpement，Tome 22，1994，Numero 85.

［4］印度国家战略［R］. 世界银行文件，2004 – 09 – 15：35.

［5］斯科特·巴道夫. 印度试图提高贫民窟的医疗保障［N］. 基督教科学箴言报，2004 – 05 – 27.

［6］破解世界性难题——辽宁棚户区改造纪实［N］. 中国青年报，2012 – 10 – 31.

［7］高建. 国外贫民窟改造及其住房保障研究［J］. 华商，2008（4）：46 – 62.

［8］李艳玲. 论20世纪30年代纽约贫民窟改造［J］. 辽宁师范大学学报（社会科学版），2001（7）：110 – 112.

［9］聂云. 改造贫民窟：印度城市治"顽疾"［N］. 新民晚报，2010 – 11 – 12.

［10］住建部解读《国务院关于加快棚户区改造工作的意见》［EB/OL］. 中国新闻网，2013 – 07 – 12.

［11］转型四部曲"枯竭"黄石重焕青春［N］. 长江商报，2013 – 10 – 21.

［12］湖北黄石依托"三园一带"加快产业转型［N］. 中国税务报，2013 – 06 – 06.

［13］尚教蔚. 辽宁棚户区改造：改变居住环境的综合整治与完善配套［J］. 经济社会体制比较，2012（9）：93 – 105.

［14］王茹. 加快资源型城市转型发展［EB/OL］. 中国经济新闻网，2013 – 10 – 25.

大力推进"农超对接"
促进农业发展方式转变[*]

一、引　言

2010 年我国部分农产品价格疯涨，极大地影响了居民的日常生活。2011年 4 月份以来，部分地区蔬菜的价格又出现了大跌，菜农陷入"卖菜难"的困境，亏损严重。如何看待农产品价格、特别是蔬菜价格的大幅波动，以致出现的或者"菜贵伤民"，或者"菜贱伤农"的现象，许多专家学者做了研究。有人从市场信息的变化出发，认为本次蔬菜价格波动是一个短期现象。由于 2010 年菜价高，引导 2011 年蔬菜种植增加，使得蔬菜的供应急速增加，又因为蔬菜无法存储，造成短时间的供大于求，使得价格暴跌。有学者认为，农产品价格的波动以及市场供需的变化，会向市场传递错误信息，误导农民的生产预期，使得资源配置不合理，从而导致新一轮的价格波动。谢利从市场流通性出发，认为由于我国农副产品流通体系不健全，农产品从田间到市场，因中间环节层层加价，加上种子、肥料、成品油价格上涨，使得农民的经营成本不断提高，农产品价格也就不断提高；而农民处于产业链的最低端，又是分散的小规模经营，既缺乏抗风险的能力，又缺少议价权，在天气变化以及其他因素影响下，农产品价格暴涨暴跌也就在所避免。闫亚磊从农业属性以及农产品生产周期较长这一背景出发，认为农产品价格的大幅波动，主要原因是与农业本身的弱质属性有关，当遇到天气变化时，市场供需就会发生变化，农产品价格就会大幅波动。还有一些专家从农业产业结构的视角出

* 该文刊载于《商业研究》2012 年第 3 期，中国社会科学网 2012 年 7 月 13 日全文转载；该文源于民建湖北省委会课题，2014 年获湖北发展研究奖三等奖。

发，认为农产品市场价格波动与产业结构性存在的风险有一定关联，比如许多地区种植结构趋同，成为农产品价格波动的重要原因。毛磊、张烁从农业发展方式改革出发，认为农产品市场价格大幅波动虽与农业的弱质属性有关，同时也与农业经济发展方式改革的滞后不无关系。那么，如何避免"菜贵伤民，菜贱伤农"呢？张立华认为，菜价既关系老百姓的菜篮子也关系菜农的收益，这两者之间要取得平衡，必须改革现有的流通体制，降低流通成本。翟雪玲认为，应合理引导农户调整种植结构，保持农产品供给稳定；同时应进一步培育市场流通主体，大力发展农业产业化经营。

对于上述观点笔者非常认同，只是认为，要稳定农产品价格，要解决"菜贵伤民、菜贱伤农"问题，应着眼于整个农业发展的产业链，一方面，从流通入手，通过缩短流通环节、降低流通成本，使流通真正成为畅通生产与消费的桥梁，成为稳定物价的"调节阀"；另一方面，从生产入手，大力推进农业产业化，发展我国现代农业重大产业项目，通过能够带动农业结构调整和农业产业转型的大型龙头企业和战略型投资，提升农业产业化和增强抵御市场风险、自然风险的能力。因此，解决问题的关键在于农产品流通方式的创新，只有大力推进"农超对接"，充分发挥流通引导生产的作用，才能既可稳定农产品价格、促进消费，又能不断完善农业产业结构，并最终能促进农业发展方式的转变。

二、"农超对接"的巨大进步意义

所谓"农超对接"，指的是商家和农户签订意向性协议书，由农户向超市直供农产品，商家为优质农产品直接进入超市搭建平台。传统的农产品流通模式通常要经过多级批发、多级零售，每一个环节都至少加价5%～10%，中间商往往获得巨大利益，生产者和消费者却受到"伤害"。"农超对接"省去了多个中间环节，菜农或者专业合作社直接进入超市，流通成本大大降低了。目前，通过"农超对接"，我国连锁超市流通成本平均降低了15%左右。如北京市物美超市通过"农超对接"，果蔬销售价格比农贸市场平均低20%，其中，大白菜、黄瓜、西红柿等品种蔬菜售价比农贸市场低40%左右。显然，由于中间环节的省去，流通成本的降低既可以让利于民，降低了零售价格，也让利于农，提高了收购价格。这为降低流通成本、稳定农产品价格、保障市场供应起到了积极作用。

"农超对接"的本质是将现代流通方式引向广阔农村，将千家万户的小生产与千变万化的大市场对接起来，构建市场经济条件下的产销一体化链条，实现商家、农民、消费者共赢，它是我国农产品流通方式的一次重大创新。其实，"农超对接"的重要意义还不仅仅在于探索适合我国基本国情的农产品流通模式，其深层的意义更在于为促进农业发展方式的转变起到巨大的推动作用。

第一，"农超对接"是提速农业产业化的一个重要手段。长期以来，由于受传统生产方式的影响，我国农户生产各自为主，经营规模较小，且生产具有一定的盲目性，这使得我国农产品生产不仅与市场需求联系不紧，而且农业生产的产业化和品牌化程度较低。一方面，"农超对接"可以合理地引导农户生产，农民根据超市的订单，实施有针对性的、集约化的、特色化的种植和经营，提高了农业生产的产业化和品牌化，又提高农产品附加值；另一方面，商业资本直接介入农业生产，可迅速提高农业生产效率和农业产业化水平。所以，农超对接是提速农业产业化、现代化的重要手段。

第二，"农超对接"是提高农民收入的一条重要渠道。过去，我国鲜活农产品流通一直较难，传统的农产品销售方式更难以使农产品直接进入大型流通市场，致使农民增收困难。有了"农超对接"，商家将现代的物流购销模式带到广大农村地区，并与农民建立起稳定的购销关系，促进了农产品销售。一方面，超市通过与一批生产稳定、种植管理水平高的农户签订购销合同，使农产品从田间地头直接进入超市的配送体系，最大限度地减少了传统批发诸多的中间环节，解决了农民生产、销售的后顾之忧；另一方面，农民通过超市这一销售渠道，及超市遍布各地的销售网点、完善的配送体系，将优质农产品以最快速度送入千家万户，既降低了经营风险，解决了鲜活农产品"卖难"问题，还保障了自己利益，提高了收入水平。

第三，"农超对接"是提供城乡居民绿色消费的重要保证。过去，人们每天消费的食物，有相当一大部分是直接来源于农户的初级产品，如蔬菜、水果、水产等。但是这些农产品并没有让人吃得放心。农超对接有利于对农产品生产进行全程监管，保障消费者的食用安全。一方面，超市对上市的农产品，通过严格的筛选与检测，并为之建立安全追溯系统，做到源头可追溯、产品流向可跟踪、信息可存储、产品可召回，确保城市居民食用农产品的消费安全；另一方面，丰富特色的农产品不仅解决了城镇居民吃菜难、不新鲜、时间受限制的难题，商家还通过销售优质低价的蔬菜带旺了客流量，为扩大城乡居民绿色消费需求提供了信用保证。

第四，"农超对接"是加大统筹城乡发展的一个重要切入点。长期以来，城乡经济发展不平衡以及农民收入过低一直是困扰我国经济健康发展的瓶颈。

"农超对接"不仅实现了农民收入的稳定增长，同时也为统筹城乡经济发展开拓了新的渠道。一方面，通过"农超对接"，大型连锁超市直接与鲜活农产品产地的农民专业合作社对接，不仅为农民专业合作社的生产打开了销路，而且还进一步促进了农民专业合作社的扩大与发展，稳固了这种先进的组织模式；另一方面，由于超市对于农产品加工与配送的需要，需要大量专门进行农产品加工与配送的企业，这些企业的出现不仅为超市的农产品集中生产、集中销售提供了有力支持，也延长农业产业链条，搞活了农产品流通，带动了相当一批农民就业，拉动了农村地区经济发展，为促进城乡统筹协调发展起到了重要作用。

三、当前"农超对接"的现状及存在的问题

我国是农业大国，一家一户分散经营的小农经济一直是困扰中国农业经济发展的难题之一。特别是每当农产品上市，由于缺乏与市场对接的渠道，农民们生产出的许多优质农产品找不到销路，农产品流通中一直存在着"卖难""难卖"问题。为解决这一矛盾，在市场经济不断成熟、大型连锁超市和农民专业合作社逐渐发展起来的前提下，结合部分地区已经具备了鲜活农产品从产地直接进入超市的基本条件，自2007年开始，我国政府为超市和农民专业合作社牵线搭桥，推出了"农超对接"工程。这一工程的推出，引起了社会极大的反响。

目前，在这一活动中，全国众多超市积极跟进，它们跨过中间商直接从农村采购生鲜农产品。不仅超市积极，农户同样主动与超市合作，可以说，开展对接的超市都基本实现了合作社直采、原产地直供，既减少了农产品流通环节，又降低了农产品流通成本，基本稳定了农产品价格，提高了农产品质量安全水平，在建立农产品现代流通体制、保障市场供应、增加农民收入和促进城乡统筹协调发展等方面发挥了重要作用。不过总的来说，"农超对接"这种先进的农产品生产销售模式在我国发展还较落后，与发达的市场经济国家相比还有较大的差距。

首先，"农超对接"要求有高度组织化运作，这就需要建立一定规模的专业化农村合作组织，如果合作社达不到一定规模，农超对接就不能持久，毕竟让超市公司与个体农户直接合作难度较大。但目前我国农村专业合作社发展得还很不够，一是组织化程度低，二是规模普遍偏小，三是资金设备有限。目前，农民专业合作社普遍注册资金少，大多是以固定资产（土地、房

屋、设备等）注册。合作社资本少，而金融部门的贷款门槛又过高，农民专业经济组织获得贷款比较困难，流动资金严重缺乏，这些都严重制约着合作社的发展。四是技术人才匮乏。目前，合作社的带头人大多是村干部、营销大户等，他们的联合给合作社带来了一定的优势，但合作社管理层文化素质不高，懂技术、善经营、会管理及市场开拓能力强的综合型人才更是缺乏；加上合作社领导者的积极性没有充分调动出来，也影响了农民专业合作社的创新和发展。

其次，超市要求所经营的农产品必须生产标准化、规模化、品牌化，要求质量均一，以及供货长期稳定，这是农超双方提高对接效率的内生要求。比如各大超市对采购的蔬果都有一整套产品质量标准，除了禁止使用的农药品名会一一检测以达到安全级别，在大小、颜色、允许瑕疵范围、包装材料甚至成熟度上都会详列规格，不达标则予以筛选甚至拒收。同时，在采摘、保藏和运输上，还要求保障农产品的新鲜，实现从田间地头到超市货架的无缝对接。但目前许多农户文化教育程度低，市场营销知识和经验缺乏，对产品进入超市的种种硬件要求不太理解，以至于实施标准化生产还不能成为农户的自觉行动，个人素质和技术上的难度又使农户很少考虑农产品标准生产和品牌建设，致使农产品生产或者形不成标准，或者与超市的标准相比存在很大的差距。

再次，"农超对接"还对流通方式，以及一系列配送体系有较高要求。目前，尽管在一些地区、一些易于保存的农产品已纳入"农超对接"，并通过超市物流配送系统运输到更远的地方。但是普遍存在流通基础设施建设薄弱，流通方式落后、信息不对称等问题；加上多数中小超市公司还没有完善的物流配送中心，运输机械化程度低，运输冷链控制不成熟，运输过程中农产品加工和包装技术水平低，不能对农产品进行流通加工，损耗大，导致"农超对接"对接不上，流通成本居高不下。由于流通成本较高的主要原因是在流通业费用上，资料显示全世界82%的收费公路在中国，这使流通成本占到菜价的50%～70%。另外，运输能力有40%是空载状态，经常是出去的时候是超载，回来的时候是空载，中国的物流成本要比世界平均水平高1～2倍。这种状况不仅限制了鲜活农产品的短期存放和长途运输，还一定程度上影响着价格的稳定，制约着城乡居民消费的扩大。

最后，"农超对接"的目的是要实现商家、农民、消费者共赢。但是一些地区农民可能并未得到真正实惠，甚至还受到了损害。究其原因，一是一些地方政府把"农超对接"仅仅看作是一项政绩工程，只是把超市引入本地，将该项目"扶上了马"，而没有"再送一程"，这就影响到农超双方对接效率的提高。二是市场交易双方、即农民与商家双方力量不均衡，农民自发组织的小规模的农村合作社在和零售商业巨头们的博弈中处于"弱势"，以至于造成一些在品牌、质量保障、供货时间方面难以达到超市要求的小规模的合作社，面对超市的苛刻条件，只能"望而却步"。而一些超市在收购价上比起农民卖给批发商的价格并没有什么优惠，节省下来的流通成本并未惠及农民身上。另外，在货款结算上，不能与农民进行现金交易，甚至以结算延迟的方式占用农民的资金，这就直接影响到农民的利益。当然，这其中的问题也不完全是商家造成的，一个重要原因是与农产品增值税政策的不完善存在一定关系。根据国家政策，企业购进农产品可以抵扣13%的进项增值税，但这一政策在执行中存在许多实际困难。比如，由于地区分割，全国还没有统一的农产品收购发票，各地自行制定的发票，无法实现跨区抵扣，这就增加了连锁企业的税收负担，影响了超市经营农产品的积极性。

四、推进"农超对接"的对策建议

为使"农超对接"真正成为稳定市场价格的重要保证，成为拉动民生经济的重要增长点，成为促进农业发展方式转变的重要推手，首先，应在思想上提高认识，应以科学发展观为指导，按照建立中国特色农产品现代流通体制的总体要求，紧紧围绕减少农产品流通环节、降低农产品流通成本、稳定农产品市场价格、保障城乡居民消费安全、增加农民收入、促进城乡统筹协调发展这一主题，以发展鲜活农产品"农超对接"作为农产品流通体制改革的突破口，推进农产品流通现代化。其次，应按照坚持政府引导、市场运作，坚持因地制宜、稳步推进；坚持贸农结合，以商促农的基本原则，以发展县域经济为依托，以城市大型连锁商业企业为主体，以"超市＋基地＋农户"的供应链为模式，引导大型连锁超市直接与鲜活农产品产地的农民专业合作社对接，建立新型农产品流通渠道，促进连锁企业产业链的延伸和农产品供应链的整合，加快形成流通成本低、运行效率高的农产品营销网络。

第一，政府政策上要给予扶持。作为涉及千家万户的"菜篮子"工程，"农超对接"正处于投入期，目前这一工程的特点是投资大、经营成本高、收益少，需要政府在政策上给予相应的扶持。一是要加大对农民专业合作社的扶持力度，特别是在合作社的信息渠道、标准化水平提升、质量安全检测、储运保鲜能力等方面应予以政策支持。二是应从技术上对农户进行指导和培训，增强其品牌生产意识和市场营销知识。三是应尽快出台适应"农超对接"的税收政策，对超市公司及与其对接的基地和合作组织，在保证真实产销信息的基础上，给予一定的税收优惠。四是应通过政策杠杆引导社会资金加大对鲜活农产品基础设施的投入，协调金融机构对鲜活农产品"农超对接"予以信贷支持。

第二，应提高农民的组织化程度。农产品超市经营的基本需求是规模化，为保证不断档脱销，需要在生产环节上有较高的组织化水平与之相适应。目前我国超市和农户二者的规模、经营管理方式和组织化程度等方面存在着很大差异，特别是我国专业农民合作社的组织化程度还很低，而分散经营的农户难以应对超市大批量和周年均衡采购的需求，因此需要大力发展现代农业合作组织，一方面，要精心培育一批规模大、辐射面广、技术含量高、带动力强的龙头企业和农合组织；另一方面，要鼓励农民专业合作社的社与社合并，成立以地域为范围的合作联社，或者成立跨区域的以某种产品为纽带专业合作联社，实现规模化经营。

第三，应提高农产品生产的标准化。农产品生产流通的标准化和规范化是"农超对接"的基本保障，超市与农户双方应大力推进标准化生产，严把农产品的质量安全关，并通过品牌建设和安全农产品认证，保障产品的绿色生产。同时，超市与农户应制定农产品流通质量安全标准、检测制度，实行质量公示制度和信息反馈制度。鼓励连锁经营企业和有条件的农民专业合作社建立鲜活农产品信息系统，建立鲜活农产品质量可追溯体系，规范农产品的分级、包装、贮运和购销等活动，提高"农超对接"的管理水平和流通效率。

第四，商家应和农民建立长期合作关系，这是双方利益上的共同要求，也是"农超对接"的内在要求。目前，大多数商超与农户之间还只是简单的买卖关系，没有真正形成"利益共享、风险共担"的共同体格局。为此，商家应改变盈利模式，取消农产品进场费等高额费用，通过加强经营管理、扩大经营规模和提高附加值等来提高盈利水平；要大力推行产销合同制，明确产销双方的权益和责任，规范各自的行为，逐步实现规范化、制度化。要鼓励和提倡超市公司通过建立风险保障机制，设立风险基金、保护价收购、按销量返还利润等方式与农户建立更紧密的利益对接关系。超市与农户应加强沟通，注重了解市场、考察市场，及时向生产者提供市场供求信息，加强农超双方的利益协调，推动农产品大步走进超市。

第五，建立和完善农产品物流配送体系。农产品经营有其特殊性，要想减少鲜活农产品的损耗，降低流通成本，必须建立和完善农产品加工配送中心，这是开展"农超对接"的关键环节。为此，政府与超市公司要互相配合，推进"农超对接"项目的实施，加大鲜活农产品现代流通设施的投入，建立完善的物流配送体系，降低鲜活农产品的损耗和流通成本。同时，超市公司应树立"发展连锁、物流先行"的先进理念，向生鲜农产品冷链物流上游延伸，建设覆盖农产品生产、加工、运输、销售全过程的物流配送系统和冷链系统，做到采购、检验、加工和冷链配送一体化，降低连锁超市冷藏冷冻设施投入成本，增强鲜活农产品加工配送能力，提高鲜活农产品进入超市卖场的速度、鲜度和质量安全水平，为顾客及时提供充足、多样、低价、有品质保障的鲜活农产品和优质服务发挥"农超对接"的优势和更大的规模效益。

参考文献

［1］常伟．农产品价格异常波动的机理分析与对策探讨［J］．价格理论与实践，2011（3）．

［2］谢利．菜贱何止伤农［N］．金融时报，2011－04－26．

［3］闫亚磊．农业行业深度研究报告：农业发展的本质是产业链［EB/OL］．凤凰网，2010－08－06．

［4］江苏盐城农产品价格波动大　专家指产业结构单一［EB/OL］．中国新闻网，2011－08－02．

［5］毛磊，张烁．大力推进农业发展方式转变　深化基层农技推广机构改革［N］．人民日报，2010－10－26．

［6］张立华．"农超对接"流通模式对农产品价格的影响分析［J］．价格理论与实践，2010（8）．

［7］翟雪玲．怎样看待近期国内农产品价格波动［N］．农民日报，2011－07－13．

［8］降低流通成本保障市场供应　农超对接取得积极成效［EB/OL］．商务部网站，2010－12－02．

［9］姜增伟．农超对接：反哺农业的一种好形式［J］．求是，2009（23）：38－40．

［10］提升质量效益　深化"农超对接"［N］．经济日报，2011－06－23．

［11］超市领跑"农超对接"驶上快车道［N］．四川日报，2010－07－12．

［12］李炜．农超对接　城乡共赢［J］．农村工作通讯，2011（9）：6－9．

［13］胡卓红．我国农民专业合作社发展的瓶颈问题与突破之策［J］．现代财经，2010（3）：59－63．

［14］徐刚．现代农业新引擎——我国"农超对接"开展情况综述［J］．农场经营管理，2010（4）：11－13．

［15］郑光财．"农超对接"亟待解决的八大问题［J］．中国市场，2011（4）：24－26．

［16］流通成本竟占菜价5～7成　农超对接或最可行［N］．羊城晚报，2011－04－28．

当前我国农村消费需求不足的
深层原因及对策选择[*]

一、引　言

改革开放 30 多年来，我国经济一直保持高速增长，年均 GDP 达到 9.8%。不过，尽管经济发展较快，但从拉动经济增长的"三驾马车"——消费、投资、净出口来看，三者的贡献率极不平衡，特别是对国内生产总值增长拉动最大的最终消费支出始终不尽如人意。资料显示，2001 年以来，最终消费支出的贡献率由 50% 下降到 2007 年的 39.4%；资本形成总额的贡献率由 2001 年的 51% 下降到 2007 年的 40.9%；货物和服务净出口的贡献率由 2001 年的 –0.1% 上升到 2007 年的 17.9%。可以看出，一方面，我国自 2001 年加入 WTO 以来，净出口贸易对经济的拉动较为突出；另一方面，国内消费需求严重不足。资料显示，最终消费率由 2001 年的 61.4% 下降到 2007 年的 48.8%，2009 年上半年这一比率仍有下降的趋势。

关于消费需求不足，国内许多学者都做了深入研究。不少学者认为，当前内需不足的关键主要是农村消费需求不足。笔者认为，一直以来我国农民收入水平较低，农民消费支出也低，这是我国农村消费需求难以扩大的根本原因。史锦华等认为，目前城乡差距不断拉大是我国消费难以启动的原因。他们从消费启动的角度，分析了农村消费不足的表现和内因；并围绕消费启动的特点，提出促进农民收入增长、加速农业产业化，以提高农村消费需求。徐娟认为，我国农村消费不足与人力资本投资有着密切的关系。社会性人力资本投资的不足，个人性人力资本投资的大幅度增长不利于农民消费的增加。

---

　　* 该文刊载于《湖北行政学院学报》2010 年第 3 期，文章有删节。

此外，医疗保障制度不完善，以及农村剩余劳动力转移中面临的不确定性，都不利于农民消费的增加。人民银行通辽市中心支行课题组从消费行为出发，认为农民消费观念限制其消费行为。农民一生中的消费主要集中在婚丧嫁娶、建房、子女上学等，一年的大项消费多集中在重大节日，常常是多年积累，一次性大量消费，理财观念和方式落后，不利于形成我国农村消费市场的强大支付能力。郭慧敏等通过对社会消费品零售总额增长因素的分析，认为社会消费品零售总额与城镇居民可支配收入总额、城镇居民消费性支出总额、农村居民纯收入总额、农村居民消费性支出总额均存在高度相关，且农村居民的经济指标对社会消费品零售总额的影响略大于城镇居民。因此，应通过稳定城镇居民消费市场，同时大力挖掘农村消费市场潜力、发展农村消费市场以促进社会消费品零售总额的增长。

上述学者从各个视角研究了当前我国农村消费需求不足的现状。笔者认同上述观点，只是认为，中国农村消费不足是各种问题的综合反映，是个战略性的大问题，依靠一时的政策解决不了。要想扩大农民消费需求，需要进行综合性探讨。如近段时间，为应对农村消费需求不足，国家出台了家电下乡等一系列惠农政策，但根据《2009 中国农村家电消费调查报告》显示：全国有 39.2% 的农村消费者没有听说过"家电下乡"政策，35.6% 的消费者对政策细节不清楚。这说明，这一政策有一定的局限性，相当多的农民是没有得到实惠的，即实施效果并不明显。显然，要想扩大农民消费需求，需要从战略高度去认识。

二、当前我国农村居民消费的现状

目前，我国农民在衣、食、住、行等方面的消费有了较大的提高，部分地区正在向小康水平迈进。首先，农村居民恩格尔系数呈逐年下降趋势，由 1978 年的 67.7% 下降至 2007 年的 43.1%，下降 24.6 个百分点。其中，膳食结构不断改善，食品消费从数量扩张到质量改善，呈多样化、营养化趋势。衣着消费更是从"一衣多季"向"一季多衣"转变，追求时尚渐成趋势。其次，住房消费增长较快。资料显示，农村居民家庭人均住房面积不断扩大，由 1990 年的 17.83 平方米上升到 2007 年的 31.6 平方米；住房质量进一步提高，由过去土石结构向砖木、钢筋混凝土结构转变，部分地区农村楼房逐步向高楼层、大面积转变，东部沿海地区农村住房甚至向庭院式、别墅式方向发展。再次，家庭日用品消费逐渐普及。摩托车、电冰箱、洗衣机和彩电拥有量快速增长。2007年，农村每百户拥有彩电、洗衣机、电冰箱分别为94台、46台和26台，比2000年分别增加49台、29台和12台。一些新型家用电器如空调、抽油烟机、计算机等也开始进入农民家庭。另外，服务性消费比重有所增加。文教娱乐消费支出增幅较大。2007年，农民文教娱乐用品及服务支出305.66元，占消费总支出的11%。交通通信消费成为农民消费新亮点。2007年，农村每百户拥有电话68部、移动电话78部。据统计，2007年，农村居民服务性支出757元，占全部生活消费支出的29.6%，其中，交通及通信支出245元，是2000年的1.6倍。

不过，尽管我国农村消费有了很大变化，但从农村消费规模、消费构成、消费行为及消费水平看，农村消费市场仍显不足。一是消费规模偏小。1978年，全国县以下社会消费品零售总额为1053.4亿元，占全国的67.6%；2007年，全国县以下社会消费品零售总额为22082亿元，仅占全国的32.9%，比1978年下降34个百分点。二是消费增速缓慢。从1997年开始，农村社会消费品零售总额的增速逐渐放慢。1998～2007年，县以下消费品零售总额年均增长7.5%，同期全国社会消费品零售总额年均增长速度为10.0%，比全国约低2.5个百分点。三是消费构成较为单一。农村居民仍以实惠型消费为主，对商品价格较为敏感，喜欢物美价廉的产品，概念性、奢侈性产品基本没有市场。而由于农村文化、休闲、娱乐较为单调，农民消费行为，以物质性消费多，精神性消费少，多数农民大部分休闲时间用来吃喝、打牌和看电视。四是城乡消费水平差距持续扩大。1978年城乡消费水平之比为2.9∶1，2000～2007年连续7年保持在3.6∶1左右。据统计，城乡居民消费结构中，2000～2007年城镇居民消费比重由60%上升到67.1%，而农民消费比重则由40%下降到32.9%，8年下降了7个百分点。上述问题表明，无论从消费规模、消费构成还是消费水平看，农村消费需求十分不足。

三、抑制我国农村消费需求扩大的主要原因

（一）农民收入偏低是影响农民消费需求扩大的主要因素

改革开放以来，我国农民收入水平不断提高，2008年农民人均纯收入达到了4761元，与2007年相比，农民人均纯收入增加了621元，达到了一个新的历史高度。不过，总体看来，农民收入水平仍然偏低。

第一，农民的经营性收入偏低。一是由于农业生产规模比较小、农作物种类比较单一，使得农业生产效率不高，粮食单产率十分低。二是由于农资产品化肥、农药、良种价格不断上升、农田水利等基础性设施不完善，使得农作物的生产成本比较高。三是由于科技投入不够，生产的农产品，品质良莠不齐，市场交易价格低。四是由于农村流通体系和市场体系发展不健全，以致农副产品生产区出现"难卖、积压"现象，农民经营短期难以变现，从而使得农民的经营性收入雪上加霜。

第二，农民非经营收入不高。受金融危机影响，沿海大量企业出现倒闭，部分外出打工者失业返乡，减少了农民非经营性的收入来源；而内地乡镇企业、民营企业，吸纳农业剩余劳动力能力有限，一些本土打工族也出现了失业；加上农村第三产业发展普遍滞后，农业中剩余劳动力转移的渠道不宽，这些都限制了农民非经营性收入水平的提高。

第三，我国农民转移性收入、财产性收入占农民纯收入的比例较低。资料显示，2004~2007年，农民人均转移性收入由116元增加到222元，年均增长24.4%，占农民人均纯收入的比重由3.9%上升到5.3%。2004~2007年，农民人均财产性收入由77元增加到128元，年均增长18.7%，占农民人均纯收入的比重由2.6%上升到3.1%。上述数据表明，近几年，国家通过粮食直补、良种补贴、农机具购置补贴和农资综合直补（"四补贴"）等一系列优惠政策，带动了农民转移性收入的增加。同样，财产性收入方面，受农村土地征占用补偿水平提高、农民土地流转和房屋出租增多、参加入股投资分红人数增加等因素影响，农民获得的财产性收入不断增长。但总的看来，农民转移性收入、财产性收入占农民人均纯收入的比例仍相对较低。《农村经济绿皮书》的调查数据表明：2008年我国农民纯收入中，家庭经营收入占纯收入比重的51.2%，仍然是农村居民收入最主要的来源，但占纯收入的比重继续下降，比2007年下降1.8个百分点。外出打工的工资性收入比重为38.9%，比2007年提高0.4个百分点。转移性收入比重为6.8%，比2007年提高1.4个百分点。财产性收入占3.1%，与2007年持平。显然，我国农民转移性收入、财产性收入较农民经营性收入、工资性收入明显偏低。

第四，农民未来不确定性支出增加，也直接降低了农民的实际收入水平，制约农民当期消费支出。目前，在广大农村地区，农民"看病难、看病贵、盖房难、盖房贵、上学难、上学贵"仍是十分突出的现实问题，因此，农民的未来不确定性支出，势必会挤占农民部分即期的消费支出。

（二）农民内部收入差距较大，直接影响到农村消费需求的增加

国家实施家电下乡等支农惠农政策以来，从农村消费市场可以看出：有些农民消费需求十分火爆，如农村中高收入户；有些农民消费需求十分温和，如农村中等收入户；但是大部分农民消费需求十分冷清，如农村中低收入户。表面上看是农民消费欲望不强，实质上是由于农民内部之间的收入差距较大，从而造成不同收入群体的消费能力、消费水平差异较大。资料显示：2007年由低到高五等户生活消费支出比例分别为1:1.3:1.6:2.0:3.2，高低收入户之间差距约为3.2倍。因此，农民内部势必会在富裕户、中等户、温饱户之间形成不同的消费层次：富裕户会提前享受国家的优惠政策，做到超前消费。消费商品不仅仅涉及彩电、电冰箱、洗衣机、空调、手机等耐用品的消费，甚至还涉及计算机、汽车、摩托车、热水器、微波炉、电磁炉等高档品的消费，得到更多的经济实惠；中等户也会考虑消费一些基本的耐用消费品，但对高档消费品持谨慎态度；温饱户由于缺乏消费能力，即便有13%的家电下乡"补贴、限价、优惠、折扣"，但依然消费不起。特别是在边远农村地区、贫困山区、闭塞的西部地区，农民收入普遍更低，其支出只能用于基本的生活、生产和消费。

（三）农村基础设施的缺乏影响消费环境，使消费需求难以扩大

一是公路、桥梁等基础设施落后，增加了农民出行购物的负担，增加了生产、生活商品的运输成本。二是农田灌溉的不完善，增加农民对农作物的生产成本。三是基本生活设施，如电网、自来水等的不健全，严重制约农民对相关电器的消费欲望，也严重限制农民生活质量的提高。四是交通、通信等基本设施的不完善，特别是网络消费信息不畅，限制了农产品电子商务、网上购物平台的发展。五是教育、文化、体育、卫生医疗等公共事业设施不健全，使得农民及孩子读书难、娱乐单调，这些都制约农民消费需求的扩大。

（四）农村社会保障体系的不健全，是影响农村消费需求扩大的一个重要因素

农村社会保障制度的不健全，实际上是间接地降低了农民的收入水平，同时影响到农民的即期消费支出。近年来，虽然我国农村社会保障体系不断

完善，但从总体上看，我国农村社会保障还处于非常低的水平。表现为：保障覆盖面窄、保障水平低、服务滞后、流动性差、兑现期限长，这些问题实际上说明政府在农村社会保障推行方面力度还不够大，再加上部分农民保障意识缺乏、思想守旧和经济无能力支付个人保费等原因，使得农村地区的社会保障工作很难开展。农民长期习惯性形成"高储蓄养老、医疗，低水平生产、生活"的消费现象，自然形成农村消费市场的"真空"状态。

（五）农村金融市场的不发达，影响农民的消费信贷

所谓消费信贷就是为刺激消费、启动市场，商业企业、银行或其他金融机构以居民未来的购买力为贷款基础，向消费者提供的一种信贷业务。须知，农民拥有稳定的预期性收入才是消费信贷的前提。然而，一是受传统消费习惯的影响，农民形成了"无债一身轻"的思想，往往量入而出，"节约而简朴"，超前消费意识缺乏；二是银行、金融机构面向农民的信贷门槛较高，贷款手续复杂，限制条件多，担保、抵押程序烦冗，贷款还款期限要求高，让农民信贷消费望而生畏；三是广大农村地区消费信贷起步较晚，相关的制度不完善，对农民消费信贷的权益保护不够；四是因农民预期性收入不稳定、信用等级低、担保和抵押物质少等原因，金融机构对农民消费信贷的信心不足，以致消费信贷成为制约农村消费需求的一个瓶颈。

四、扩大农村消费市场的对策选择

（一）提高农民收入水平，增强农民消费能力

收入是消费的前提，只有提高农民收入，才利于提升农民购买力，扩大农村消费需求。为此，第一，要提高农民的经营性收入。一是政府应加大对农村基础设施的投资力度。修建完善农村公路、桥梁、电网、自来水、邮电通信、农田水利等生产、生活性设施，夯实农民增产增收的基础条件。二是深化农村体制改革。加快农村土地流转，完善土地交易市场，通过转让、转包、租赁、入股、互换的土地流转政策，加快发展现代农业，不断提高土地的使用效率和生产效率。三是推动农业产业化经营。坚持科学、特色、生态、绿色、环保的发展思路，大力鼓励农民科学种植、科学养殖、科学畜牧，构

建生产、加工、储存、运输一条龙经营模式，延长农副产业的产业链，降低农副产品生产成本，提高农副产品的附加值。

第二，提高农民的非经营性收入。一是大力扶持中小企业发展。中小企业吸纳了我国75%以上的农村劳动力。因此，扩大农民就业，需要中小企业健康发展。政府应从减免税费、资金补贴、融资担保等方面帮助企业发展。二是大力提高城镇化水平。通过中小城市的发展，开拓农村劳动力就业渠道，带动农村剩余劳动力转移。三是加快新农村建设。通过建立村民股份制合作制，引导农民以土地、资金和技术入股，通过资本与劳动联合，发展集体企业、农村旅游业等非农产业，扩大收入来源渠道。四是提倡农民发展农村服务业，建设农村消费广场、百货超市、农家商店，鼓励农村个体运输、个体商店、个人作坊的发展，发育农村市场和物流体系。

第三，提高农民转移性收入和财产性收入。一是政府应继续采取惠农的财政政策，提高对粮食直补、良种补贴、农机具购置补贴和农资综合直补；家电下乡、摩托车下乡、汽车下乡的优惠范围和标准。二是政府应增加对农村新型合作医疗、新型养老的补贴，提高农民的转移性收入。三是通过完善我国的《物权法》《担保法》，保障农民房产、土地、资本等合法收益的权利，提高农民财产性收入。

（二）完善农村社会保障体系建设，降低农民未来消费预期

"养老、医疗"问题是农民消费的后顾之忧，只有通过不断完善社会保障体系，才有利于提振农民的消费信心。为此，必须进一步完善农村社会保障。一是政府需要增加对农村社会保障资金的投资力度。根据农村地区差异，推广中央财政缴纳、地方财政缴纳、个人缴纳的三方负担的养老体制，科学合理地搭配保投资金；同时加大社会保障宣传力度，引导农民正确的社会养老观、医疗观。二是建立健全社会保障的法律法规。要从法律法规方面保障农民受社会保障的权利，保证农村社会保障的"稳定性、公平性、可靠性、长远性"。三是建立健全新型农村社会医疗救助制度。虽然我国有90%以上的农民参加农村新型农村合作医疗，但是保障水平还不高，特别是农村低收入者的"看病难、看病贵"的问题还没有得到全面的解决。因此，必须进一步加大对农村医疗保障的支持力度。四是大力发展农村社会福利事业，关心老弱病残人群的生活。

（三）发展农村现代金融市场，引导农民消费信贷

建立农村金融体系，有利于提高农民的支付能力，扩大农村需求。为此，应深化金融体系改革，建立农村金融网点。政府和金融机构需要通过电视、广播、媒体加大对农民消费信贷的宣传力度，让更多的农民了解并使用消费信贷，改善农民传统的消费观念。金融机构应该制定针对农民自身特色的信贷方式，开发适合农民需要的金融产品。制定相关法律、法规，鼓励民间资本借贷，繁荣农村金融市场。加快农民个人信用体系建设，建设农村社会担保、抵押机构，并允许农民以土地、房产、资本等作为信用抵押。对于农村特困户，政府、金融机构和银行应适当给予无偿援助、捐赠、低息贷款等支援形式，帮助农民消费。

另外，还需要从政府、企业、个人三个方面入手，不断提升农民自主创业致富的本领。需要加大对农村基础教育投资力度，加大对农村职业教育、技能教育的投入。鼓励乡镇企业、民营企业、集体企业对职工进行岗前的培训、学习，提高职业素质。政府需要对于农村困难户，给予技能培训方面的减免或补贴，既利于缩小农民内部的收入差距，也利于开发农民增收的潜力。

参考文献

［1］中国统计年鉴：2008［M］.北京：中国统计出版社，2008.

［2］史锦华，任连娣，张永翊.消费启动：缩小城乡差距的最终选择［J］.改革与战略，2008（12）.

［3］徐娟.农村人力资本投资对农民消费的影响［J］.山东社会科学，2009（6）.

［4］中国人民银行通辽市中心支行课题组.启动欠发达地区农村消费市场的难点与对策［J］.内蒙古金融研究，2008（8）.

［5］郭慧敏，韩少将.浙江社会消费品零售总额增长因素分析［J］.浙江统计，2009（8）.

［6］2009中国农村家电消费调查报告［N］.中国青年报，2009－03－02.

［7］2008年农民人均纯收入达到4761元 比2007年增621元［N］.中国网，2009－02－02.

［8］陈熙.新形势下农民增收的新思考［J］.中国发展观察，2009（2）.

［9］农村经济绿皮书［M］.北京：社会科学文献出版社，2009.

［10］我国中小企业吸纳了我国75%以上的农村劳动力［EB/OL］. 三农在线网，2007 – 12 – 12.

［11］全国地下信贷规模已近8000亿元，而全国农户超过70%的借款来自民间借贷［N］. 东方早报，2005 – 12 – 09.

返乡农民工与社会主义新农村建设刍议[*]

2008 年下半年以来，由于国际国内形势的影响，大批农民工返乡，为妥善安置返乡农民工就业，维护农村基层社会的稳定，推动农村经济持续发展，中央推出了一系列重要决策。笔者认为，妥善安置返乡农民工就业、推动农村经济持续发展，实际上和促进社会主义新农村建设是统一的。将返乡农民工纳入新农村建设的大局，并最终解决"三农"问题，其意义重大。

社会主义新农村建设是一个复杂的系统工程，主要由资本投入、人力资源、技术革新与基层民主建设四大要素组成。返乡农民工对新农村建设的重要价值也是通过与这四大要素投入过程的具体联系而体现出来的。

一、从资本角度

从资本投入的角度来看，我国农村从业人员的收入十分低下，农业资本自然积累速度非常缓慢。农业生产不仅不能自发完成规模经营与机械化生产，甚至连一些基础设施的维持都显得十分吃力。显然，在这种情况下，单纯依靠农业生产来完成资本的原始积累无疑是不可能的。但若仅仅是依靠政府单方面的投入资金，不仅难以保证资本投入的持续性，同时也很难做到资金使用的规范和有效性。所以，鼓励返乡农民工参与到社会主义新农村建设中来就显得尤为重要。这是因为，返乡农民工长期在外务工，不仅本身就具有一定的资金储蓄，同时也深受市场经济风潮的洗礼，具备一般农民所没有的商业头脑。若能将返乡农民工的个人生计与新农村建设结合起来，以促进返乡农民工自主创业为带动点，使各种资本的投入化作一个又一个的具体项目，不仅能确保资本投入有的放矢，同时也将大大拓宽新农村建设资金的筹措渠

---

* 该文刊载于《农村经济与科技》2009 年第 10 期。

47

道，真正做到政府引导与市场化操作双效结合。为此，笔者认为鼓励返乡农民工自主创业应从以下三个方面着手：

第一，给予返乡农民工适当的资金支持。大多数农民工会在外出务工期间积攒一定的资金，以备日后所用。但这些资金对于创业来说还是远远不够的。如果项目资金迟迟不能到位，多数返乡农民工只能空有一腔热情而丧失发展机会。所以，政府以及相关的金融机构应充分发挥帮扶作用，扮演企业助产士的角色，增加对农民工的信贷支持，促进乡镇企业的开办与发展。

第二，应增加企业信息来源，助其开拓新兴市场。由于返乡农民工大多在偏远农村，其创业的地点也多位于附近集镇，所以在许多方面，包括在产品的生产和销售过程中，都难免会遇到信息闭塞，消息不灵的问题。地方政府应组织建立相关的信息交流平台，为新办企业提供必要的市场信息，帮助企业开拓市场，站稳脚跟。

第三，对农民工返乡创业实行一定程度的税费减免。在企业创办的初期，生产者面临的最大难题莫过于生产资金的周转。对农民工返乡创业实行一段时期的税费减免可以帮助企业节省开支，渡过最初的困难时期，等到企业做大做强之后，再按照法定税率对其征收税款。这需要各地开阔思维，从长远着想。这样做不仅能提高乡镇企业的存活率，同时也能吸引更多的返乡农民加入创业的行列中来。

二、从人力资源与技术革新角度

从人力资源与技术革新的角度来看，我国农村劳动生产效率十分低下，农业生产主要依靠农村留守群体。而农村的主要青壮劳动力都以农民工的身份流入城市，造成农村劳动力数量不足，劳动力素质显著下降，农业技术革新缓慢，以致农业生产至今仍停留在靠天吃饭的阶段。要改变这一状况，就必须加快新农村建设的步伐，加大人力与技术要素的投入力度。而要达成这一目标，就必须发挥返乡农民工相较于其他农民所没有的巨大优势，主要有以下两点：

第一，提高农业的劳动生产率，就要注重提高农村劳动力的整体素质。而这种素质具体表现在体力与智力两个方面。返乡农民工大多年纪青壮，体力远胜于留守人群，而且长期在外务工，阅历丰富，文化智力水平也高于其他农民。鼓励返乡农民工参与新农村建设，可以大大提高农村劳动力的整体素质水平。

第二，要加快农业生产技术的革新速度，就必须改变现有的农业生产方式。也就是要推动农业生产由人畜耕种向机械化耕种转变。要实现农业生产的机械化，除了需要上文所提到的资本与技术投入之外，还需培养一大批能驾驭这种先进生产方式的农民。而返乡农民工长期在加工制造业工作，对机械设备的熟悉程度远远高于一般农民，所以，要实现农业生产的机械化就必须加强返乡农民工与新农村建设的互动，使之成为农业机械化生产的中坚力量。

三、从基层民主角度

从基层民主建设的角度来看，社会主义新农村建设除了要改变我国农村落后的生产方式和基础设施外，还要建立全新的农村基层管理模式，即村民民主自治模式。这一模式的成败主要取决于村民法制与民主意识的强弱。但从目前的情况来看，农村基层的选举不仅存在着贿选、滥选等违法违纪问题，而且还派生出一系列诸如"村主任自治"等民主异化现象，可见农村基层民主的建设不仅过程曲折，而且充满波澜。要想改善这一状况，就必须加快新农村法制建设，发挥返乡农民工的影响作用。其原因有以下三点：

第一，返乡农民工相较于普通农民来说，更具有权利意识。农民工作为一个弱势群体，在外务工期间经常会受到各种不公的待遇。这些侵犯农民工利益的事情自然会引发农民工的维权行为，强化农民工群体的维权意识。而这种深刻的维权经历与强烈的维权意识又是一般农民所没有的。

第二，返乡农民工相较于普通农民来说，更具有现代的组织与纪律观念。农民工进城务工除了赚取收入之外，其自身也不断受到城市文明的影响与改造。例如，农民工被要求准时准点上班，严守各种工作规范，而且他们还得被迫接受城市生活的种种规则，如过马路要看红绿灯、公共场所办事注意排队等。这些给他们烙上了深刻的组织纪律性的烙印，是自由散漫的农村生活所不能提供的。

第三，返乡农民工相较于普通农民来说，更具有平等与民主的意识。农民工进入城市工作，虽然与城市工人同工，但却往往不能同酬。在城市生活的他们，经常会被各种制度所边缘化，以致无法融入城市文明的主体中。不仅如此，由于城市居民对农民工地位的不认同，他们还经常遭到种种歧视。

可以说，在城市种种边缘化待遇，使得农民工形成了一种强烈的平等与民主诉求。而这种强烈的民主与平等意识以及上文提到的组织纪律观念又是搞好农村基层民主建设所必需的。所以从以上三点来看，加强返乡农民工与新农村建设的互动将大大提升农民群体的整体民主法制意识水平和农村基层民主建设的速度。

农民工融入城市的困境

——基于制度排斥与工资歧视的分析*

一

改革开放以来，特别是 20 世纪 90 年代以来，随着经济的发展，我国城市化进程逐步加快，每年都有数千万的农民工进入城市打工，成为新兴的以工资收入为主要生活来源的劳动者。据有关资料显示，1990 年我国农民工人数达到 5000 万人，2000 年达到 8000 万人，2005 年更是突破 1 亿人，达到 1.26 亿人。目前我国农民工数量已接近 2 亿人。毫无疑问，农民工正在并已经成为我国城市市民的一个部分，并正在为城市经济的发展和和谐社会的建设贡献自己的最大力量。

不过，从目前我国各地农民工在城市生活和工作的情况来看，有一个非常普遍的现象不能不引起我们高度的重视，即农民工被边缘化的趋势并没有得到根本缓解而是有所增强。表现为：在经济收入方面，农民工长期受到不公正待遇，与当地职工同工不同酬；在社会保障福利方面，农民工被排斥在城市的社会保障安全网之外；在文化生活和物质生活方面，农民工生活方式单一，生活质量低下；在对城市的归属感方面，农民工对城市和农村表现出一种若即若离的依附关系。尽管农民工向往着城市生活，对于城市有着强烈的流动愿望；也尽管有一些农民工在城市居住长达 10 年以上，甚至部分农民工在城市的工作环境和居住条件有了相当的改善，但从整个农民工群体看，他们仍然是一只具有高度流动性特征的群体，他们来来回回，往返奔波，如候鸟般地不断迁徙，跟城里人仍然是"两张皮"的关系，不能真正融入城市

---

* 该文刊载于《湖北社会科学》2008 年第 12 期。

中来。

为什么会出现这种情况？究其原因，首先是各种制度阻隔着农民工市民化进程。

一是户籍制度。户籍制度颁布初始就是对人口的自由流动进行管制，将人们的身份予以固定。今天，虽然一些地方政府曾试图改革户籍制度，公安部门也曾尝试取消农业、非农业户籍界限，探索建立城乡统一的户口登记管理制度，然而，农民工这一身份在严格的、庞大的户籍管理体制下还暂时改变不了。进城打工的农民工虽然就职业来说，他们是工人，但由于他们是农业户口，因此就身份来说，他们是农民。他们身在城镇，且一年中大部分时间都是在城镇工作和生活或从事非农产业，但由于户籍的限制，这使得他们无法真正地融入城市生活。

二是就业制度。改革开放后，人口流动和迁移政策逐渐放宽，一些城市从农民工享有平等就业权出发，逐步取消了用工单位招用农村劳动力的行政审批，但由于户籍的限制，农民工进入城市正规体制之内就业几乎还是不可能，这使得农民工只能寻觅那些工作稳定性差、收入低、劳动强度大、无福利和无保障等边缘性职业和岗位。即使有不少农民工在正规体制之内就业，他们也都是临时性就业，没有合同保护，与正式职工不可能同工同酬。这就直接影响到农民工融身于城市。

三是社会保障制度。从表面上看，农民工难以融入城市主要是户籍制度的存在。然而，更深层次的原因则在于户籍制度背后所隐藏的各种福利保障体系。由于长期以来我国的福利保障体系将农民排斥在外，只对城市居民提供服务，因此，农民工是无法享受到养老、医疗、失业、工伤、生育等社会保障的。虽然近几年来，社会上对农民工的问题越来越关注，一些地方开始尝试为农民工提供养老保险、工伤保险等保障，但由于户籍制度并未消除，加上制度本身还存有缺陷，农民工在城市仍然得不到必要的社会保障，想要融身于城市亦是十分困难。

四是城市公共服务制度。城市公共服务包括多个方面内容，主要有住房、城市交通、医疗卫生、妇幼保健、社区生活等，而城市公共服务制度一方面涉及财政制度，同时也与户籍制度相关。比如公积金、廉租房、子女就读等，农民工没有城市户口，在城市没有正规的职业，根本就不可能享受到这些服务。这些都阻碍着农民工融入城市。

五是土地流转制度。长期以来，我国土地产权不清晰，使土地流转市场长期得不到发育，以致土地不能正常流转。即便一些农民工想将土地进行流转，他们也不可能得到合理的补偿，以至于不得不保留那么一点土地并根据农业生产季节性特点边打工边种田，而无法完全脱离土地，融入城市。

二

如果说，制度排斥是农民工无法融入城市的制度原因，那么工资歧视就是农民工难于融身于城市的经济原因，而且制度排斥与工资歧视往往交织在一起对农民工进入城市形成巨大的压力。

首先看户籍制度。近些年来，一些地方有条件地开放了城市户口限制，允许农民工进城入户。条件是：或者要求农民工缴纳一笔不菲的城市"增容费"，或者要求农民工在城市购买商品住房，才能将农村户口迁移到城市。显然，上述条件对于工资水平十分低下的农民工来说是十分苛刻的。我们知道，在农民工市民化的进程中，政府起着越来越重要的作用，它是农民工市民化的有力推动者。然而一些地方政府在户籍制度改革中，通过附加条件限制农民工进城，这看似改革的一种探索，其实，这就是一种歧视，是利益而不是公正在背后起主导作用。

其次看社会保障制度。随着社会上对农民工问题越来越关注，一些地方开始尝试为农民工提供养老保险、工伤保险等保障。然而，近一段时间我们看到许多农民工不愿意参保、甚至一些已经参保的又退保。为什么会出现这种现象？究其原因，除了户籍制度的限制以外，保障制度本身的缺陷是主要原因。现在各地养老保险按照区域进行统筹，养老保险不能转移，且保险并不统一，因此，不能转移的养老保险制度对农民工来讲，根本没有起到养老保险的作用。而我国农民工具有不稳定性，打工只是权宜之计，随着年龄的增加或工作性质的变化，他们随时可能"走人"。因此，"不能转移"的养老保险金对"流动"的农民工，反倒成为一种累赘和负担。然而另一个问题是，退保后，农民工只能拿回原本属于自己缴纳的一点工资，企业交的那部分钱则留在了当地。对于地方来说，这可是只赚不赔的大好事。与之相反，农民工如果到了异地，接收地只能接收到个人账户的钱，但却要承担加上企业缴纳的那部分钱计算出来的退休金，显然接收地是不愿意接收、不愿意续保的。这样一来，制度的排斥，就通过社会保障金额表现出来，这如何能让转移到异地打工的农民工在城市安身立命？

再次看城市公共服务制度。比如子女就读。由于我国教育制度根据户口、工作单位等进行学区划分，农民工子女由于不在城市的任何一个学区之内，所以理论上也就失去了在城市里平等就学的机会，享受不到教育服务。不过要读书也不是不可以，那就是农民工子女还须向流入城市缴纳数目不小的借读费，以弥补学校因人头下拨的财政经费不足。尽管中央曾为此发出《关于进一步做好进城务工农民子女义务教育工作意见的通知》，但农民工子女就读问题依然得不到根本解决。再比如廉租房。目前，进入城市打工的农民工大多只能住工棚、集体宿舍、出租房，基本没有自己合法的固定住所，因此，很难对于所在城市有深刻的归属感。众所周知，住房是人类生存的一个基本需要，能够给人带来归属感。然而，对于收入较低的农民工来说，即无力购买价格如同天文数字的普通商品房，又无户口、无法以城市中低收入者身份购买经济适用房，结果是无法拥有属于自己固定的住所，而没有合法的固定住所又不能取得城市户口，如此循环……加上城市地价不断上涨，地方政府更不愿意开发廉租房，而愿意将有限的建设用地投入房地产开发，以扩大财源，促进 GDP 增长，突出自己的政绩。这样，农民工享受不到城市的公共服务，只能游离于农村和城市之间。

最后看农村土地流转制度。在家庭承包制的制度框架下，农地产权结构包括三方面的权利，一是所有权，二是承包权，三是经营权（使用权）。土地家庭承包制下的经营权流转就是保留承包权，转让使用权。而目前承包经营权中未包括土地处置权，缺乏土地处置权，一方面造成土地永久性流转无法实现，既然农民不能通过转出土地而获得进城谋生的初始资本，所以除了有稳定收入而加入城市户籍外是不会放弃土地这一最后保障的，而转入方也因土地经营权属弱而没有长期经营的信心。另一方面造成土地的短期流转也无法保障，农民进城务工的机会成本会因为国家随时出台的利农政策而改变，作为理性的"经济人"，部分农民会放弃打工而回乡种地，以至于他们不得不把根留在农村。

如果说，政府以城市管理为名，制定一系列明显偏袒城市劳动者的制度和政策，对农民工进城进行限制，那么，企业则更是利用这样一种制度与政策氛围，对农民工从就业上、并进而在工资上给予歧视。表现为：

一是农民工与国有企业职工同工不同酬。农民工进城后，由于其身份不同于原企业的正式职工，政府劳动部门不可能像对原企业职工那样确定他们的工资级别，而只能由企业决定他们的报酬。在这种情况下，一些用工单位为降低成本，给原企业内的职工和农民工同工不同酬，绝大多数农民工的收入仅相当于正式职工的一半，甚至更少。

二是强迫农民工接受低工资。一方面，雇主利用农民工缺乏足够的信息的条件，包括行业的平均工资水平、行业中非农民工的工资水平、其他竞争者的信息等。另一方面，雇主利用农民工之间松散的组织结构，利用农民工相互之间缺乏合作的意愿，利用农民工对个人利益的关心远大于对农民工阶层的整体利益的关心；同时雇主利用政府对农民工就业的某些不合理的政策，利用自己处于农民工劳动力市场买方垄断的地位，使农民工不得不接受低工资，而且，就是以政府最低工资制度作为标准工作。

三是雇主克扣拖欠农民工工资现象普遍。雇主不仅压低农民工工资，同时还强迫农民工超时劳动，甚至还随意拖欠、恶意拖欠及克扣农民工的工资。这些都变相降低了农民工的工资。

三

显然，正是因为农民工所遭受的制度排斥与工资歧视，他们才无法具备在城市中定居的制度条件和经济基础，从而无法最终向市民转变并成为真正意义上的城市居民，而只能以季节性或候鸟般的方式在城市中暂居。因此，改革相关制度、消除工资歧视是解决农民工市民化的根本指向。

（一）加快制度改革，清除农民工进城的制度障碍

首先，应加快户籍制度的改革，以及与此相关的其他制度如劳动用工制度、社会保障制度的改革，清除影响农村劳动力进城的制度性障碍。户籍制度是我国城乡二元社会经济结构的制度基础。它的存在，使我国城市社会中的劳动力市场分隔为两个，而农民工只能在那些收入低、工作环境差、待遇福利低的劳动力市场就业，并且户籍壁垒还导致农民工在教育、医疗、住房、招干、退伍以及社会保障、生活福利等各个方面与城市市民之间存在巨大的差异，而这种差异又成为一些地方政府工作人员以及一些企业歧视农民工的理由，进而从观念上以及工资上强化了歧视。因此，推动农民进城务工，重点就是剥离户口制度背后的城市偏向性的各种福利制度，改革的目标是建立城乡统一的居民登记制度和建立城乡统一的劳动力市场以及城乡统一的社会保障制度。要让农民工能平等地参与就业竞争，平等地享受劳动权利，消除城市制度排斥；同时要建立全国性的统一的社会保障体系，让农民工能在城市安居乐业。

其次，创新城市公共财政制度，使义务教育、公共卫生等基本公共服务逐步覆盖到农民工。具体说来；第一，对农民工，在各种服务包括劳动报酬、社会保险关系上要与城镇工一视同仁，彻底破除农民工的身份界限，从制度

上保障进城农民的合法权益。第二，城市政府和流入地要积极创造条件，承担起进城务工农民子女义务教育的主要责任，充分发挥全日制公办中小学接受农民工子女的主渠道作用，保障农民工子女享受义务教育的权利。第三，建立社区服务机构，为加快农民市民化进程提供更多更好的服务。政府要针对农民工居住的特点，建设管理好农民工聚集社区，避免形成城市治安差、社会安全无保障、环境脏乱差的社区。

另外，要加快土地流转制度的改革，在坚持自愿、有偿原则的基础上鼓励土地流动和转包，特别是要鼓励那些有意留在城市的农民工及家人放弃土地经营权，并使他们获得相应的补偿；同时，还要积极探索和建立农村人口进城宅基地置换制度，降低农民在城市置房的成本和迁移成本。

（二）消除工资歧视，夯实农民工进城的经济基础

刘易斯曾在其著名的《无限劳动供给下的经济发展》一文中指出，劳动力从农村流向城市，主要取决于城乡实际收入差异，只要城市工业部门的一般工资水平高于乡村农业且一般工资水平达一定比例，农民就愿意离开土地迁移到城市中谋求新职业。同时，刘易斯还估计，外出农民的收入要比留在原地高出大约30%以上，农民才会迁移城市，而当工资水平较低时，处于消极保护自己权利和理性考虑，农民工会返回农村。显然，这里，工资水平起着很重要的作用，它成为农村劳动力转移及城市化发展的重要动因。

因此，政府要充分重视农民工的工资问题，加强对企业就农民工工资问题的监督与管理，通过逐步提高最低工资标准，逐步提高农民工的工资水平。首先，要引导企业健全基本工资制度，比如劳动定额管理制度，通过提高按劳分配在初次分配中的比重逐步提高企业农民工的工资水平。其次，进一步完善企业工资指导线、劳动力市场指导价位、人工成本预警制度，要通过舆论宣传扭转劳动要素分配权益相对弱化的趋势，要让没有法律效力的工资指导线，通过宣传获得"自然正义"的法律效果，强化对企业提高农民工工资水平的指导和促进。另外，各地工会应积极引导和帮助组农民工加入工会组织，积极引导他们参与劳动法律制度、工资集体协商等相关制度的建设。作为群众性的工会组织，应把农民工组织起来反映劳动者的意愿，维护农民工的合法权益，使工资集体协商实现其作为维护劳动者权益的价值取向。

（三）重视教育培训，提高农民工进城的适应条件

由于农民工文化程度普遍较低，他们只能在较低层次的工作岗位上就业，接受较低的工资，而面临低工资和较高的城市生活成本，他们几乎又没有足够的收入去接受教育和培训以使自身的素质和技能得到提高。这种情况一方面使他们失去了寻找更高收入的机会，从而陷入"低收入—人力资本积累不足—低收入"的恶性循环；另一方面也使他们进入城市所需的货币资本积累和人力资本积累滞后，从而支付不起在城镇安家落户的成本。

因此，政府在加快推进农民工市民化步伐的过程中，应重视增加对农民工自身文化、思想道德教育的培训，加强就业技能培训，使农民工尽快提高职业技能；还应充分重视农民工子女的教育问题，统筹发展农村基础教育、继续教育，提高农民工人力资本的积累。与此同时，还应该从维护农民工切身利益出发，利用各种形式向农民工传授有关法律、法规常识，使其能知法、懂法、用法，提高自我保护意识，加快农民工市民化进程。

参考文献

［1］阿瑟·刘易斯. 二元经济论［M］. 北京：北京经济学院出版社，1989.

［2］胡放之. 中国经济起飞阶段的工资水平研究［M］. 北京：中国经济出版社，2005.

农民工市民化之制度障碍与路径选择[*]

改革开放以来，湖北约有 1600 万农村劳动力向城镇转移就业，其中近 500 万人实现了市民化，截至 2014 年仍有 1138 万农民工的户籍关系留在农村。在这些人当中，有 500 多万人在外省务工，约有 600 万人在省内各城镇打拼。不可否认，在这数量庞大的农民工群体中，少数经商或有一定技能的或担任中层管理者的农民工，通过自己的努力成为中等收入者。但由于城乡二元制度未能很好地破解，仍有相当数量的农民工因工资收入低，在就业、住房及社会保障方面面临制度性障碍，虽然生活在城市，却没能真正融入城市。

从这部分农民工群体在城市的就业、住房与收入现状看，他们具有如下特征：一是工资收入普遍较低。据 2012 年对湖北省 9 市 81 家传统制造企业的调查，逾七成一线农民工月薪不足 2000 元，实际有近 1/3 的工人工资徘徊在最低工资标准附近。他们不仅低于社会平均收入，与高收入群相比差距更大。二是就业质量不高。近年来，湖北省"招工难、就业难"问题较为突出，这既反映了企业结构性矛盾严重，同时也反映了相当部分农民工与企业岗位要求不匹配。据调查，2012 年湖北省 351 家企业员工平均流失率为 21.5%，表明部分农民工就业质量不高，流动性较大。三是住房居住条件差。除极少数进城经商的农民工购买了住房之外，绝大部分农民工在城镇都没有自己的住房，一般都是租住民房，包括城中村房、车库、楼梯间、地下室或是住工厂宿舍、简易工棚等。普遍呈现人均居住面积小、卫生条件差、安全隐患高的特征。四是社会保障待遇缺失。不少企业没有为农民工提供"五险"，他们或者只是为部分骨干提供"五险"，或者只是提供部分险。同时许多农民工也不愿意参保、甚至一些已经参保的又退保，或者宁愿放弃社保换

---

[*] 该文刊载于《湖北省政协十一届二次会议大会发言材料（三）》，为湖北省政协十一届二次会议提案，标题有修改。

58

工资。这反映了相当数量的农民工没有享受到城市社会保障安全网的保护。

上述现状反映了城镇化进程中农民工群体不仅收入水平低，就业压力大，社会保障水平总体不高，没能分享到城市化带来的红利，而且在就业、住房及其他福利方面得不到保障而无法真正融入城市。究其原因，主要是由于现行户口制度和土地制度带有强烈歧视和排斥农村人口的特征，成为阻碍农民工进城的主要障碍。

就户籍制度而言，户籍制度是我国城乡二元经济结构的制度基础。它的存在，使我国城市和农村居民在权利、义务上被分隔开来。一是在就业方面，由于户籍限制，职业分割非常严重。农民工难以进入正规部门就业，只能在那些收入低、环境差、待遇低、劳动强度大的非正规部门就业。即使在正规部门就业，与正式职工也是同工不同酬。二是在社会保障方面，目前社会保障制度较为混乱，不同身份的人分别设定一套，农民工与其他身份的人差别相当大；而且针对农民工的社会保障制度刚性不强，一些用人单位特别是一些非正规就业部门钻制度的漏洞，常常导致社会保障中断。三是城市公共服务方面，农民工及其子女难以享受在城市里平等就学的机会，难以享受住房、医疗卫生、社会保障等方面的服务，农民工在公共服务方面与城市居民之间存在严重的不公平。四是户籍制度的存在还使农民工在工资收入方面直接面对歧视，致使相当数量的农民工成为低收入群体。一些媒体上报道的"'10年没涨的地板工资'农民工还要拿多久？"即是对农民工低工资歧视的深刻描述。

就土地制度而言，长期以来，我国土地产权不清，土地不能正常流转，这使得土地市场长期得不到发育。土地和住房是连在一起的。从农民工老家的土地情况看，一方面，农村的房子处于闲置，而宅基地不能流转，房屋不能自由处置，使进城农民工缺乏原始积累，只能从事简单繁重的体力劳动，获取微薄的收入。另一方面，即便一些农民工想将土地进行流转，他们也得不到合理的补偿，以至于不得不保留那么一点土地并根据农业生产季节性特点边打工边种田，而无法完全脱离土地，融入城市。从农民工在城镇住房情况看，一方面，农民工在城镇居住条件恶劣、极度渴望拥有城镇住房；另一方面，城市保障房制度缺失。受户籍制度的限制，农民工被排除在公房租售和购买经济适用房之外，也无法在城市获得土地自建房屋，唯一可能的是从市场上租用或购买商品房。但城镇商品房房价和人均收入比又完全脱离国际上的一般水准，绝大多数低收入农民工可望而不可即，以致大部分农民工无力在城市定居。

中共十八届三中全会指出，城乡二元结构是制约城乡发展一体化的主要障碍。必须健全体制机制，要让广大农民平等参与现代化进程、共同分享现代化成果。为此，建议如下：

第一，加快户籍制度的改革，清除影响农村劳动力进城的各种制度性障碍。重点就是改革公共产品供给体制，剥离户口制度背后的城市偏向性的各种福利制度，建立城乡统一的户口登记制度和城乡统一的社会保障制度。彻底破除农民工的身份界限，让农民工能平等地参与就业竞争，平等地享受劳动权利，消除城市就业歧视；解决农民工就医难，子女入学难问题；建立统一的社会保障体系，让农民工能在城市安居乐业。

第二，加快土地制度改革的步伐。当前农民工市民化的核心内容之一在于农村宅基地的流转及农民工住房问题的解决。为此，应有计划地开展试点，完善土地确权，改革农村土地制度、特别是宅基地制度。只有明晰土地所有权，才能保障农民自由耕种、土地合法流转的权利，才能加强农民在土地转让中的定价权和话语权，农民才能真正享受到土地转让和土地增值过程中的利益和好处，并在此基础上实现农村和农民土地财产资本化，解决农村经济发展中资金短缺问题，才能建立健全农村宅基地退出、复垦机制，实施土地规模经营，实现资源的最优配置，才能真正增加农民财产性收入，让农民工真正成为市民，破解城乡二元结构。

第三，增加劳动收入在总收入中的比重，探索建立现代社会不同利益主体之间的利益协调制度。因此消除工资歧视，实行同工同酬，是夯实农民工进城的重要经济基础。一是通过逐步提高最低工资标准，逐步提高农民工的工资水平。二是健全基本工资制度，使劳动收入成为收入的主要部分，大幅提高劳动收入在总收入中的比重，给生产一线的劳动予以合适的所得份额，使一般的劳动者通过自己的辛勤劳作能够获得适当的收入。三是各级工会应维护农民工的合法权益，同时积极引导和帮助组农民工加入工会组织，积极引导他们参与劳动法律制度、工资集体协商等相关制度的建设。

第四，加快将农民工群体纳入城镇社保体系之中，并尽快推进社会保障体系的城乡一体化建设。为此，必须创新城市公共财政制度，使各种基本公共服务包括社会保险、公共卫生、义务教育、劳动报酬等逐步覆盖到全体低收入农民工，并与城市职工一视同仁，彻底破除农民工的身份界限，从制度上保障进城农民的合法权益。当前，针对农民工就业不稳定，流动性高，社保关系无法异地转续，且转移时只能提取个人缴纳部分，导致很多农村进城务工人员不愿意缴纳社保，基础参保率很低，无法享受基本的社会保障的问题。应加快社会保障制度改革，实现社保全国统筹；同时在现有条件下，允许社保中单位缴纳部分也可以随个人进行转移，允许个人以最低标准补交，保证社保关系的连续性。

第五，加大对中小企业的扶植力度。多年来，中小企业在生产经营上一直困难重重，这其中既有企业自身的因素，亦有企业成长环境不够宽松、政府对民营企业的关注和扶持力度不够等原因。因此，政府应从改善中小企业的经营环境入手，让其有钱可赚。如果这些企业能多赚钱，在劳动力市场供求关系作用下，自然会提高员工待遇，增强对求职者吸引力，稳定就业。同时，政府还应加快推进城乡一体化的社会福利和保障事业，改善中小微企业外来农民工的社会保障和福利待遇，这将是提高这类企业就业岗位吸引力的重要途径。

关于湖北省农民工就业质量的调查报告[*]

就业是民生之本，解决好、发展好就业问题，是全面建成小康社会的基础。多年来，湖北省一直非常重视就业问题，经过不懈的努力，就业形势总体稳定，城镇新增就业人数持续增加，失业率稳定在较低水平，就业增长区域结构趋于平衡。不过，在肯定成绩的同时，反思湖北省的就业形势与问题，尤其结合当前全面建成小康社会这一目标要求，我们发现就业中还有许多问题亟待解决，特别是农民工就业质量还有待改善和提升。

一、湖北省农民工就业质量的现状

最近，我们走访了湖北省内多个地市的几十家传统企业，就农民工就业质量进行了调研。调查发现，目前湖北省农民工就业质量总体偏低。一方面，虽然农民工就业结构性矛盾突出，但"就业难"已不是主要问题。主要问题是农民工跳槽频繁。据调查，农民工对工作表示满意的不足半数。表示满意的多是中老年农民工，尤其是中年女工，尽管其工资收入较低，人均不到2500元/月，但她们看重的主要是工作稳定和能照顾家庭。表示不满意的大多是中青年农民工。访谈中，在问及如要更换工作会更看重什么时，超过五成的农民工明确表示会看重更高的工资收入，其他依次是个人发展前景、福利待遇、工作环境。另一方面，企业"招工难"也不算难，但留人却十分困难。主要是技术工人和年轻人难留。据了解，目前企业员工老龄化十分严重，有的企业平均年龄达42岁。而"留人难"的主要问题在于工资收入、个人发展前景、福利待遇、工作环境等方面，而这恰恰是很多传统企业难以满足农民工稳定就业的几个主要条件，也是影响农民工就业质量提

---

* 该调查报告刊载于湖北省政府参事室内参《鄂参通讯》2018年第1期。

升的几个主要矛盾。

二、影响农民工就业质量的几个主要问题

（一）农民工就业能力普遍不高

据调查，农民工小学文化程度占 3.8%，初中文化程度占 37.6%，高中文化（含技校中专）程度占 42.2%，大专以上占 16.3%。农民工中，接受过专业技术培训的占比较少，接受的培训，只是企业短期培训，如岗前培训、安全教育等，政府组织的或学校组织的专业技能培训不多。绝大部分农民工都是通过自学形成自己的就业技能。值得注意的是，一方面，不少农民工文化素质差、学习动力不足。调查显示，对培训并无多大需求的占调查人数的 45.2%。另一方面，由于农民工流动性大，企业也不愿意给他们做培训。三年来培训次数少于 3 次的员工占 46.7%，从没参加过培训的占 10.2%。由于缺乏专业技能教育和培训，农民工技能水平难以提升，初级工以下的占比达 79.2%，很多人技能水平达不到要求，反映到操作上不够严谨，产品质量不高。农民工人力资本投入严重不足，不仅反映了其寻找较好的工作岗位将更为困难，也反映了其工作能力不强，难以成长为现代产业工人。

（二）农民工就业环境有待改善

一是就业领域局限性较大。调查显示，农民工就业结构正在发生变化，表现在就业的行业上分布较广，除传统加工制造业、建筑业和服务业外，很多人已进入技术要求相对较高的领域，如电子行业、汽车产业等等。不过仍有超过 60% 的农民工在传统部门就业，且在各领域处于低端的水平，进入中高端层次的少，这反映农民工实现职业岗位上的向上流动较为困难，面临职业天花板现象较为严重。

二是工作中的压力较大。据调查，农民工工作环境适应力不断增强。从他们的心理感受看，多数农民工表示压力还可以承受。对于劳动强度，超过一半的人认为可以承受，但觉得强度过大的比例还是超过了觉得工作轻松的比例，这说明农民工的工作强度还是不小的。从平时的文化生活看，农民工工作时间长，文化活动少，精神生活单调，反映了企业对农民工的业余生活

关心不够。

三是安全生产隐患严重。调查显示，大部分农民工对于工作环境、包括安全性没有明显不满。不过，工伤事故比例较高，职业危害比较严重，是农民工反映较多的问题。据调查，在安全生产事故中，农民工因工致残的人数占有一定比例；工作环境中噪声污染、粉尘污染等问题较突出，职业病人数较多，反映了企业对农民工劳动保护不够。

（三）农民工实际工资依然较低

一是实际工资偏低。月工资在 1800 元以下的占 8.4%，1800~2500 元的占 37.9%，2500~3300 元的占 31.4%，3300~4000 元的占 14.2%，4000 元以上的占 8.1%；多数农民工工资在 3000 元以下。农民工工资结构主要是计件工资，为获得更多收入，不得不大量加班，据调查，大部分农民工工作时间都在 10 小时左右，如按法定工作时间换算，实际工资是偏低的。

二是农民工工资远低于在岗职工平均水平。2016 年，湖北省在岗职工年平均工资为 51415 元，比上年（47320 元）增长了 8.7%，而调研企业农民工人均工资仅为 32456 元/年。

三是农民工工资收入的行业性差距较为悬殊。资料显示，湖北省全社会分行业在岗职工人均月平均工资收入，最高的是金融业，为 8816 元。信息传输、软件和信息技术服务业以及卫生和社会工作行业都是平均工资较高的行业。平均工资最低的仍是农、林、牧、渔业以及居民服务、修理和其他服务业，分别为 2622 元/月、2723 元/月，不到金融业的三成。而调查企业农民工工资为 2705 元/月，与金融业等行业差距较大，行业工资关系格局呈现"高者恒高，低者恒低"的特点。

四是农民工工资年度增长幅度波动较大。调查显示，2009~2010 年传统企业工资增长幅度大约为 20.25%；2010~2012 年，人均工资增幅为 14.6%；2014~2016 年，工资累计增长幅度为 24%，其中 2015 年比 2014 年增长 13%，而 2016 年与 2015 年相比增幅则下降了 3 个百分点，这反映出农民工工资收入受国家宏观经济形势及市场波动影响较大，工资增速不稳定。

（四）农民工就业保障问题十分突出

一是农民工社会保险的比例远低于城镇居民。资料显示，湖北省农民工养老、医疗、失业、工伤、生育保险的比例，分别为 47.7%、58.5%、

7.8%、20.1%和4.9%，表明社会保险没有全覆盖。调查显示，企业只是覆盖了部分骨干员工或是缴纳了部分险种，有相当多的农民工没有缴纳社保，没缴纳保险的为8.8%，仅缴纳部分险种的为11.3%。

二是社保缴纳基数较高。如黄冈某企业，该企业200来人，一线农民工140多人，要求按照黄冈社会平均工资的80%、即以2500元为基数缴纳社保。但该厂有60多人达不到2500元工资水平，却仍要按高于本人工资的基数进行缴费，这对他们的收入影响很大，并极有可能导致这些人员自动放弃社保。

三是农民工实际工资支付与社会保险混同。根据《劳动合同法》，社会保险和福利是不应被计入工资的。但不少企业将养老保险等"五险"计入工资中，如果严格按照规定，扣除相应的保险，则工资部分就更低了。

（五）农民工劳动关系不稳定性加剧

一是长期劳动合同签订率低。调查显示，企业与农民工签订合同达93.5%，但大多数都是短期合同，其中一年一签的约30.7%，二年和三年一签的约为45.4%，而签无固定期限合同的仅为9.7%。访谈中了解到，即使签订了合同，相当多的农民工并不清楚合同内容，合同到期不续签、农民工仍在用人单位继续工作的情况比较普遍，这不仅增加了用人单位在履行合同过程中随意变更的可能性，还严重影响到劳动者的就业稳定性。

二是绝大多数农民工工作时间长。调查显示，84%的农民工每天工作10小时，60%的员工每月只休息2~4天，农民工超时劳动始终处在较高水平。若将超时劳动按小时工资进行折算，他们每月全部收入的1/4左右来自超时劳动。调查发现，加班工资占工资总量的比例呈上升的趋势，而基本工资占工资总量的比例则呈下降的趋势。这反映了企业工资增长机制不健全、分配机制不合理。

三是拖欠和克扣工资现象时有发生。据调查，有8.4%的农民工被不同程度地拖欠过工资。一些单位在工资发放时没按规定给农民工办理工资卡，工资发放随意性大。

四是多数农民工就业不稳定，流动性大，特别是新生代农民工对职业和收入有较高的期望，但耐受力弱，以致跳槽频繁。调查显示，43.2%的农民工一年之内更换工作单位1~2次，而在一个单位连续工作7年以上从没换过工作单位的只有10.8%。值得注意的是，员工跳槽在市场环境中本是正常现象，但这一现象却成为当前职场的一个突出问题，尤其在传统行业更甚，有些地区餐饮服务员跳槽率达 50%。另外，随着农业结构调整加速，农民增收渠道扩展，不少农民工宁愿以非正规就业的方式就业。据在仙桃调查，仅短期劳务工、季节工、小时工等的人数达 1 万余人。这使得劳动关系更趋复杂。

三、对 策 建 议

湖北省制造业企业一线工人的主体是农民工。农民工就业质量的提升不仅有利于企业自身发展，还有利于湖北省城镇化的进程和小康目标的顺利的实现。为此建议：

第一，加快推进传统产业改造提升。一是加大对传统企业的扶持力度，全面落实中央关于降低实体经济企业成本的相关政策，实实在在地为企业减轻负担；通过相关税收政策整合，扩大对传统企业的优惠范围，加大对传统企业节能减排、环保方面的税收优惠力度，完善税收优惠政策，增强保持农民工工作稳定的基础和条件。二是加大对传统产业的创新投入，有针对性地制定可行的奖励政策，鼓励企业在技术改造、品质提升、科技研发、人才引进和创新发展等方面加大投入，加快改造提升步伐。三是推动产业结构调整和优化升级，完善和发展现代服务产业体系，扩大农民工就业渠道。

第二，加快城乡社会保障制度改革。针对农民工就业不稳定、流动性高，社保关系无法异地转续，低收入人群不愿意缴纳社保，一些企业逃避缴费义务，部分人群无法享受基本的社会保障等问题，应加快社会保障制度改革，加快推进城乡社会保障体制的对接和统一；加大财政投入，争取更多的社会资金的投入，多渠道筹措社保资金，适当降低低收入群体社会保险的缴费比例；建立以实际工资为基数的灵活缴费率机制，与缴费金额、时间挂钩的弹性失业保险制度；加大对社会保障制度的宣传力度，转变农民工的参保观念，强化企业缴纳社会保险的责任，最大可能地降低农民工"流动性"指数，让其有满意的工作和生活归属感。

第三，加强对农民工的职业技能培训。一是建立相互协调的职业教育统筹机制，鼓励职业院校、社会培训机构与企业合作办学，强化校企联系，实施订单式培训，实现培训和上岗就业的无缝对接。二是加强农民工职业规划教育，针对农民工的特点，适应差异化的需求，开展多种就业技能培训、岗位技能提升培训和创业培训，并注重培训效果及后期跟踪，搜集农民工就业反馈信息，为改进培训项目提供依据，以畅通农民工职业发展渠道。

第四，深化公共就业服务。一是加强职业技能公共实训基地建设，创新职业技能公共实训基地合作模式，鼓励通过合同、委托等方式向社会购买公共服务，鼓励采用 PPP 模式下建设公共实训基地；规范实训基地建设，完善配套制度，实现技能人才公共服务平台的可持续发展。二是加快信息化建设，完善各级公共就业服务机构的功能，建立完善的就业信息发布渠道，使各级就业服务机构信息共享，搭建公共就业服务机构与非公共机构信息互通平台，引入公共就业服务绩效评价机制，提升公共就业服务水平。

第五，加强收入分配的宏观调控。改革收入分配制度，努力缩小农民工与城镇单位就业人员的收入差距；建立工资正常增长机制，实行农民工最低工资标准动态调整制，改变农民工工资长期偏低的不正常状况；全面落实小时最低工资制度，加快制定相关岗位劳动定额的行业标准，保障农民工收入的合理增长；改革和完善户籍制度，构造城乡统一，公开、公平、公正的劳动力市场，为提高农民工就业质量提供一个良好的社会环境。

第六，切实保障农民工的合法权益。一是强化企业劳动用工管理，建立劳动用工备案制度，完善工资发放机制，营造良好的工作环境，倡导安全生产，给予农民工更多人性关怀，让他们能体面地劳动。二是加大劳动保护教育宣传力度，增强农民工自我保护意识，提高其社会地位。三是最大限度地把农民工吸纳到工会中来，并倡导其通过工会合理维权；加强法制宣传教育，引导法律服务机构和人员积极参与农民工的诉讼或调解活动，完善劳动关系矛盾调处机制。

全面建成小康社会与民生改善问题研究
——基于湖北企业职工收入分配、就业、社会保障的调查[*]

一、引　　言

保障和改善民生是全面建成小康社会的必然要求，全面建成小康社会，根本在于提高人民群众生活水平。改善民生不仅有利于经济发展、社会和谐，还有利于政治稳定和文化繁荣，关系全面建成小康社会的顺利实现。

关于全面建成小康社会和民生改善问题，国内学者做了许多研究。有的着眼于民生问题的某一方面如收入分配、社会保障等，并从微观层面进行分析；有的立足于民生问题的全局，从宏观上进行论述。常晨晨、张伟（2013）以马克思主义收入分配理论为视角，认为全面建成小康社会中的收入分配问题应以马克思主义收入分配理论为指导，坚持以人为本的根本原则，不断提高中低收入者收入，缩小贫富差距，在分配中强调公平原则。邓大松、薛惠元（2013）以社会保障为视角，认为社会保障在全面建成小康社会中的角色越来越重要，同时也面临着许多亟待解决的问题，如社会保险制度的碎片化、社会保障经办服务体系不健全、财政资金支持不可持续等。王刚、张文硕（2016）以民生幸福为视角，认为全面建成小康社会中的"五位一体"分别承载了民生幸福的物质、政治、精神、社会、生态五个维度的内容。从经济发展、政治文明、文化繁荣、社会和谐、生态文明五个方面阐述了全面建成小康社会最终"落脚点"是众望所归的幸福社会。宋成鑫、罗舒（2014）以民生诉求为视角，认为改善困难群众和弱势群体的物质生活条件是实现全面建成小康社会的基本要求，良好的生态环境逐渐成为人们日益关

＊ 该文刊载于《改革与战略》2017 年第 9 期；文章有删节。

切的问题。尧婕（2016）以民生内涵的生存、生活、发展为视角，认为在全面建成小康社会的过程中，民生建设不仅可以提供发展动力，还能营造良好的社会环境，为其提供可靠的力量保证。王亚南（2015）以民生指数为视角，认为 GDP 标准衡量政绩存在缺陷，他通过实证研究得出，民生改善已见成效但协调性和均衡性不够强，应该以民生标准衡量全面建成小康社会建设的实际成效。

综上所述，笔者认为全面建成小康社会，要实现居者有其屋，劳有所得，老有所养，贫富差距进一步缩小，中等收入群体不断扩大，扶贫对象大幅减少的民生目标，究其根本是要着力改善和解决人们的就业、收入、社会保障和住房保障等方面的民生问题。就业是民生之根本，收入乃民生之源泉，社保则为民生之基，住房则是民生之要。因此，深入厘清民生问题与全面建成小康社会之间的内在联系，并认清就业、收入、社会保障以及住房保障方面的民生"短板"，对于有效改善民生意义重大，而且还能以改善民生促进全面建成小康社会的实现，推动经济社会高质量发展。

二、全面建成小康社会与民生改善相辅相成

（一）全面建成小康社会是解决民生诉求的重要途径

由马斯洛层次需求理论可知，最低层次需求为生理需求，而物质需求是基础。因此，改善物质生活条件是民生诉求的最低层次。全面建成小康社会中的"五位一体"实际上代表了民生诉求的五个维度：经济——物质维度，政治——政治维度，文化——精神维度，社会——社会维度，生态——生态维度。第一，物质维度。对于农业人口占绝大多数的中国而言，经济总量的增加虽然能改善人民生活，但要惠及 13 亿多人口，还需保持经济稳定持续增长。目前我国贫困人口和弱势群体的生活状况还不尽如人意，要实现全面小康，就必须保证在队伍后面的人不掉队并且还能跟上节奏。因此，解决这些贫困人口和弱势群体物质生活条件方面的诉求，满足中低收入者的消费需求，就必须发展经济。第二，政治维度。随着法治观念逐渐深入人心，人们的维权、责任、参政意识都在不断增强；而互联网的飞速发展为公民"参政""议政"提供了便捷的网络平台，大数据的发展也为公民提供了多种信息渠道，这使得公民的政治视野和智慧得到了扩大和增长，有力地推动了民主政

治的发展。此外，随着自媒体的迅速普及，公民可以通过网络社会舆论，对当前经济、政治、社会等各方面的问题进行关注，到最后主动"参政"积极"议政"，进而上升为政治诉求。人民民主、法治公正、权利平等，这是人民的政治诉求。第三，精神维度。物质需求是基础，当物质需求满足后，人们必然会追求更高层次的精神需求。而文化则是承载精神需求的载体，它在提升个人修养素质的同时让人的精神得到升华，还能凝聚社会力量，使国家和民族更团结，它已然成为综合国力竞争的重要因素。实现我国文化的大繁荣，必须加强精神文明建设，精神文明建设是满足人民群众日益增长精神需求的不二选择。第四，社会维度。社会其实就是人之间的关系的集合，和谐社会是人民的社会诉求。人民安居乐业，教有所学，病有所医，老有所养，平等互敬，共享发展成果，这是和谐社会建设的目标。因此，不断解决社会保障、社会管理等民生相关的社会问题是解决民生诉求的必然要求。第五，生态维度。人的生存生活离不开自然环境，如果自然环境遭到破坏，人的生存也不可持续。当前，环境污染、资源枯竭、生态恶化已经严重影响了人们的生活，创建良好的生态环境，走可持续发展道路，是广大人民群众的迫切需求。

（二）改善民生助力全面建成小康社会

民生改善是全面建成小康社会的关键一环，民生问题改善与否直接关系着全面建成小康社会能否顺利实现。民生改善不仅可以为全面建成小康社会创造良好的社会氛围，还能为其提供持久的发展动力。首先，一个社会的发展肯定离不开和谐稳定的社会环境。通过不断改善民生，提高人民生活水平，使人民在就业、收入、医疗、养老、住房等方面得到基本保障，这不仅可以消除广大人民生活上的后顾之忧，解决他们生活上的难题，还能缩小社会阶层差距，维护社会公平。这有效避免了社会不稳定因素的滋生，增进了社会和谐，营造的良好社会氛围也有助于全面建成小康社会的实现。其次，民生改善，社会稳定，多余的闲置资源就可以被充分调动起来，人力、物力、财力也可以被有效地运用到全面建成小康社会中来。广大人民群众不遗余力，积极参与，为全面建成小康社会建设提供力量保证，社会资源充分有效配置，为经济持续增长提供不竭动力，进而使全面建成小康社会具有持久的发展动力。

三、湖北省企业职工收入分配、就业、社会保障现状

(一) 企业职工收入分配状况

随着职工收入的增长，收入问题已经从增长速度向收入分配机制转变。但收入差距过大、分配机制不合理、中等收入者占比较低一直是收入分配领域的"短板"。据对湖北 9 市 81 家传统制造企业的调查，职工收入分配状况有以下几个特点。一是企业一线职工工资水平实则低、增而慢。调查发现，近年来，尽管近七成的企业年工资增长幅度大于利润增长幅度，工资整体增长幅度达 20.25%，但湖北省企业一线职工人均工资仍较低，若扣除加班费、应缴的社保费和物价上涨部分，职工实际所得更低，而且工资增长缓慢。二是行业收入差距较大。调查显示，目前湖北金融业和传统制造业之间收入分配不合理现象非常严重。在经济转型期间，企业面临的融资成本和竞争压力较高，非金融行业利润率下行压力增大。尤其是金融业和传统制造业之间的收入差距过大会进一步加剧经济"空心化"和"资产价格泡沫"，加大经济转型的阻力。三是低收入群体占比过高。据调查，目前有近三成企业亏损，盈利企业中超过半数出现利润下滑，已严重影响到企业职工工资的正常增长。许多企业在最低工资标准提高、物价上涨的压力下，不得不给职工增加工资，但增速仍低于当地食品、住房等生活必需品价格增速。另外，受传统企业技术水平和劳动生产率的制约，工资增加受到一定限制，许多企业很难再给职工增加工资。因此，低收入群体比重较大，中等收入者的比例较低，金字塔的分配格局仍没被打破。

(二) 湖北省就业状况

另据对湖北武汉、宜昌、黄石、荆州、随州、襄阳 6 市，对多个行业、各种规模、不同所有制的 236 家企业实地调研发现，湖北就业结构性矛盾十分突出，主要表现出以下几个特征。一是企业缺工严重。调查显示，超过八成的企业存在缺工问题，且用工短缺几乎波及所有行业，尤以纺织服装、建材和电子加工等传统制造业，以及住宿餐饮等传统服务业为代表，这些企业普遍存在经常性用工短缺的问题，且缺工率往往高达 30%。二是低端人才和

高端人才同时陷入供不应求的窘境。从行业需求来看，传统制造业和服务业的用工需求占总需求量的71%，其中一线普工的需求量大，但用工缺口却呈扩大趋势，普工短缺率高达近六成，缺工率高出专业技术人员20%。同时，高级技能人才也十分短缺。三是跳槽频繁，"短工化"现象较严重。工资低、工作环境不畅、工作岗位满意度不高是造成频繁跳槽的原因。据对前述6市29家人力资源市场中267名求职者（含往届大学生、农民工、下岗职工）的调查显示，超过半数的求职者曾在两个及两个以上的单位工作，且其工作期限在两年以下的占45.3%。不少大学毕业生和农民工工作不到一年就选择了跳槽。虽然下岗职工如能就业则相对稳定，跳槽较少，但一般下岗后的再就业率较低。四是农民工就业不稳定。农民工劳动力市场供求关系正在发生变化，一个显著的特点就是农民工高龄化趋势有所加快。统计显示，全国50岁以上的农民工人数已经超过4600万，湖北高龄农民工人数也不少，年轻劳动力增长不足，直接导致相当多的农民工不适应企业发展的需要，就业不稳定，员工流失较严重。

（三）湖北省社会保障现状

一是社会保险在城乡之间、群体之间的利益失衡。首先，就农民工群体而言，社保参保率低，高龄农民工养老窘迫。数据显示，全国农民工参加基本养老保险的比例为16.7%，湖北省农民工参保覆盖率不足1/4。农民工社会保险参保率较低，不仅基本养老参保率低，失业保险、生育保险等的参保率更低。其次，低收入群体社保缴费率趋高。近年来，许多省市都不断上调城镇职工社保缴费基数的最低和最高标准。按规定，社保缴费以上一年社会平均工资的60%~300%为缴纳基数。值得注意的是，由于低收入人员在缴纳社保时，工资达不到平均工资60%的基数，要按照高于本人工资的基数进行缴费，缴费率可能更高，往往所占工资的比重更大（缴费率呈累退性），这对于低收入人群的影响很大，并极可能导致这些人员自动放弃社保，从而缩小社会保险覆盖面，影响社保普惠目标的实现，对已进入老龄化的中国会带来更多养老问题。

二是统筹层次低使转移接续难。随着经济的快速发展，我国人口流动不断加快。然而，社会保险异地衔接及权益维护难以得到保障。如对于外地打工者，离开原单位以后到了新的岗位，社会保险关系的接续往往成为一个难题，其中还存在缴费不足15年如何"转保"的问题。如果在当地继续参保，当地会要求参保人把单位该缴的部分补足直到15年为止。然而，参保人多为工薪阶层，往往无法承担这一大笔费用。而不少员工对社保重要性认识不足，很多人迁到另一个城市后，嫌社保转移麻烦，索性就不缴了。再如以前在国有企事业单位工作转回原籍的人，他们以前视同缴费年限的工龄这笔钱由谁来补，这是异地转移过程中难以操作的问题。

此外，住房保障也存在诸多问题。一是保障性住房存在分配管理缺陷。首先保障对象范围小。即存在大量闲置住房，大量的中低收入者又难以申请入住。其次缺乏有效退出机制。二是保障房空间布局边缘化，绝大部分保障房居住区距离医疗和商业中心较远，造成低收入者生活成本增加、受教育和求职机会减少，甚至放弃保障住房申领资格，从而导致贫者愈贫、富者愈富的社会两极分化趋势。三是保障性住房质量差。在建设过程中，偷工减料、监管不到位等情况屡见不鲜。

四、改善民生促进全面建成小康社会的几点建议

（1）加大职业教育培训支持力度，建设高素质劳动队伍。劳动力素质低下和职业培训滞后是结构性就业矛盾产生的根源。培养高素质人才，尤其是具有较强研究、创造、管理及专业技能的高素质人才是推动经济发展的关键。政府应在公民文化素质普遍提高的基础上，对相应产业升级要求的职业教育和培训给予大力支持。一是不断创新教育及培训机构，鼓励校企联合共同创建高级技术人员培训基地，促进高校在创新人才培养方面的合作来实现教育资源共享；二是有针对性地加大对生产性服务专业人才的培育和专业化机构的政策支持；三是以城镇化为契机，加强对农村剩余劳动力，尤其是失地农民的职业培训，加大对因体制改革而下岗的职工的培训支持。

（2）调整收入分配结构，解决好分配领域的突出问题。一是要引导企业完善基本工资制度，通过提高按劳分配在初次分配中的比重逐步提高职工的工资水平。二是进一步完善工资指导线、劳动力市场指导价位、企业人工成本信息指导制度，强化对企业提高职工工资水平的指导和促进。三是建立健全工资集体协商制度，进一步完善收入分配方面的法律法规和执行机制，为劳动者获得合法收入提供法律保障。四是缩小收入差距，增强社会流动性，从根本上矫正社会平均利润率扭曲问题；调整收入分配结构，缩小行业、地区、城乡间的收入差距；通过严格执行国家"限高、扩中、提低"的收入分配政策，实现公平合理的收入福利分配机制；加强社会组织建设，为中低收入者提供维护利益和表达诉求的平台，不断提高中低收入者的收入水平。

（3）加快城乡社会保障制度改革，实现基本公共服务均等化。要完善社会保障制度，提高社会保障水平，扩大覆盖面，加大对弱势群体的支持力度。一是增加财政补助，实现区域间社会保障水平的基本均等化，多元化筹集社会保障资金，实现社会保障资金的稳定安全与保值增值等。而是针对农民工流动性高、社保关系无法异地转续，应加快社会保障制度改革，允许社保中单位缴纳部分也可以随个人进行转移，允许个人以最低标准补交，保证社保关系的连续性。

（4）保障中低收入者的住房需求，让中低收入者拥有恒产。中低收入者生活水平是衡量是否进入小康社会的重要标准，而住房又是衡量中低收入者生活水平的首要标准。因此，首先要在发展经济的基础上，不断提高居民收入、特别是中低收入者的收入。这是提高中低收入者的购房能力、解决好住房问题的关键。其次，应加快保障房建设速度，严格控制保障房套型，力争在全面建成小康社会之时，做到凡要买房的中低收入者都有保障房可买。再次，应严格控制保障房的价格及其涨幅，以届时中低收入者买（租）得起相应的保障房为准。最后，深化农村产权制度改革，提高农民财产性收入。这是扩大中等收入群体、构建稳定的"中产阶级社会"的重要内容。

（5）深挖穷根，提高扶贫工作成效。湖北省现在剩下的贫困人口大多地处偏远，都是难啃的"硬骨头"，面临的最大挑战是进取意识不强、内生动力不足，贫困群众体量大，其中部分已经脱贫，存在"争贫困"和"装贫困"的可能。为确保完成"精准扶贫、不落一人"的艰巨任务，需要注意以下三个方面：首先，要激发群众内生动力，树立扶贫对象的主人翁意识，培养进取意识；其次，在扶贫对象上进一步公正筛选、细致审核、严格把关，防止扶贫攻坚阶段出现扶助失准、冒领偷领的现象，造成政策资源的浪费；最后，还要堵住扶贫中的治理机制漏洞，建立更个性化、有后期跟踪和辅助后续致富各方面的全方位扶贫定制工作方案，实现"精准滴灌"，最大限度发挥政策资源的扶贫作用。

参考文献

［1］常晨晨，张伟. 马克思主义收入分配理论对全面建成小康社会中分配的意义［J］. 今日中国论坛，2013（13）：187，189.

［2］邓大松，薛惠元. 完善社会保障体系全面建成小康社会——评"十七大"以来社会保障发展的成就与"十八大"报告对社会保障的新要求［J］. 财政监督，2013（14）：63－67.

［3］尧婕．全面建成小康社会进程中民生建设探析［J］．法制博览，2016（12）：42－43.

［4］宋成鑫，罗舒．改善民生与全面建成小康社会的研究［J］．经济师，2014（4）：35－36.

［5］王刚，张文硕．全面建成小康社会目标中的民生幸福意蕴探析［J］．理论探讨，2016（3）：38－41.

［6］王亚南．中国人民生活发展指数检测体系阐释与排行——"全面建成小康社会"民生标准考量［J］．社会科学，2015（9）：40－54，164.

第二部分

企业转型升级与民生
就业收入增长问题研究

增加中低收入者收入
切实保障和改善民生

——基于湖北省传统制造企业一线职工收入状况的调查*

中共十八大报告提出，到 2020 年，实现国内生产总值和城乡居民人均收入比 2010 年翻一番。这是首次明确提出居民收入倍增的目标。如何让低等收入者、工薪阶层提高收入，居民收入倍增目标得到真正落实？这是值得认真探讨的课题。

一、湖北省传统制造企业的基本现状

（一）企业经营的基本状况

当前，湖北省传统企业特别是传统制造业企业矛盾突出，一是传统产业分化严重，经济下行压力较大。钢铁、造船、家电等行业增速不足 10%，纺织业亏损严重，食品、建材、化工等产业增速放缓。多数工业品价格回落，尤其是靠投资拉动的钢材、水泥、有色金属等价格持续下跌，螺纹钢、铜、水泥均价同比分别下降 17.1%、19.6%、18%。二是企业生产订单减少，市场有效需求不足。企业生产订单不足、产能闲置增加的现象较为普遍，产能过剩一直是近年来湖北省产业发展的"痼疾"。三是企业成本上升较快，生产经营较为困难。特别是工资支出大幅增加，全省工业企业从业人数增长 8.5%，而应付职工薪酬增长 22%。而用工结构性短缺矛盾突出，加快了工

---

　　* 该文刊载于《湖北社会科学》2013 年第 4 期；源于湖北省总工会调研课题"湖北省传统企业职工收入状况的调查"；该文获武汉市第十四次社会科学优秀成果奖二等奖。

资成本的上涨。四是企业盈利空间减小，用工短缺较为突出。目前机械、纺织、服装、电子、建材、食品企业工资水平与东部发达地区差距急剧缩小，但用工缺口较大。这些矛盾已严重影响到企业的发展，并影响到企业一线职工工资收入的正常增长。

（二）企业一线职工工资增长情况

据对武汉、黄石、鄂州、襄阳、随州、荆州、孝感、天门、仙桃等9市81家传统制造企业（包括食品加工业、纺织业、服装、造纸和纸制品业、化学原料和化学制品制造业、金属制品、机械和设备修理业等行业）的调查，一方面，尽管传统制造企业生产经营出现困难，企业职工工资水平仍有较大幅度增长，工资支付基本得到保障，体现在劳动关系上，总体状况较好。2009年以来企业工资增长幅度大约为20.25%。其中，有69.2%的企业年工资增长幅度大于利润增长幅度，只有30.8%的企业工资增长幅度低于企业利润增长幅度。调查显示，2010年，一线职工月平均工资为1710元左右；到2012年7月，企业人均工资为1795元，增幅为14.6%。另一方面，传统制造企业生产经营仍然十分艰难，一线职工工资依然普遍较低。一是企业职工实际工资普遍偏低。一线职工工资在1500元以下的占19%，1500～2000元的占54%，2000～2500元的占10%，2500～3000元的占11%，3000元以上的占6%，多数职工工资在2000元以下。一线职工工资结构主要以计件工资为主，基础工资较低。职工为获得更多收入，须大量加班。若减去加班工资，以及高温、井下、有毒有害等津贴以及福利待遇之后，仍有7%的企业职工实际所得（含基础工资）要低于最低工资标准，有26%的职工略高于（100元以内）最低工资标准，高于最低工资标准在100～200元之间的占39%。二是一线工人工资远低于平均水平。目前，湖北省在岗平均工资为32050元/年，而企业一线职工人均工资仅为21540元/年。三是与企业内部管理层之间差距较大，与中层管理人员差距在2～4倍的为51%，与高层管理人员的差距更大。同时，制造业等竞争性行业与垄断行业之间的差距过大。四是企业一线职工工资增长较为缓慢。2009年以来增幅为10%以下的职工占31%，增幅10%～20%的占45%，增幅20%～30%的占18%，增幅30%的占6%，表明多数职工工资增幅缓慢。

二、存在的问题

据调查，目前有近三成企业亏损，盈利企业中超过半数出现利润下滑，已严重影响到企业职工工资的正常增长。一是传统企业工资增长压力普遍较大。一方面，许多企业在最低工资标准提高、物价上涨的压力下，不得不给职工增加工资，但增速仍低于当地食品、住房等生活必需品价格增速。另一方面，受传统企业技术水平和劳动生产率的制约，工资增加受到一定限制，许多企业很难再给职工增加工资。调查显示，2009 年以来，46% 的企业工资增长在 10% ~ 20% 之间，13% 的企业工资增长不到 10%。二是企业还未形成正常工资增长机制。一方面，最低工资提高对工人工资变动无实质性影响。一线工人人均工资虽远低于所在地区平均工资水平，但基本都较大程度高于最低工资水平。另一方面，平均工资增长主要靠计件工资上涨拉动。在工资结构中，计件工资增长幅度较快，基础工资增长并不明显。虽然平均工资总体上处于上涨趋势，但一线职工工资收入所得，主要是靠加班干活，超时劳动所得的。三是职工实际工资支付与社会保险混同。根据《劳动合同法》，社会保险和福利是不应被计入工资的。但是，调查发现，不少企业、特别是私营企业将养老保险等"五险"或部分地，或全部地计入工资中，如果严格按照规定，扣除相应的保险，剩余的工资部分就达不到最低工资标准，这是其一。其二，还有一些企业自定土政策，降低企业应承担的社会保险部分，提高职工缴纳的比例，这些都降低了劳动者的劳动报酬。四是企业缺工及结构性失业矛盾严重。一方面，一些传统中小企业面临的生存和发展环境日益紧张，再加上融资难，使企业不堪重负，部分企业不得不减产、停产，直接使企业用工需求减少。另一方面，许多青年农民工希望收入丰厚，却又不愿意屈就于相对单调的传统制造业；而年龄稍大一点的农民工，其工资虽在上升，但由于生活成本上涨，许多人更倾向于回乡务工务农，这使得失业与岗位空缺同时并存的结构性矛盾十分突出。

三、原因分析

企业职工收入水平既受企业分配制度的影响，更受企业生产经营状况的制约。由于传统制造业多是以低端制造业为主的劳动密集型中小企业，主要是进行来料加工，利润率不高，驾驭市场的能力不足，生产经营十分困难，给职工增加工资十分不易；加上企业分配制度不规范，工资集体谈判机制没有建立起来，以及政府缺位，这些都成为企业一线职工工资低、增长缓慢的原因。

第一，企业经营成本过高。一是随着石油、金属制品、棉花等工业原材料价格的上涨，导致企业生产成本不断上升，盈利空间逐渐被挤压。二是资金短缺成为制约中小企业发展的瓶颈。尽管金融调控政策有所松动，但企业贷款门槛依然较高、审批手续繁杂，中小企业无法从根本上解决资金不足的问题，融资难、融资贵问题十分突出。三是中小企业税负重和微薄的利润更是成为企业发展中难以逾越的障碍。目前，我国税制结构以流转税为主体，流转税是对商品、劳务的销售额和营业收入征税，与企业大小以及利润并不相关。由于大企业多处于煤水电、"铁公基"等垄断行业，利润相对丰厚；而传统中小企业多处于竞争性领域，利润较为微薄。同样的税负占各自利润的比例，大企业要明显低于中小企业。四是政策性收费、行政性收费、社会性收费给企业带来了沉重的负担，如教育费附加费、地方教育发展费、价格调节基金、堤防费、工会经费、残疾人基金、环卫评估费、消防许可费、员工健康证费等等，大幅度提高了企业经营成本，压缩了中小企业的利润空间，给企业职工工资增长带来严重影响。

第二，企业发展方式落后。当前劳动力市场结构和供求关系发生了变化，熟练劳动力短缺，劳动力价格快速上升。但由于长期以来传统企业主要靠廉价劳动力投入、压低工人工资、降低劳动成本、高强度投入的生产方式，并未在竞争力上下功夫，使员工流失严重、劳动生产率严重偏低。因此，企业发展方式落后、劳动生产率低是传统企业一线职工收入水平难以增长的主要原因。

第三，职工民主参与不够。职工民主参与的主要形式就是工资集体协商。从当前企业集体协商开展情况看，协商中的民主性体现得不够，参与主体缺失，工人严重缺乏话语权。一是一些企业在制定工资政策或增加工资收入方面，多是单方行为，由人事劳资部门起草方案，行政直接确定，不交职工讨论，即使拿到会上讨论，也是走过场。二是工会在协商中的主体地位缺失。在公有制企业中，工会主席享受副职待遇，企业重大事项多为集体研究决定或由法人代表定夺；而非公企业的工会主席受雇于业主，普遍存在"不敢谈、不愿谈、不会谈"的问题，即使把收入分配问题列入协商议程，多半是看经营者或业主眼色行事。三是职工也很难知道自己的工资构成标准、发放依据等，职工知情有限，更谈不上协商共决，工资集体协商工作更多的是停留在政策层面。

第四，政府调控影响力弱。一直以来，企业自主分配权被误解为企业资方可单方任意决定工资分配权，因此企业内部一直无法形成有效的工资协商分配机制。而政府把初次收入分配权全部下放给企业，放任不管，对市场缺乏监控，其结果，一是一些地方政府为追求 GDP 增长，对资本过度保护，以牺牲工人利益换取地方财政、换取发展，使一线工人工资与当地经济发展水平、与其他群体之间收入差距越来越大。二是对最低工资制度监管不够，一些企业在调整最低工资时，把加班费及各种津贴都算到最低工资里，若减去这部分加班工资、津贴以及福利待遇之后，实际上有近1/3的职工工资徘徊在最低工资标准附近。就是说有近1/3的劳动者要靠最低工资标准来保护，这意味着企业内部的收入分配已严重失衡，靠市场自我调节的收入分配制度已失去作用。三是工资指导线、劳动力市场价位、行业人工信息等政府对企业初次分配干预的手段缺乏强制性和约束力。四是政府有关部门监管乏力，大部分企业反映政府主管部门没有对企业制定劳动定额进行过指导，也没有对企业一些违反劳动法律法规的行为给予有效的监督和制止。

四、对策建议

我国是发展中国家，人口多，生产生活还得靠自己，因此必须保留足够规模的传统制造业和服务业。而这些行业注定比高新技术产业及现代服务业的利润低，工作环境差，薪给、福利水平也低，很难吸引住大学生、农民工等新生代求职者。因此发展传统企业，应从改善其经营环境入手，让其有钱可赚。这就要求政府采取放、扶、逼的措施。"放"就是要放开，要打破垄断，完善健全市场经济体制，只有这样才能减少中小企业升级阻力；"扶"就是对传统中小企业实行少取多予，通过减税、减费，帮助企业轻装上阵；"逼"是靠市场倒逼企业转型，一方面要化解企业生存困境，另一方面通过保护劳动者利益、利用高成本的市场倒逼机制迫使企业转型升级。

第一，加大对传统中小企业的扶植力度。一是适度调低或减免税费。具体说：①对实行核定征收方式的中小企业，可以考虑核定其销售收入的某一比例覆盖所有税费，并由一个税务机关统一征收。比如规定中小企业所有要交的税费就是销售收入的5%，超出这个范围的可以不交，类似减轻农民负担的"明白纸"。②对当前棉纺织行业反映强烈的"高增低扣"问题，应予以关注。棉花行业的增值税抵扣目前是一种"高增低扣"的现状，即棉花进口税为 13%，出口税为 17%。也就是说棉花买进来没有实现增值就要增加 4% 的税再卖出去，这对于企业来说是很大的负担。应将棉花的抵扣税从 13% 提高到 17%，实行"进项税和销项税对等"的税收扶持政策，改变"高征低扣"的现象。这既扶持了行业发展，也有利于带动上下游行业。③税法应对中小企业有明确的政策界定，对小微型企业和成长型高科技企业实行差异化税收政策优惠。二是应全面清理整顿涉及中小企业的收费，让暂时陷入困境的企业减轻负担，轻装前行。如果一边减税，另一边却千方百计地增加行政事业性收费，此消彼长，必然绊住减税步伐，拖累企业发展，影响经济增长。三是小微企业的增值税、营业税"起征点"提高已于 2012 年实行，还需要尽快形成完善细则。四是对企业的研发投入、技改项目和可界定的创新活动等，应积极适当匹配所得税抵减、增值税和营业税降低税率、相关融资支持的税收优惠等结构性减税措施。

第二，大力构建和谐稳定的劳动关系。一是为实现高质量的就业创造条件。这是实现中低收入者的收入提高的重要途径。传统制造业多是劳动密集型中小企业，是安置就业的主渠道。因此，应综合运用财政、税收、金融等手段，加大对中小企业的扶植力度，为中小企业招工留人营造良好的条件与环境。同时大力发展产业集群，以降低企业经营成本。二是应督促企业承担相应的社会责任，督促企业为员工提供健康安全的生产条件、合理的工资待遇，减少劳动力无序流动，以降低企业的用工成本。三是要加强工会组织建设，鼓励和引导工人积极参与劳动法律制度、工资集体协商等相关制度的建设，真正形成劳方的协商主体。要改善因与企业地位不平等、力量不均衡而导致工资协商泛泛而谈、空洞无实的问题，提高集体协商的实效性。

第三，加强企业收入分配的宏观调控。一是加快工资立法方面的建设，逐步提高最低工资标准，使之达到当地社会平均工资的 40%，以促进一线员工工资的提升。同时加大最低工资标准的检查力度。对劳动者投诉举报及时受理。对违反最低工资制度的用人单位及时责令整改，对严重侵害劳动者最低工资报酬权的行为做出严肃处理，记入用人单位劳动保障诚信档案，并在新闻媒体上予以曝光。二是要充分发挥工资指导线、劳动力市场价位、行业人工信息对工资水平的引导作用，并把地区性、行业性工资增长指导标准与工资集体协商有机结合起来，由行业工会、行业协会和企业共同确定工资增长水平，建立企业工资正常增长机制。三是充分发挥中介机构的作用，支持或委托行业协会收集并发布行业人工信息，特别是劳动定额标准和企业人工成本的比较信息，正确引导各类工资价位的合理形成，以保障员工工资权益。

第四，着力调整政府与企业收入分配关系。一是从根本上矫正社会平均利润率"扭曲"问题。当前大学生就业都愿去国企或去当公务员，不愿去传统中小企业就业，反映出工资差距的引导作用。因此，在做低收入人群工资上涨加法的同时，也应对垄断行业工资总额和工资水平实行调控：一是在初次调节下，对工资最高进行限制；同时调节税收，通过再分配政策，对高工资收入的税收征收应更严格。二是建立健全国有企业经营利润和国有股权转让收入上缴制度以及垄断行业资源占用税等制度，其中尤其要明确经营利润上缴比例，由5%提高到20%以上，将各项上缴收入纳入财政预算，主要用于社会保障体系建设和其他转移支付。三是在初次分配领域，政府应帮助企业有更多的空间分利给劳动者。通过调研摸清传统制造企业的生产经营状况、税负情况及对职工增加工资的影响，研究确定进一步减免税费的范围、条件，采取有效手段，让企业将国家减免税费节省下来的资金直接转入企业工资分配，逐步提高这类企业职工的工资水平，以缩小低工资行业与高工资行业工资水平的差距。

"招工难、就业难"并存的原因及解决对策

——基于湖北的调查*

近年来,"招工难、就业难"现象在全国许多地方凸显出来。一些企业在用工紧张时节缺上百人、甚至上千人的情况时有发生;与此同时,当企业在为招不到人而犯难之际,也有一大批求职者正在为找不到工作而惆怅。这其中既有农民工、"4050"人员,还包括不少刚刚踏入社会的大学生。的确,一方是"招工难",另一方却是"就业难",这两种看似矛盾又具有鲜明对比的现象同时并存,着实令人深思。

一、当前"招工难、就业难"的现状及特点

为充分了解企业招工难、求职者就业难问题,笔者深入到湖北武汉、宜昌、荆州、黄石、襄阳、随州等市及所辖13个县(市)区,就不同行业、不同规模、不同所有制的236家用人单位、29家人力资源市场,以及5所大专院校进行了调研,并对355名求职者(其中在校大学生88人)进行了问卷调查和访谈。调查情况如下:

首先,关于企业"招工难"。一是多数企业不同程度地存在缺工。调查显示,在236家用人单位中,反映缺工的有209家,占88.2%;不缺工的有27家,占11.8%。在缺工单位中,经常缺工(即缺工时间相对较长,非临时性或季节性缺工)的有138家,占58.5%;短期性、临时性缺工的有71家,占30.1%。二是不同行业缺工情况差别较大。缺工率高的行业主要是纺织服装(31.5%)、餐饮服务(30.9%)、机械制造(30.4%)、建材(27.7%)、

* 该论文刊载于《湖北社会科学》2012年第8期;人大复印资料《劳动经济与劳动关系》2012年第10期全文转载;该文源于湖北省总工会重点课题"关于招工难、就业难问题的调查",调查报告获2011年度湖北省优秀调研成果三等奖;论文获第九届湖北省社会科学优秀成果奖三等奖。

电子信息（25.7%）、粮油加工（24.9%）等；缺工率低的行业为生物医药（12.2%）、钢铁有色（10.9%）、石化（6.0%）、能源（4.4%）、汽车制造（3.2%）等。其中纺织服装、餐饮服务等行业经常性缺工，而制造业、批发和零售业、建筑业等行业以短期性、临时性缺工为主。三是民营及外商投资企业缺工较为明显。数据显示，在国有企业，平均缺工率为4.7%，而民营企业和港澳台及外商投资企业平均缺工率则分别为24.6%、21.2%。四是普工当下最为紧缺。在往年的调查中，企业主要反映的是招技工难，但在本次调查中，多数企业回答最缺的是普工，做出这一选项的占缺工单位的56.8%，其次为专业技术人员，占37%。

其次，关于求职者"就业难"。与企业招工难相对的是，求职者一职难求。一是择业时间较长，就业难度较大。调查表明，在各地人力资源市场随机访问的267名求职者中，反映找工作用时不到一个月的为27.0%，一到二个月的为29.2%，二到三个月的为19.9%，三到五个月的为10.1%，五个月以上的为14.2%。合计找工作超时二个月的为44.2%。二是就业不够稳定，跳槽现象不断。267名求职者中，反映没工作过的有11.2%，在2个或3个单位工作过的分别为30.7%、24.0%；其中工作期限最长不超过两年的有45.3%。三是择业期望较高，与现实差距大。针对岗位意愿选项，有27.0%选择从事管理工作，有25.5%愿意从事普工岗位。但从企业用人情况看，管理岗位仅占7%，普工岗位需要56.8%。四是毕业生去留不定，对就业前景担忧。在高校随机访问的88名大学生中，针对毕业后的去向，有62.5%选择找工作，有8%选择自己创业，有39.5%选择考研或出国；而针对毕业后的首选地区，有70.4%的学生希望去北京、上海或东部经济发达地区。调查还表明，有42.1%的大学生对就业不太乐观或很不乐观。

最后，关于"招工难、就业难"的特点。一是"招工难、就业难"不仅是行业或局部现象，也已显现向纵深蔓延的趋势。从各行业用工情况看，不仅纺织、服装、餐饮等劳动密集型企业出现了"用工荒"，连生物、医药、能源等资金或技术密集型企业也一定程度上出现了用工短缺问题。从劳动力资源争夺情况看，在湖北许多地方出台政策希望能留住劳动力的同时，东南沿海企业也加大了向内地及大专院校招工招聘的力度。据反映，2011年3月，仅一个月内就有300余家沿海企业来汉抢人。二是"招工难、就业难"不仅是短期性缺工，也已呈现出常年性缺工的苗头。以往的"招工难"，主要源于季节性、间歇性、经济短期波动等因素，是一种暂时性现象；而近年的"招工难"，不再局限于季节性等因素，只要经济稍呈下行态势，这一矛盾就会迸发，并呈现出常态化的苗头。本次调查严重缺工的138家企业，由于劳动强度大、工资水平低、福利待遇差、职工流失率高，几乎每月都要招人。三是"招工难、就业难"不仅是结构性矛盾的反映，也是综合矛盾的反映。据调查，一些劳动密集型企业普工需求量大，而一些处于结构调整或转型升级的企业，也为招不到合适的技术工人苦恼；与此同时，一些技能素质较低的劳动者包括部分大学生并不适应企业发展要求，也为找不到合适的工作犯难。出现了"一方有事没人干，一方有人没事干"的情况，即是结构性、综合性矛盾的反映。

二、"招工难、就业难"反映出的问题

根据"招工难、就业难"的现状及特点，反映出的问题主要有：

第一，"招工难、就业难"反映企业生存环境日益紧张，反映劳动关系不稳定。当前，企业之间竞争不断加剧，生存发展环境日益紧张。一方面，中小劳动密集型企业利润太低。许多企业、特别是纺织、服装、五金、电子等竞争性企业生产效率低，只能依赖廉价劳动力维持生产，以维持较低的利润。同时因为利润率低，为维持现有利润，只得降低经营门槛，降低劳动成本，维持低工资、低福利待遇。形成低效率—低利润率的落后的生产方式循环。而为了维持这种落后的生产方式，许多企业都是临时性招工用工，缺了就招，都是短期行为，有的连劳动合同都不签，且提供的工作条件、生活环境也不理想，企业保障不到位，员工流失率过大；另一方面，由于员工不断流失，企业缺工严重。一些企业设备空置率达30%以上，有订单也不敢接，企业用尽了留人的各种手段，即使给员工加薪也无济于事，80后、90后员工仍频繁跳槽，企业成了"培训机构"。

第二，"招工难、就业难"实质是招廉价劳动力难，是企业用人观念及经营方式落后的表现。近几年来，东部地区经济发展方式转变加快，大量劳动密集型企业逐步向中西部地区转移，从而导致湖北劳动力需求不断增加。而从劳动力供给看，尽管湖北省仍然是劳动力输出大省，但由于国家惠农政策不断完善，这为农民选择自主创业或就近择业提供了便利，加上九年义务教育的普及、高校的扩招以及多年的计划生育政策的实施，使得劳动力市场供给相对减少。为了留住员工，不少企业提高了工资待遇，但企业加薪幅度仍远低于员工期望值。

图1显示，企业平均工资在1000元以下时，缺工率为31%；平均工资在1001～1500元时，缺工率为24%；平均工资在1501～2000元时，缺工率为

14%；平均工资在2001～2500元时，缺工率为8%；平均工资在2501～3000元时，缺工率仅为3.1%。薪酬与缺工呈负相关系，表明，一方面，因薪酬非合意，求职者自然会用脚"投""票"；另一方面，企业也并不是真正招不到工，只是想招年轻的仅需支付低廉工资的农民工。而对于大学生，一些企业认为大学生是理论型人才，动手能力差，要培养大学生上手，需要花费时间和金钱进行培训，不如农民工来得快，农民工实操性很强，能够给企业带来"现时利益"。这其实反映了一些企业留恋低廉劳动力成本、死守粗放经营方式和用人观念落后的倾向。

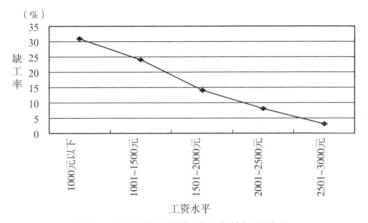

图1　企业平均工资与缺工率的相关关系

第三，"招工难、就业难"反映了劳动力市场竞争加剧，同时反映了求职者实现职业愿景难。劳动力市场竞争加剧，突出反映在大学生工资水平上。如图2所示，超过55%、33%、38%、24%的高中及以下、技校中专、高职高专、大学本科及以上学历员工的薪酬集中在1001～1500元之间；在1501～2000元之间，高中及以下、技校中专、高职高专、大学本科及以上学历员工的比例依次占到该学历层次员工总数的17.7%、32.9%、36.8%、39.5%，这就是说，大部分大中专毕业生的薪酬在1001～2000元之间。而在2001～3000元区间，高中及以下、技校中专、高职高专员工的比例都不到该学历层次员工总数的10%，大学本科及以上学历员工占比虽高于其他学历员工，但也不到20%。据《长江日报》与大楚网共同对武汉高校3万名毕业生做的一项调查，75.87%的大学毕业生期望在武汉工作的月薪能在2500元以上。其中，期望月薪在4000元以上的占35.18%，能够接受月薪在1500元以下的仅占1.69%。然而武汉市人才服务中心的证实是，4000元月薪期望显然偏高了。在武汉，刚出校门的本科毕业生平均月薪应在 2000 元左右。

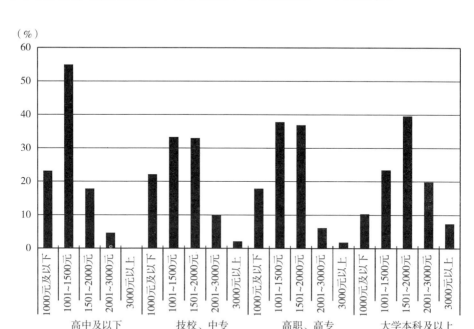

图 2　不同学历员工与薪酬情况

一般地，较高质量的人力资本能够获得较高的收入，而大学毕业生低工资（甚至部分大学生起薪工资不如农民工）的出现，既有合理的因素，即它反映了劳动力市场供需的变化，反映了部分人力资本供大于求或部分专业人才不适应市场需求，说明"学历"不是决定工资高低的唯一因素；同时也表明，普遍的低工资正在违背人力资本投资的一般原理，违背公众投资教育的期待。这不仅使大学毕业生难以得到昂贵的教育投入的回报，还难以应付未来谈婚论嫁、购房持家、哺育孩子等现实问题。

第四，"招工难、就业难"实际上是求职者就业质量低，是求职者向上流动面临困难的表现。今天，大学生、农民工等新生代求职者，比前辈有着更高的愿景与追求，表现在择业方面呈现多样化，如晋升渠道、个人发展、开阔视野、增加经历等，而且大部分毕业生都把发达城市作为就业的首选地区，且求职比较集中的行业主要是教育、卫生、制造业、金融、公共管理和社会组织等。但近年来大学生较高期望与现实选择之间的矛盾越来越突出，一是大学毕业生频繁地在企业间跳槽，在社会上奔波，始终找不到理想的职业。调查得知，刚毕业的大学生通常会把某企业作为自己事业的一个"跳板"，工作两三年后就跳槽。资料显示，有32%的2009届大学毕业生在工作半年内离职，原因或因个人发展空间不够（31%），或因薪资福利偏低（25%），或因想改变职业和行业（13%），或因其他原因（10%）等。显然，人员的频繁流动，反映了大学生就业质量低，也给企业带来了一定的风险。二是大学毕业生找工作常常会面临着就业歧视，但最主要的歧视，不是学历、户籍、性别、工作经验等歧视，而是在就业过程中"背景""关系""人脉"的决定性、排他性作用。这种情况反映了越来越多的来自农村的贫困大学生，通过教育实现向上流动的动力越来越小，成本越来越高，总体上看，向上流动的渠道有变窄的趋势。

三、"招工难、就业难"并存的深层原因

由上可知，"招工难、就业难"是一个多棱镜，它折射出我国经济社会发展中的很多问题，如经济发展方式落后、劳动力资源未能得到充分合理利用、社会流动性不足等，这些问题与我国经济制度、就业制度、教育体制、分配体制以及经济结构中存在的某些缺陷和矛盾有关，从而导致"两难"问题相悖，并成为困扰企业发展和求职者个人发展的重要制约因素。

第一，产业结构不合理，这是引发"招工难、就业难"问题的主要原因之一。近年来，随着我国经济的快速发展，企业投资增加，企业数量和规模不断扩大。然而，由于我国产业结构还较落后，无法适应不同层次的劳动力需求。一方面，许多劳动密集型企业依然维持着过去那种主要依靠低廉劳动力成本作为竞争优势的生产经营方式，大量争抢对技术要求不高的普通劳动者；而企业也未能升级到更重视技术开发、产品设计、品牌经营等附加价值较高的产业链环节，因而对具备技术开发、产品设计潜力的大学生缺乏吸引力。另一方面，在国家惠农政策力度不断加大、农村居民收入不断增加的背景下，农民工外出打工的成本有所提高，其外出打工的意愿随之下降。因此，在企业经营方式落后，利润空间有限，无法提供更高的劳动报酬来吸引并接纳更多的有一定素质的劳动力的情况下，出现"招工难、就业难"问题也就不足为奇。

第二，户籍制度限制，这是引发"招工难、就业难"问题的另一主要原因。受户籍制度限制，农民工只能在城市与农村之间候鸟式流动，这样，势必会产生季节性、间歇性缺工。同时，在户籍制度影响下，我国不同地区劳动力市场仍然处于分割状态，这就固化了甚至扩大了不同城市、不同地区之

间的就业机会和未来发展机会之间的差异，并导致众多求职者涌入大城市或流向经济发达地区，形成了游移不定的"打工仔"群体。由于这些外来务工人员难以享受当地的福利政策，为谋求更好的待遇，只得来回在城市之间流动或在单位之间跳槽，加剧了劳动力市场的不稳定性。在经济发展上升阶段，这一结构性矛盾容易被掩盖，一旦遇到经济波动，"招工难、就业难"问题就会重叠凸显出来。

第三，校企供需脱节，是引发"招工难、就业难"问题的又一主要原因。近年来，高校专业同质化严重，市场需求已近饱和，而新的专业结构调整没能及时跟进，致使某些企业急需的专业人员，在高校却无人可招。这一突出矛盾源于高校本身，一方面，人才培养脱离市场需求，专业设置缺乏特性，职业化倾向不够，仍然是按照原有的教学模式和教学方法，或按原有的专业结构设置来培养人才，致使部分大学毕业生就业难。另一方面，一些学校盲目扩大本科招生规模，还有一些学校片面追求上层次，中专升大专，专科升本科，本科院校争上硕士点、博士点，而职业教育不断被忽视，以致我国高等教育与职业教育无论是在重视程度或是在资源配置上的差距越来越大，致使适应社会需要的、掌握熟练职业技能的大学生严重不足。

第四，收入分配不公，是引发"招工难、就业难"问题的根本原因。多年来，我国收入分配结构极不合理，行业之间的收入差距一直较大，特别是垄断行业职工年均收入高达全国职工年均收入的数倍甚至十倍以上。电力、电信、石油、金融、保险、水电气供应、烟草等行业职工收入普遍偏高，而农林牧渔、零售批发、餐饮服务、加工制造等行业职工收入一直较低，这使得从事这些行业的人群逐渐沉入收入下层。同时，地区之间、城乡之间也存在较大的收入差距，中西部地区的居民收入明显偏低。过大的收入差距，必然会影响劳动者的择业倾向，加剧劳动力的无序流动。一方面，垄断行业凭借自身优势吸引求职者，出现了"百人竞一岗""千人争一职"的极端现象；另一方面，众多求职者尤其是大学生在那些发展前景不看好的企业面前止步不前，宁愿在家"啃老"也不愿到小企业做一般工人。典型的例子就是在一些人才招聘会现场，众多求职者争相竞聘工资福利好的企业或有发展前途的职位，而经济效益差的企业或社会地位低下的职位却少有人问津，即是对"招工难、就业难"问题最真实的写照。

第五，统筹协调乏力，是引发"招工难、就业难"问题的内生原因。发展乃强国之基，就业乃民生之本，两者兼容并包，关联密切。据悉，仅2011年上半年，湖北省新批外商直接投资项目163个，引进省外资金项目超过1000个，其中，5000万美元以上的外资项目有17个，50亿元人民币以上的省外资金项目达 10 个，所需新增劳动力达 30 万人以上。为什么在这种态势下还会出现招工难与就业难并发的现象，究其原因在于统筹协调乏力。调查发现，有的地方在实施新一轮发展战略中，并未在区域经济发展、城镇化建设、产业结构调整、发展方式转变等方面对劳动力供求做出科学的预测，也并未对外来务工人员生活及子女上学等公共服务设施进行统筹规划，以致建设摊子铺开了，招商引资项目上马了，"招工难"却成了头疼的事。虽然，这些问题发生在基层，但还是要从固有的体制机制上找原因。一方面，反映在我国户籍制度、财税体制、教育体制中的某些缺陷，对实现充分就业带来了直接影响；另一方面，地方政府统筹协调乏力，宏观调控缺位，就必然会加剧"招工难、就业难"问题重叠发生。

四、解决"两难"问题的对策与建议

综上所述，笔者认为，在当前乃至今后一个时期，我国劳动力市场仍显供大于求的趋势，"就业难"将是长期存在问题；而"招工难"则是各种复杂因素综合作用的反映，是一种阶段性、结构性的现象。要解决好这一问题，就应把充分就业作为经济社会发展的优先战略来考虑，科学合理地配置人力资源。为此建议如下：

第一，建议成立各级就业指导委员会。20 世纪末、21 世纪初，为解决下岗职工再就业，我国建立了促进就业推动创业的各级组织领导机构，在实现充分就业中发挥了重要作用。根据当前发展的需要，有必要将其改组成更具权威的统筹协调就业指导委员会。这不仅有利于将就业工作纳入发展规划进行统筹安排，还有利于强化人社、财政、税务、工商、民政、公安、教育等政府职能部门的协作，联手推进各项就业政策的衔接与落实；不仅有利于统筹解决困难就业群体、农村富余劳动力、城镇新生劳动力、高校毕业生的就业问题，还有利于整合各种就业服务资源，合力突破体制机制障碍，提高经济发展和用工需求的匹配度，为跨越发展提供充足的人力资源保障。

第二，着力培育城乡统一的劳动力市场。长期以来，由于户籍管理制度等原因，使我国劳动力市场一直处于分割状态，并使长期在城镇打工的大量外来务工人员难以举家迁徙、难以在城市立足，难以平等享受社会保障。为此，应大力推进户籍管理制度改革，剥离户口制度背后的各种城市偏向性的福利制度和政策，建立城乡统一的居民登记制度和建立城乡统一的劳动力市场以及城乡统一的社会保障制度，让农民工能平等地参与就业竞争，平等地享受劳动权利,让农民工在城市能安居乐业。同时在当前劳动力市场存在不少缺陷、劳动力市场运行机制还存在不足甚至扭曲的情况下,应加快改革,通过市场资源配置的基础性作用,以及政府的调控,有效整合各方资源,搭建起互联共享的信息网络平台,打破劳动力市场壁垒,优化劳动力资源配置,形成与市场相适应的市场导向的就业机制,促进就业矛盾全面缓解。

第三,加大对小企业的扶植力度。小企业特别是小微企业,一般处于产业链末端。由于经营门槛低、利润率低、工资水平低、员工流失率高,这些企业成为受累于"招工难、就业难"问题的政策洼地。然而,这些多属竞争行业和民营性质的劳动密集型企业,却是就业的主渠道。支持小企业发展,是实现充分就业的必由之路。因此,必须综合运用财政、税收、金融等手段,加大对小企业的扶植力度。尤其是在小企业相对集中的工业园区,要统筹规划公租房、学校等公共服务配套设施建设,为小企业招工留人营造良好的条件与环境。

第四,大力推动产业结构优化升级。产业升级的一个核心内容就是技术升级,技术排挤劳动力,这是经济学的一般规律。然而从更宽广的视角、更长远的时期来看,产业结构的持续优化升级,必将不断催生经济增长活力,聚集经济增长动能,促进经济持续发展,也必将创造更多新的就业机会。当前,湖北省产业结构不合理,从行业的产业链角度看,除加工制造,其他环节,如产品设计、原料采购、物流运输、订单处理、批发经营、终端零售都还有待进一步发展。因此,应大力调整产业结构,不断发展高端制造业和服务业,才能提供更多的适合大学毕业生就业岗位。

第五,大力发展不同层次的职业教育。目前,我国处于工业化中期,经济增长仍主要依靠工业,这就要求有大量的高素质技术工人和高级技术人员。为此,必须大力发展职业教育。一是应通过国家立法促进职业教育发展,即通过职业教育立法形成国家、企业和社会共同举办职业教育的局面,以实现职业教育对象的数量和质量的提高,满足社会对劳动力的需求。二是应加快教育体制的改革,适当缩小高等教育规模,扩大职业教育规模,有条件地将"三本院校"即独立学院改制为职业技术院校;同时对各类职业高中和技工学校给予更多的政策扶植,形成多结构、多门类、多层次的职业教育体系。三是应加强校企对接,培养企业急需的实用人才,使职业院校成为培训高级技工的"摇篮",在实现工业大国向工业强国的跨越中,充分展现职业教育不可或缺、不可替代的作用。

第六,注重解决好分配领域的突出问题。要解决好分配领域的问题,就必须调整收入分配结构,缩小行业间、地区间、城乡间的收入差距,从根本上矫正社会平均利润率"扭曲"问题，严格限制垄断行业工资过高增长。严格执行国家"限高、扩中、提低"的收入分配政策，切实将对中小企业减税让利的各项政策措施落到实处。充分发挥工会组织参与社会管理的作用，依法推动企业普遍建立平等协商集体合同和工资集体协商制度，进而形成劳资双方共商、共决、共享、共赢的利益协调机制，发展和谐稳定的劳动关系，促进社会充分就业，推动经济又好又快发展。

参考文献

［1］武汉高校毕业生调查：期望月薪与实际差距大［N］. 长江日报，2010 – 08 – 25.

［2］武汉发布大学生就业白皮书［N］. 楚天都市报，2011 – 07 – 06.

［3］上半年湖北招商引资对外合作发展势头趋好［EB/OL］. 荆楚网，2011 – 08 – 01.

企业用工短缺与结构性失业的深层原因探析

——基于湖北企业的调查*

一、当前企业用工短缺及求职者择业的现状

近年来，许多企业用工严重短缺，同时求职者就业困难，这一现象已经引起了社会各界广泛关注。为深入了解这一现象及其背后产生的深层原因，笔者走访了湖北武汉、宜昌、黄石、荆州、随州、襄阳等6市，对多个行业、各种规模、不同所有制的236家企业进行实地调查研究。

在所调查的企业中，缺工的企业高达88.2%，这些企业大多属于传统劳动密集型企业。用工短缺尤以纺织服装、电子加工等传统制造业为代表，住宿餐饮等传统服务业缺工率亦较高，大多在30%左右。缺工企业中，经常性缺工的占58.5%；临时性、季节性缺工的占30.1%，纺织业、服装业以及餐饮服务业等渐成常态化缺工。从工种看，缺工主要是一线普通操作工及一线服务人员，部分企业也存在技工短缺现象，缺工的企业中缺普工的占56.8%，专业技术人员短缺的占37%。

此外，根据对上述6市29家人力资源市场中267名求职者（含往届大学生、农民工、下岗职工）的调查，求职人员找工作的特点如下：一是就业不稳定，跳槽频繁。被调查的求职者中从未参加工作的占11.2%，曾经在两个及两个以上单位工作过的占54.7%，工作期限在两年以下的占45.3%。二是就业意愿与工作岗位不匹配。从就业者的意愿来看，希望从事管理工作的求职者（27.0%）多于愿意从事一线工作岗位的求职者（25.5%），然而管理

---

* 该文刊载于《湖北工业大学学报》2014年第6期；文章有修改。

岗位供给仅占总数的 7%，普工岗位供给占 56.8%。另据调查，70.5% 的高校毕业生选择本科毕业后即参加工作，其中选择自主创业的占 8%，39.5%选择继续深造，如考研或出国，而优先选择的工作地点主要集中在北上广等经济发达地区，占 70.3%，选择在本省就业的相对较少，说明湖北吸纳就业能力不强。

调查表明，当前企业用工短缺主要集中在竞争较为激烈的劳动密集型企业，这些企业的一个共同特点是：企业生产经营成本较高，生存环境艰难。由于企业待遇低，工作环境差，与求职者条件和期望存在较大结构性差异，因此很难留住员工。而对求职者来说，部分大学生由于就业能力不够，择业期望、薪酬期望却普遍较高，因而就业不稳定；而农民工受教育程度较低，许多人只能从事低端岗位，与企业所要求的技能素质相差较大，因此员工流失率较大，失业和职位空位现象并存。

二、当前就业结构性矛盾及特点

我国正处于经济社会转型的特殊时期，转型期的特点使结构性失业表现得尤为突出。从劳动力需求来看，一方面，随着我国经济快速发展，企业数量增加、规模扩大，各地对劳动力需求不断增加；另一方面，虽然制造业极为庞大，但多数企业缺乏核心竞争力，在全球产业链中处于低端，只能吸收大量低技能的农民工。短期内企业缺工可以暂时掩盖农民工中潜在的结构性失业问题，但从长期看这一问题会很严重。一是由于企业升级缓慢，现代制造业、现代服务业规模太小，无法提供大量适合大学生和有一技之长的农民工的工作。二是受国际国内经济形势影响，中小企业面临的生存和发展环境日益紧张，原材料价格不断上涨、人工成本不断提高、融资困难，部分企业不得不减产、停产，这直接导致企业用工需求减少。三是企业经营方式落后，特别是传统密集型、资源型、订单类的企业为降低用工成本，减少风险，往往采用"订单一来就抢人、订单完成就炒人"的临时性用工模式，拒绝与员工签订长期劳动合同，员工缺乏保障和归属感。

从劳动力供给来看，大量农村剩余劳动力不断向城市转移，仅 1980 年后出生的新一代农民工数量就达 9000 万人，加上每年数百万的大学毕业生进入劳动力市场，使劳动力供给不断增加。但随着经济增长方式的转变，许多企业技术人员紧缺，青年技工、技师亟待补充，高级技工缺额较大，而大量在中小企业从事低附加值生产的农民工以及下岗职工和部分大学生，因其个人素质、技能、就业观念等原因，不能适应企业转型升级的需要，实现再就业较为困难。首先，从求职者就业观念来看，大学毕业生和新生代农民工既希望待遇丰厚、职业稳定，又希望有更多的上升渠道、发展机会，但这种较高期望与现实选择相差甚远，以致求职者频繁跳槽，宁愿在社会上"漂"，也不愿到基层、到中西部地区去就业。这种频繁流动，反映了求职者就业质量低、就业不稳定。其次，部分大学生专业素质与市场要求不符，实际运用能力较差，现有的知识结构、技能素质不适应企业要求。可以说，大学生的失业问题相比农民工更为突出，很多大学生为避免失业，被迫选择低就业。这些都使得失业与岗位空缺同时并存的结构性矛盾更为突出。

三、就业结构性矛盾产生的原因

　　劳动力市场就业结构性矛盾既与宏观经济发展引发劳动力需求不足有关，又与微观层面劳动力供给方面的因素（如劳动者个人素质、技能、就业观念等）有关；既与技术进步、产业结构调整等方面的因素有关，又与一些结构性、体制性的矛盾有着深刻联系。它是各种结构性、体制性矛盾在劳动力市场的综合反映。

　　第一，产业结构不合理。近年来，随着经济的快速发展，企业投资增加，劳动密集型企业发展较快。但由于产业结构不合理，现有的劳动力结构无法满足企业不同层次的劳动力需求。一方面，当前大多劳动密集型企业仍然依赖廉价的劳动力成本维持生产经营，对劳动技能较低的普工需求旺盛，甚至还出现争抢普通工人的现象。另一方面，现代服务业发展不足，中小企业还未完全实现转型升级，对技术开发、产品设计以及品牌建设的重视度较低，大多处于附加值较低的产业链环节，工业结构的不合理成为制约大学毕业生就业的瓶颈。

　　第二，中小企业负担重。中小企业生产经营困难是多年来一直存在的问题，这其中既有企业自身的因素，亦有成长环境不够宽松等原因。而融资难、税负重、利润薄更是成为中小企业发展中难以逾越的障碍。一方面，大多数企业资信状况不足，难以获得银行支持，资金短缺成为制约中小企业发展的瓶颈。另一方面，税负结构不合理，中小企业税负较重，目前在以流转税为主体的税制结构中，无论企业大小及利润多少都以相同税率征税，从而导致同一种税负对大企业的影响要明显小于中小企业；同时，过多的费用支出，如政策性收费、行政性收费等，也大幅度增加了中小企业的生产经营成本，压缩了企业的利润空间，给企业带来了沉重的负担，导致企业用工需求减少。

第三，教育制度的欠缺。高校专业设置雷同，再加上劳动力市场需求趋于饱和，而产业结构调整的步伐却没能跟进，从而导致很多专业人才过剩，人才浪费严重。一方面，许多大学竞相扩大规模，专业性院校想成为综合性大学，教学类院校想成为研究型大学。这导致大学毕业生的技能大都彼此类似，创新能力不足，无法适应企业要求。另一方面，职业教育长期不被重视，国家对其投入力度小，从而导致社会劳动力人才资源结构严重不合理，适应社会需要的掌握熟练职业技能的高级技工严重不足。

第四，户籍制度的限制。由于户籍制度及社会保障制度等方面的原因，我国不同地区的劳动力市场被人为割裂开来，从而导致不同地区之间的就业机会、发展机会以及受保障程度的差距不断扩大。大城市就业机会、发展机会多，因而不断吸引求职者涌入大城市，但由于户籍制度的限制及相关社会保障制度的不完善，求职者的合法权益得不到应有的保护，这使得他们难以在城市扎根，形成了漂浮不定的"打工族"。这种状况加剧了劳动力市场的不稳定性，并导致结构性失业凸显。

第五，收入分配不公平。我国不同行业之间的收入差距较大，尤为垄断行业与竞争性行业之间的收入差距为甚。更糟糕的是从事这些行业的群体逐渐分化并固化，一部分人拥有更多的社会资源，而另一部分人则始终处于收入下层。这种社会阶层的极化效应对大学生就业影响巨大。一方面，垄断行业以及公务员和事业单位等"金饭碗"对大学毕业生的吸引力较大，是众多大学生竞相争夺的对象；另一方面，一部分大学毕业生"眼高手低"，不愿意从小企业的普通工人干起，甚至有人宁愿在家"啃老"也不愿出去工作。这种"拼爹"替代拼搏，被迫选择"啃老"，即是对当代大学生结构性失业的真实写照。

四、解决用工荒与就业难的对策与建议

第一，大力推动产业结构优化升级。实现充分就业，是经济发展的最终目标之一。政府部门在制定国民经济发展规划、调整产业结构和产业布局时，应优先考虑扩大就业规模、改善就业结构、创造良好的就业环境。一方面应推动与生活相关的新型服务行业（如家庭服务行业、养老服务业以及社区服务业等）的形成和发展，并形成多元化、弹性的就业扶持政策；另一方面，应大力推动与企业生产相关的科技研发、信息技术、金融工程、产业咨询等

知识密集型行业的发展，落实相关政策，鼓励并支持以创新研发项目带动大学生就业。同时，要更多依靠税收优惠等财政政策优化就业环境、鼓励劳动者创业，以创业带动就业。

第二，加大对劳动密集型中小企业的扶持力度。中小企业在我国经济社会发展中具有举足轻重的地位，其数量占全国企业总数的99%以上，贡献了近80%的城镇就业岗位。由于劳动密集型中小企业利润低、工作环境差、工资水平及福利待遇也较低，因此难以吸引大学生和新生代农民工。为此，应改善劳动密集型中小企业的经营环境，通过税负减免等措施切实减轻中小企业负担，加大对劳动密集型企业的扶持力度，引导企业通过技术革新提升生产力。只有这类企业劳动生产率提升，盈利增加，员工待遇才会提高，对求职者才会更有吸引力。

第三，大力培养技能型高素质人才。中国制造业的发展需要大量中高级技术人才。因此应加速推进高等教育体制改革，鼓励高等院校加强对学生职业技能和就业能力的培训，加强对学生就业、创业的指导；加强校企合作，扩大订单式培养等办学模式；大力发展高等职业教育，强化对学生职业技能和从业素质的培养，着力培养中高级的职业技术人才。充分发挥社会资源的培训作用，通过多种方式引导并鼓励企业加强员工技能提升培训及高技能人才的培养；建立常态化的培训机制，以企业需求为导向，开展农民工技能培训，发展技术型人才，弥补"技工"缺口，提高人才素质。

第四，深入推进户籍制度改革。解决失业问题应深入推进户籍制度改革，建立健全城乡一体化的社会保障机制，打破城乡二元结构，建立制度规范、公平竞争的劳动力市场。因此，针对大学毕业生应建立与其就业特点相适应的户籍制度、用工制度等，还应采用激励政策来吸引优秀人才，形成人才可持续发展的机制；同时，加大对基层全方位建设的支持力度，缩小基层与发达地区在公共基础设施方面的差距，优化基层的就业环境，以吸引更多的人才到基层就业。

第五，解决好分配领域的突出问题。企业要发展，必须改变传统的用工模式，并大力提升员工技能水平，合理提高员工收入待遇。同时必须加大改革力度，政府应加大公共服务，加快推进城乡一体化，改善社会保障体系，让农民工在教育、医疗、住房等方面得到有效的保障和改善，提高城市对农民的吸引力和包容度，从制度安排上让农民工能够融入城市，既可以减少流动性，也可以稳定企业人员，保障正常的生产，促使企业发展。这是解决企业用工短缺和结构性失业的重要途径。

参考文献

［1］辜胜阻. 政企联手应对"用工荒"困境推进中小企业健康发展［J］. 中央社会主义学院学报，2012（12）：18 – 24.

［2］李钢，梁泳梅. "用工荒"与"大学生就业难"为什么会并存［J］. 中国经贸导刊，2011（7）：36 – 37.

［3］孙晓芳. "用工荒"：劳动力流动的中国样本［J］. 中国劳动，2013（1）：12 – 15.

创新驱动、人才为本与中国
制造企业转型升级
——以湖北制造企业高技能人才培养为视角*

一、引　言

当前，世界新一轮工业革命如火如荼。欧美等发达国家正以数字化、网络化、智能化技术应用为重点，力图依靠科技创新，抢占国际产业竞争的制高点。中国为跟上新一轮工业革命的步伐，加快制造业转型升级，提出了"中国制造2025"规划。那么，作为传统制造业相对落后的中国，如何才能加快制造业转型升级，从而实现"中国制造2025"规划，着力点在哪里？

我国是制造业大国，在总量和规模上已位居世界第一。然而，"中国制造"却大而不强。一是创新能力不强，许多企业缺乏关键技术和自主知识产权。二是知名自主品牌太少，大量中小劳动密集型企业主要采用代工、贴牌的方式进行生产。三是产品附加值低，不少企业实际上处于价值链的最底端，企业竞争力弱。四是企业利润微薄，大量的利润都被位于价值链两端的西方发达国家所获取。五是资源效率利用低下，难以支撑经济高速发展。究其原因，主要是企业创新精神缺乏。受传统观念影响，许多企业经营者比较保守，只满足于短期利益，对企业技术改造、新产品的研发缺乏动力。表现为研发投入过低，新产品开发速度缓慢。另外，还有许多企业缺乏对制造工艺的深入研究，急功近利。"在制造业强国，很多企业可以一百年专注一件产品，不断积累经验、掌握诀窍、完善工艺，将产品做得精益求精。"但国内很多

＊　该文源于湖北省人民政府参事室、湖北省总工会重点课题"大力培养高技能人才促进企业转型升级"，2016年获湖北发展研究奖三等奖。

企业只满足于"做得出来"，对如何"做得更好"缺乏研究。对于中国历史上很多优秀的传统的老字号、老品牌，这些都是反映民族的创新精神和工匠精神的东西，"在近代西方先进技术的冲击之下，我们急着想赶超，一下子就浮躁了。不管创新精神也好，还是工匠精神也罢，都丢了不少。"以至于社会上普遍不注重技术、不重视人才。许多人为了快速致富，热衷于炒股、炒房、下海经商，不愿意学技术；不少大学生眼高手低、好高骛远，怕下苦功，不愿沉下心来读书；企业家的目光都集中到房地产、金融、贸易等领域，忽视了实体经济的发展，这些都直接影响到工程技术人才的培养，导致工程技术人才出现断层，进而导致创新能力不足。

创新精神的不足，既有体制机制的问题，社会文化的问题，企业经营思想的问题，更主要是人的问题。试想人心浮躁了，都想挣"快钱"，谁还有心思去踏实创新呢!？笔者认为，当前中国制造业转型升级的最大阻力，主要与创新的氛围还未真正形成有关，与人才的作用未能得到充分发挥有关。在为"中国制造"绘制行进路线图时，李克强总理一直强调"人才为本"和"创新驱动"的意义。他说："'集众智者成大事'，要通过大众创业、万众创新，用亿万人层出不穷的新鲜点子，激发市场活力，真正推进中国制造的智能转型。"由此可见，加快制造业转型升级，实现"中国制造2025"，其着力点就在于创新驱动，核心是人才为本。

二、高技能人才是创新驱动的重要力量

所谓创新驱动，指企业从个人的创造力、技能和天分中获取发展的动力，或者通过对知识产权的开发，创造潜在财富和就业机会的活动。所谓人才为本，指社会经济活动中要全方位依靠各方面的人才，重点在用好、吸引、培养好人才上下功夫。两者的关系，创新驱动的主体是人才，实质是人才驱动。据此，在制造业转型升级中，创新驱动、人才为本的意义就在于，充分发挥各方面人才的创造力和技能，激发他们的创新激情，用技术变革来提高生产要素的产出率。由此推动的经济增长，也主要是依靠科学技术的创新和市场活力带来的效益来实现集约的增长方式。

需要注意的是，说到人才驱动，过去我们往往比较重视科技人才的作用，而忽略了一大批高素质一线职工的作用，忽略了高技能人才的作用。其实，高技能人才也是创新驱动的重要力量。纵观德国制造业的发展，其之所以能在全球工业化进步中始终居于领先地位，一个重要原因，就是非常注重发挥

富有活力和高水准的技术工人的作用。在技能人才培养方面，德国注重推行双轨制职业教育，通过理论与实践结合的培训，有效保证了制造业所需的高技能人才。德国人才结构非常合理，不仅有顶端思想层面的科学家，也培养了大量的底端操作层面的技术工人。这一人才队伍，不管是生产线上的工人，还是以知识为主的员工，都参与到分析问题、解决问题的工作中去，生产线上的工人真正成为技能与智能相结合的复合型人才。在生产过程中，一方面，德国企业鼓励并放手让员工改良创新；另一方面，德国工人非常追求完美和极致。企业员工对每个生产技术细节极为重视，同时生产几百万个零件，可以保证同样的质量没有瑕疵。他们遵守企业道德、精益求精制造产品，承担着生产一流产品的义务，提供良好售后服务的义务，这体现了德国民族文化的严谨。由此，在德国制造企业，正是人才驱动，使得其从发明创造、技术改良、工艺技术上的不断革新到不断追求完美和极致，各个环节的效率和竞争力不断提升，使得"德国制造"誉满全球。

由德国制造人才驱动的经验可知，企业竞争既要靠硬实力，也要靠软实力。硬实力是科技进步的反映，而软实力也是一种无形的力量。它是获取竞争优势的重要方面，甚至比硬实力更具持久性和影响力。制造业软实力包括品牌影响力、法律法规体系、劳动者保护、民族文化等多个方面，其中最主要的是人力资源。因此，中国制造要转型升级，既要提升硬实力，提升科技水平，也要大力开发各种人力资源，培养各种技能型人才，使之能够转化为强大的人力资本。同时，大力弘扬民族文化，传承工匠精神。工匠精神就是追求完美和极致，它是创新的基石，因为只有不断地追求完美，才有创新的动力，这是企业转型升级中人才驱动的重要基础。

因此，当此制造业转型升级的关键阶段，企业不仅要发挥科技人才的作用，更要发挥一大批高技能高素质的一线职工的作用。高技能人才不仅是创新驱动的重要支撑，也是中国制造业转型升级的重要推动力量。

三、当前湖北高技能人才的现状和问题

近年来，湖北省深入实施科教兴鄂和人才强省战略，以人为本，建立健全高技能人才的培养、选拔、使用和激励机制，高技能人才队伍建设取得了可喜的成绩，人才资源队伍不断壮大，为湖北省经济社会又好又快发展提供了强有力的人才保障。不过，尽管如此，湖北省高技能人才培养方面仍存在着许多问题。为了解这一现状，2014 年 5～8 月，笔者走访了湖北宜昌、襄

阳2市，并对所属的国家级高新区50家制造企业、500名技术工人进行问卷调查。调查发现，目前我省高技能人才队伍仍很弱，与经济发展的需求极不适应。

一是高技能人才总量不足。近年来，湖北省已连续多年出现"招工难、技工荒"现象。一方面，随着经济结构调整和产业升级，制造企业发展迅速，从而对高技能人才产生了强劲的需求。但另一方面，高技能人才增长速度低于企业发展速度，形成人才短缺。据调查，2014年8月份，襄阳市500家企业的用工统计，一般技能人才有23238人，还需要8967人，缺口为28%；高技能人才有3837人，还需要2969人，缺口为44%，高技能人才短缺尤为突出。二是技能人才结构不合理。湖北省技能人才结构中，初中级技术工人比例大，高技能人才占比小，仅为28%。其中顶尖的、高端的、能够迅速解决现场技术难题的人才少，领军人才更是匮乏。需要注意的是，结构不合理不仅反映在初、中、高级技能人才的比例上，还表现在多个工种上。调查显示，在宜昌、襄阳两个国家级高新区，有多个工种缺口较大，特别是电子生产操作工、车位工、焊工、电工、模具工、车床工、钣金工、喷漆工、装配工、设备维修工等工种，技能人才都很缺乏。这种状况与产业发展极不适应，与层出不穷的新工种、新工艺极不相匹配，给企业转型升级带来了严重影响。三是技能人才素质不高。据调查，在宜昌、襄阳两个高新区，高级工中具有大专以上学历的仅占8%，具有大学本科学历的不到4%。50%一线初中级技术工人只具有高中以下文化程度。值得注意的是，从当前产业工人队伍结构来看，农民工占比较大。由于农民工文化程度普遍较低，其职业素养、知识结构和技能水平大都偏低，从而使高技能人才队伍在年龄、知识及能力等方面存在低度现象。生产一线技术工人素质的偏低，不仅降低了"中国制造"的价值水平，还给制造业产品参与国际竞争带来了严重影响。四是缺乏专业技能培训。目前，湖北省制造业一线工人大部分是没有受过专业技能教育和培训的外来务工人员，其上岗接受的培训，只是短期培训，如岗前培训、安全教育等，专业技能方面的培训较少。据调查，有22.5%职工近一年内没有参加过技能培训，5.5%职工在最近三年内从没参加过技能培训。由于缺乏专业技能教育和培训，员工技能水平往往达不到要求，反映到操作上不够严谨，对相关产品专注力不够，产品质量往往不高。五是技能人才流失严重。调研得知，在宜昌、襄阳高新区，企业常年缺工率超10%；员工流失率也较高，技能人才平均流失率超过20%。另外，湖北本地大中专毕业生70%都流向了外地；有一技之长的农民工也不断地跳槽。就业不稳定是农民工最突出的问题，一些一线岗位的初中级技工，培训完了就走人，短工化趋势严重，流动过于频繁。六是高技能人才后备乏力。当前，我国劳动力市场结构正在发生变化，80后、90后等新生代正成为劳动力市场的主体。然而从人才梯队建设来看，高技能人才后备严重不足。在宜昌、襄阳高新区，35岁以下的高技能人才仅为25%。学历高的大学生大多不愿意做工人。调查得知，培养一个大学生，使之成为高技能人才，需要3~5年，而培养一个农民工，因受限于专业基础的不足和理解能力的差异，可能需要10年以上。这些矛盾不仅导致高技能人才呈现断层，后备人才严重不足，还对经济长期发展带来严重影响。

四、高技能人才创新不足的深层原因

由上可知，高技能人才培养中出现的种种矛盾，严重阻碍了企业的转型升级。不过，问题绝不仅于此。其中一大问题，是企业创新驱动不足。其深层原因，在于全社会对技能人才的不重视，拜金主义盛行，许多年轻人不愿埋头钻研技术，缺乏精益求精的精神，甚至部分年轻人抛弃了勤劳、踏实的品性，以致缺乏创新动力。

第一，尊重技能人才的良好氛围还没真正形成。长期以来，受"重学历，轻技能"片面人才观的影响，社会上许多人把学历作为衡量人才的唯一标准。认为技术工人不是人才，只是体力劳动者，加之技能人才工资低，向上发展空间狭窄，这使得年轻人不愿意当技工。现在城市许多家长宁可节衣缩食，送孩子上大学或者出国留学，也不愿意让孩子上职校，不愿让孩子当工人。社会地位不高不仅直接影响到技能人才队伍的壮大，还直接挫伤了人们学习技能、争当技能人才的热情。近年来，是否有钱成为成功的一个象征，这使人们意识到单靠一般性劳动很难快速积累财富，这使得很多年轻人不愿意钻研技术，不愿意踏实工作，甚至丢失了精益求精的工匠精神。社会过于浮躁是高技能人才没有得到社会普遍尊重从而导致创新动力不足的内在原因。

第二，高技能人才培养体系存在缺陷。首先，职业教育发展较缓慢。由于受职业教育体制的束缚，高等职业教育不仅招生规模小，而且生源质量差，严重制约了技能人才质量的提高。目前，职业教育从中职、高职招生开始就处在次要地位。各类学校招生中，都是成绩居后的学生接受职业教育，加上职业教育投入严重不足，致使职业学校培养能力远远不能满足企业的需求，从而导致技能人才后备资源不足。其次，企业缺乏自主培训的动力。一方面，由于工学矛盾，同时担心职工学成跳槽，加上大多数企业缺乏自主培训能力，因而技能方面的培训非常少。另一方面，企业对技能培训不重视，投入严重不足。数据显示，在宜昌、襄阳50家企业中，平均各类培训经费投入仅为职工工资总额的1.3%，低于国家规定的职工教育培训经费应占工资总额1.5%～2.5%的比例。这反映了一些企业为追求利润最大化，只注重效益，而忽视人力资源的开发。最后，社会培训机构担当不了对技能人才培养的重任。绝大多数社会培训机构软硬件建设滞后，师资力量不足，实训基地缺乏，培训层次低，脱离产业转型升级的实际，社会没有形成技能人才培养的可持续发展的机制，从而导致企业创新人才不足。

第三，高技能人才政策支持不到位。一是从对高技能人才管理工作来看，目前技能人才培养工作由教育行政部门和劳动就业部门各管一块。由于多头管理、部门职责不清等原因，培训、鉴定和颁证部门分离，加大了劳动者就业的资金成本和时间成本，造成就业准入制度执行混乱，使重复培训、重复鉴定现象屡见不鲜，高技能人才培养的效率降低。二是从职业资格认定来看，随着生产、服务手段的高技术化，劳动分工进一步细化，新兴的职业技术、岗位层出不穷。但由于政府在技能职业鉴定方面统得过死，以致相应的职业资格、特别是高技能人才的鉴定标准的制定上远远跟不上形势发展的需要；同时一些政府部门或行业协会受利益驱使，人为设置各类职业资格证书，使资质评定的公信力和有效性丧失。三是从高技能人才建设投入来看，高技能人才公共资源建设投入不足。据悉，去年湖北省就业培训资金共投入40亿元，而用于技能人才培训、激励、鉴定和竞赛等方面的投入只有4亿元，比例极低，远远满足不了产业升级技工培养的需要。

第四，一线技术工人收入仍然过低。由于存在着比较普遍的轻视劳动、轻视技能的现象，许多企业把技术工人的劳动等同于简单劳动，体现在劳动者工资水平上，生产一线技术工人的工资始终处于较低的水平。调研显示，2013年宜昌、襄阳地区技能人才平均工资为2967元，其中，初级工2618元、中级工2885元、高级工及以上3234元。需要说明的是，对于技能人才的工资，大多企业是按计件计酬，与专业职称不挂钩，甚至有些工种还低于劳动力市场价位。这使得许多大学毕业生、新生代农民工不愿做技术工人，对工厂工作兴趣索然，致使高技能人才流失。

第五，社会正常的激励机制和保障体制没能真正形成。企业对技能人才重视不够，还表现在对高技能人才的评价、考核、待遇及使用上。数据显示，在随机调研的500名技术工人中，有19.9%通过培训获得了职业资格证书，但大多数职工认为培训无助于其增加收入，或更换好岗位，或职务得到晋升，同时许多职工不愿意参加培训。这反映了企业在职工技能培训、职业规划上存在缺位，反映了企业对员工的考核没有真正地实现突破，没有形成一套催人向上的行之有效的制度和办法。正是由于没有建立起一套与技能人才培训、考核、使用相结合并与职业资格相匹配的激励机制和保障机制，大大影响了技能人才的学习热情，使得创新精神、工匠精神逐渐流失。

五、对策与建议

随着中国制造转型升级的不断加快，高技能人才在制造强国中的作用会越来越显著。这就需要一大批产业工人随着企业而一起升级，不仅技术上要提升，更要让匠心回归，让创新在"工匠精神"上生长，以保障"中国制造2025"的实现。为此：

第一，以提升职业院校质量为目标，加快职业教育改革的步伐。一方面，改革招生制度，扩大高职学院及中职学校学生招收比例。另一方面，加大职业院校改革力度和专业调整，注重实训、实验教学，大力开展工学结合、产教融合、校企结合，彻底改变传统的职教模式，以国家职业技能鉴定标准为依据，搭建开放式培训平台，提供更贴近国家职业技能标准、贴近企业、贴近社会的职教模式。

第二，以组建教育联盟为抓手，提高现有教育资源的利用效率。整合各类教育培训资源，组建相互协调的职教统筹机制，并鼓励职业院校、社会培训机构与企业合作办学，建立职教大联盟，强化校企联系，实施"订单式"人才培养，以点对面的方式，将学校所有专业对等所有相关企业，形成一条完整共享的人才培养、输送、使用（就业）、员工再提升生态链，为现代制造业、服务业提供高技能和实用型的人才。

第三，以公共实训基地建设为重点，建立各要素充分发挥作用的长效机制。建立跨行业、高水平、面向社会开放的公共实训基地，是政府转变职能、职业院校转变培养方式的重大举措。政府应提高认识，真正把加强职业技能教育和培训作为一项最基础的工作来抓。不仅在政策上要引导，更要在机制上创新。在推动高技能人才公共实训基地建设上真正形成整体合力，在政府、学校、企业及社会培训机构之间建立更加密切的合作伙伴关系和新的相互协调机制。为全体劳动者学习掌握先进技术装备、先进技术和技能创造条件，搭建平台。

第四，以加大财政对高技能人才培养资金投入为引领，构建多渠道资金投入保障体系。加大职工技能培训投入力度，对校企联合办学，企业，尤其是中小企业自主培养高技能人才，以及技术工人自我提升技能水平应有相应的鼓励政策。要进一步扩大政府在技能人才培养方面的购买力度，用财政资金引导和带动企业员工培训的展开。同时要发挥好企业职工教育培训经费的作用，要有适当的办法督促企业职工教育培训经费的到位和使用，对规范使用职工教育培训经费的企业，应给予奖励。

第五，以下放职业资格审批权限为契机，完善高技能人才制度化、规范化建设。一是及时修订相关职业资格证书的行政法规和部门规章，逐步建立和完善国家法律、行政法规、地方法规相衔接的职业资格证书制度，以及职业资格认证法律法规体系。二是政府机构应与行业协会、学会及中介机构彻底脱钩；政府负责制定职业资格目录，对资格资质证书的设计进行评议，构建统一的资格框架，把精力放到职业标准制定过程的指导监督上。三是对市州一级下放技术工人高级资格鉴定权，逐步推进职业技能鉴定工作社会化；改进职业资格考评体系，加强监管，完善以职业能力为导向，以工作业绩为重点，注重职业道德和职业知识水平的技能人才评价机制。

第六，以不断完善高技能人才激励机制为导向，激发全社会参与高技能人才培养的积极性。要大力宣传高技能人才的突出作用和贡献，逐步营造"崇尚一技之长、不唯学历凭能力"的良好社会氛围。要营造良好的高技能人才成长环境，把高技能人才培养和使用纳入人才队伍建设的整体规划中，建立起与其他专业技术人才、企业经营管理人才并列的现代人才体系。要完善薪酬制度，提高高技能人才的待遇，在分配上应向技术岗位（工种）、高级技术工人倾斜，充分体现其贡献大小、工作强度、技术水平和岗位职责。要完善高技能人才奖励制度，将他们取得的实绩作为破格晋升的考核依据。增强企业技术工种的吸引力、向心力，为技术工人成长拓展空间。

参考文献

［1］李培根．"中国制造"要有升级版［J］．企业观察家，2014（7）：56－57．

［2］毛蕴诗．加快"中国制造"转型升级从工业大国向工业强国转变［J］．中国经贸导刊，2013（3）：6－8．

［3］吴歌．从"中国制造"走向"中国创造"最缺什么［J］．中国品牌，2014（8）：48－50．

［4］官志雄．中国制造500强弱在哪？［N］．人民日报，2015－08－24．

［5］金东寒．制造企业不能只满足于"做得出来"［EB/OL］．工程机械中国网，2014－03－17．

［6］郭清．继承传统工艺精华　培育现代工匠精神［J］．理论与当代，2015（7）：41－42.

［7］司开林．为高职大学生浮躁心理"把脉"［J］．决策咨询，2014（2）：55－58.

［8］孙东东．"中国制造2025"紧缺技术人才［N］．环球时报，2015－03－24.

［9］阿替．寻求"中国制造"升级的新基点［J］．中国质量万里行，2014（8）：48－49.

［10］余东华，胡亚男，等．新工业革命背景下"中国制造2025"的技术创新路径和产业选择研究［J］．天津社会科学，2015（4）：98－107.

［11］李克强．十年磨一剑抢占中国制造"智"高点［EB／OL］．中国政府网，2015－08－07.

［12］胡卫．产业升级呼唤高技能人才［EB／OL］．中国政协传媒网，2015－03－05.

［13］乌尔里希·森德勒，鲁斯沃．工业4.0：即将来袭的第四次工业革命［M］．北京：机械工业出版社，2014.

［14］郑红．德国　放手让企业员工改良创新［N］．人民日报，2014－07－23.

［15］《对话》聚焦"中国制造2025"［EB／OL］．央视财经，2015－04－30.

［16］只有8000万人口，为何能诞生2300个世界名牌？［EB／OL］．中国证券网，2015－08－17.

［17］乔标，等．硬实力与软实力：中国制造升级版的两大引擎［J］．装备制造，2014（8）：32－35.

降成本补短板
进一步完善社会保险制度[*]

社会保障直接关系着亿万百姓的切身利益。在全面建成小康社会的决胜阶段，建立更公平更可持续的社会保障制度是当前一项十分艰巨的任务，必须予以高度关注。

一、当前社会保险中的"短板"问题

党的十八大提出了社会保险"全覆盖"的目标。对照这一目标，无论是从制度还是从人群覆盖上看，离实现还有一大段差距。一是农民工社会保险参保率低。由于农民工流动性很大，一些人只是灵活就业，没有劳动合同，不能办理社保；再加上农民工收入普遍较低、家庭负担重，这使大多数农民工只能优先考虑生存问题，保障可能无法顾及。二是高龄农民工养老窘境凸显。目前高龄农民工为了生计而"超期服役"的现象突出，原因是大部分农民工直到2008年劳动合同法实施后，才开始被纳入社会保障网，很多人不满15年缴费年限，无法领取养老金。而新农保实施也不到位。目前，职工养老保险和新农保在各方面都存在巨大的差异，二者难以转换、合并。这意味着高龄农民工养老除去远在老家的新型农村养老保险每月数十元的补贴外，只能靠自己积蓄。三是低收入群体压力不断增加。近来，许多省市都上调了城镇职工社保缴费基数的最低和最高标准。按规定，社保缴费以上一年社会平均工资的60%～300%为缴纳基数。值得注意的是，由于低收入人员在缴纳社保时，工资达不到平均工资60%的基数，要按照高于本人工资的基数进行缴费，缴费率可能更高，往往会占工资的比重更大（缴费率呈累退性），这

---

* 该文刊载于《湖北参事工作文集2016》。

对于低收入人群的影响很大，并极可能导致这些人员自动放弃社保。四是不同身份者难以平等参保。由于体制的原因，一些单位用工形式和劳动关系呈多样化，临时工、劳务派遣工的参保普遍较低，用工单位为派遣工的缴费也是各式各样，或者没为员工提供"五险"，或者只为部分人提供"五险"，或者只是提供部分险，或者降低缴费基数等等。五是统筹层次低使转移接续难。目前全国包括一些省内没有统一的社保异地缴纳制度，异地转移接续机制不完善，使社保跨地域转移面临着许多难题。同时各地社保标准不统一，财政利益保护，办事程序复杂，使得社保异地转移接续难度增大。六是部分退休者贫困危机显现。由于大多数劳动者养老资产单一，主要靠社会保险，而社保养老金的替代率偏低，享受的保险只是最低限度的保障水平，这导致养老问题十分严峻。养老金替代率是退休者生活质量的重要标志。据国际劳工组织标准，养老金最低替代率应为55%，替代率达到60%~70%，才可维持基本生活水平。但目前我国养老金替代率仅为社会平均工资的40%左右，加上通胀的影响，退休金实际购买力逐年下降，这给企业退休职工生活质量带来较大的影响。七是退休双轨制分配不公突出。关于养老金待遇双重标准的问题一直以来饱受诟病。尽管多年来政府对这方面制度细则有过多次调整，但其中的问题仍然突出，养老待遇鸿沟仍然巨大。

二、补齐湖北省社保"短板"的几点建议

社会保险中的这些"短板"，是城乡之间、城镇居民之间利益失衡的表现。如何解决社会保险中的这些"短板"？社保制度改革是一项复杂的系统工程。补齐社保"短板"不只是社保制度自身改革的问题，更是涉及结构性改革的大问题。之所以淘汰落后产能和"僵尸企业"很难，一个很重要的原因是职工下岗难，职工下岗难又与养老保险制度不完善有直接关系。因此，要维护社保制度的公平和可持续性，必须加快养老保险制度改革。

第一，加快城乡社会保障制度改革。针对农民工就业不稳定，流动性高，社保关系无法异地转续；低收入人群不愿意缴纳社保，一些企业逃避缴费义务，部分人群无法享受基本的社会保障等问题，应加快社会保障制度改革。不仅仅只是改革户籍制度，而且要在财税体制、劳动就业、收入分配、社会管理、医疗卫生体制等方面全面深化改革。通过供给侧结构性改革，降低制度性交易成本，从制度上消弭社会保险城乡制度隔阂，破除利益固化的藩篱，真正达到降成本、补短板的目的，从而提高统筹层次，保障劳动者的合法权

益，使社会保障制度的公平性、可持续性真正得到体现，并更好发挥养老保险互助共济的功能。

第二，健全"多缴多得"激励机制。目前"多缴多得"的激励效应不仅未能体现，且养老金制度效率也较低。一方面，社保缴费基数随平均工资逐年上涨，缴费支出逐年增加，但国家缺乏养老金自动上调机制，导致退休者养老金替代率持续走低。另一方面政府已连续十一年增加退休人员的养老金，但与个人缴费的关系不大，"普调"不仅抹平了缴费差别导致待遇差别，还带来一些逆向选择和道德风险。解决办法，一是完善个人账户。只有完善个人账户制度，提高个人精算中性的强度，才能达到多缴多得的激励性。二是为克服未来老龄危机，应逐步建立多层次多支柱的社会保障体系。目前企业年金在覆盖职工总量和企业规模方面，都比较薄弱。而各商业保险公司开发的一些面向公众的养老保险或年金产品，其覆盖面以及资金规模也都比较小。因此必须加强这方面的工作。只有建立社会统筹和个人账户相结合的养老保险制度，逐步形成多支柱的养老保障和社会保障体系，提高综合养老金替代率，才能让更多老年人享有能够基本保障生活的养老金。

第三，适当降低社会保险缴费率。近年来社保费率上涨迅猛，给许多企业和职工参保带来较大的压力。企业缴纳的社保，由缴纳基数和费率两方面决定。目前 5 项社保费率合计占工资总额的 40%，虽已较高，但费率是法律规定的，企业无法控制，所以大多数企业都是在缩小费基上做文章。而一些收入较低的参保者，特别是灵活就业且收入不稳定者，为换取更高的当期收入，也选择低缴或中断缴费。这就使名义缴费率和实际缴费率不一致。然而，在计算住房公积金时却是按照最大的费基来算的，这就给财政补贴带来较大的压力，甚至引发财政风险。显然，社保费率的上涨既不利于企业的发展，不利于参保人自身权益的保障，还会对社保制度本身造成损害。因此，为提高保障水平，一是适当降低社会保险缴费率。当然，降低社保费率需要有条件，这就是提高统筹层次，并在完善个人账户，坚持精算平衡的基础上，让名义缴费率和实际缴费率趋于一致，以此可扩大覆盖面。参保人多了，缴费也会降低。二是对于困难企业和低收入人群，应充分考虑各自的实际状况，要从两方面制定缴费标准，对于领取最低工资的人们，建议社保缴费以工资的百分比为依据，形成企业、低收入人群自缴和各级财政补贴共同负担的办法解决，让更多的人从中受益。三是建立用工企业分档缴费的架构。充分考虑区域经济发展水平的不均衡，运用分类和分档的方法，解决区域单一缴费标准过高，有些用工企业负担过重的问题。对于养老负担较大的企业予以适当的减税优惠，使得社保缴费标准始终运行在合理区间内，既不影响经济发展和各项改革的顺利推进，又不降低民众的生活幸福指数。

第四，加强社会保险基金管理。一是政府划转部分国有资本充实社会保障基金，偿还社保问题上的历史欠账，从根本上解决养老金可能存在的缺口。二是由于区域经济发展水平高低不等，缴纳标准参差不齐是养老保险金流动遇到的"关口"，应完善社会养老保险准备金补足养老保险金地区间转移产生的账户缺口，为其他险种的深度发展接续汲取经验。三是完善养老保险的相关政策，吸引和鼓励更多的企业和个人参加或者接续养老保险关系。在经办管理服务方面，政府应提供更多的方便，使参保人能零障碍接转与灵活缴费，保证社保关系的连续性。四是提高养老金管理水平和效率，保证社保基金的安全和保值增值。五是加强社保的稽核与执法的检查力度，定期核实工厂人数，以及是否按照工资总额合法为职工缴纳社保，保证参保人员流动到私营企业、小微企业、服务业的时候，能够及时接续好自己的养老保险关系，增加因企业原因没有足额缴纳社保的滞纳金。

实事求是地认识中国的
比较优势与竞争力[*]

改革开放 30 多年来，中国充分利用劳动力资源丰富、劳动力成本低的优势；充分利用外商投资以及先进的技术和管理，提高了产业竞争力，使中国经济快速起飞。然而，一些人漠视、诋毁中国亿万人民的巨大潜力和创造力，漠视、诋毁支撑中国经济起飞初始阶段的劳动力成本比较优势及其竞争力，说"难想象，在全球化的激烈角逐中，由不满的劳工＋低技术为主要构成要素的中国企业能够具备什么真正的竞争力"，甚至恶言"竞次手段所获得的所谓竞争力，其内里是一个民族向道德野蛮状态的复归"。这些论调的目的就是试图抹黑中国，否定中国改革的成就。

不错，中国劳动力成本曾经很低，这是现实。但说中国完全靠剥夺劳动阶层的各种劳动保障，刻薄压低工资，放任破坏环境，来实现经济的发展，则显然是偏激的。我们不能脱离改革开放初期我国人口多、底子薄、基础差、人均资源相对不足以及经济全球化和国际政治环境的现实，来讨论这一问题。而应该根据这个现实，历史地、辩证地看待中国人民为了国家的富强和自身长远的发展，秉持吃苦耐劳、艰苦奋斗的精神，为我国经济的发展做出的贡献和牺牲。

30 多年来，中国不断推进改革开放。一方面，依托低劳动成本这一重要资源，大力发展劳动密集型产业；另一方面，借助这一资源优势，不断吸引国外投资者到中国投资。经过几十年的发展，目前，中国在全球劳动密集型产业的市场份额中已占有相当的比重，一大批中小企业走向世界，在全球资源配置和国际竞争力上取得明显进步。这正是劳动力成本低这一资源禀赋所形成的中国产业竞争力的重要内容，是中国加入国际分工的一个重要发展模式和切入点。凭借这一资源优势参与国际分工，不仅使中国企业竞争力不断

---

* 该文刊载于《中国社会科学报》2013 年 11 月 8 日。

增强，还使中国在过去将近40年间人均收入以惊人的速度增长了21倍（引自联合国开发计划署2010年《人类发展报告》），亿万人脱离了收入贫穷，创造了"发展的奇迹"。

同样不可否认的是，中国潜在的人才优势一直被较弱的实体经济所掩盖。新中国成立几十年来，中国政府一直致力于推动城乡经济的发展，推动教育事业和医疗服务的发展，促进社会公平，这使我国人力资本积累有了较扎实的基础。正因为此，改革之初，中国的GDP总量在与印度相差无几，甚至在人均GDP还落后的情况下，充分发挥中国特有的劳动力比较优势及丰富的人力资本，经过几十年的快速发展，我国已从一个为低成本产品提供廉价劳动力的国家，变为全球制造业生产链中的关键一环，成为世界制造业的中心，成为新兴工业化国家，GDP总量位居全球第二。改革开放后，中国逐步深入到国际分工过程中，通过学习，在国际分工中不断提高了自己的位置。正是借助于丰富的人力资本这一条件和优势，中国在劳动力密集型产业及对外贸易方面有了飞速发展，并成为中国经济增长的"引擎"。也正是借助于低廉的工资成本以及丰富的人力资本这一条件和优势，在为数千万农民工创造大量的就业机会、增加他们收入的同时，中国资本积累不断增加，人力资本不断上升，经济得以持续增长，实现了经济起飞。

但一些人总是拿中国低劳动力价格来说事，诋毁支撑中国经济起飞的劳动力成本的比较优势及其竞争力，这只能表明其不满和无知。事实上，在全球化的今天，中国政府早已注意到，我国的产业结构还不太合理，与世界发达国家相比，产品的竞争力还不够强。仅靠劳动密集型的产品空间容纳不了中国未来的发展，中国想要在国际市场上进一步提高自己产品的竞争力，必须向资金技术密集型产业扩展。因此一方面，中国政府通过新劳动法和最低工资的规定保护劳动者权益，不断推动中国工资水平上涨；同时以劳动成本的变动为契机，促进经济发展方式的转变。随着技术进步、资本投入增加及人力资本的不断上升，中国的劳动生产率一直以每年10%左右的速度大幅上升。伴随着生产率上升、技术的进步，一是中国的产品结构发生了巨大变化。据世界银行的数据，高科技产品在中国出口中所占比例已从21世纪初的约1/5上升至2008年的接近1/3，综合竞争力不断增强。二是中国企业在全球市场上在与跨国公司的角力中不断展现自己的实力。2013年《财富》世界500强榜单上，有85家中国内地企业赫然在列。经济实力的彰显不仅体现于此，目前还有不少中国企业已进入全球行业十强，在工业增加值率、劳动生产率等通用的绩效指标方面，我国有约1/3的行业赶上或超过全球500强，逐步掌握国际市场话语权和规则制定权。

　　总之，中国改革开放期间，连续 30 年保持 10% 左右的增长速度，在人类历史上实属罕见，被称为经济奇迹。这一成就不仅改变了中国，实现了经济起飞，甚至改变了全球经济。我国的经济发展过程不仅培养了一支素质较高并不断开拓进取的劳动者队伍，而且其中不断积累的物质资本与人力资本，正为实现十八大报告中所提出的"发展成果由人民共享"，"深化收入分配制度改革"，"居民收入增长和经济发展同步、劳动报酬增长和劳动生产率提高同步"，打下了坚实的基础。

劳动成本、劳动生产率与中国 制造业企业的竞争力[*]

随着中国劳动力成本逐渐上升，中国"世界工厂"的地位受到了严重挑战。一方面，大批企业停产、倒闭；另一方面，能够维持生产的企业，其利润比以前明显减少。尽管中国出口规模仍居全球第一，但从产品竞争力来看，我国大部分出口产品处于全球制造链的低端，中国制造业竞争力还不强。

一、劳动成本与产业竞争力相关论点简评

制造业竞争力是指一个国家或地区的制造业与其他国家或其他地区的同类产业相比，能更有效地向市场提供产品或者服务，并使自身获得更快发展的综合能力。一般地，产业竞争力主要取决于成本（包括劳动成本和材料成本），以及产品差异性（包括质量、性能、品牌、服务等）。关于劳动成本与产业竞争力关系的研究，可以追溯到古典经济学派。亚当·斯密从绝对优势理论出发，把产业竞争力的来源归因于各国劳动生产率的绝对差异；大卫·李嘉图则在绝对优势理论的基础上提出了比较优势理论，把劳动生产率差别视为贸易的动因和竞争力的来源。20 世纪 30 年代，赫克歇尔和俄林提出要素禀赋理论，把一国密集使用相对丰裕的生产要素的产业，看作是具有比较优势和竞争力的产业，并认为要素越丰裕，要素价格就越低，相对丰裕的生产要素的产业就越有竞争力。

随着经济的发展，关于劳动成本与产业竞争力的研究有了新的内涵。人力资本理论认为，对人力资本投资，会带来较高的收益，通过激励人们科技水平和创新，产业竞争力就会增强。效率工资理论认为，较高的工资水平能

---

* 该文刊载于《改革与战略》2012 年第 2 期。文章有删节。

保证劳动者的营养摄入从而使身体有健康的基础，并提高了劳动者转换工作的机会成本从而减少了企业因离职而产生的招聘、培训等成本，同时提高了劳动者的努力程度，提高了劳动生产率，从而提升企业竞争力。

上述关于劳动成本与产业竞争力的相关问题的研究，是中国长期以来保持产业竞争力的重要理论依据之一。由于资本要素相对稀缺，因而必须多发展劳动密集型产业，并通过向资本倾斜的收入分配政策，维持低工资并不断增加劳动产出，提高劳动生产率，以提高竞争力。由此，在劳动成本与产业竞争力的关系中，劳动成本始终被看成是提升竞争力的一个重要因素。

二、制造业工资水平对竞争力影响的实证分析

改革开放以来，中国制造业企业充分利用劳动力成本低的优势，大力发展劳动密集型产业，使中国成为世界工厂，并成就了产业竞争力。本文以我国制造业工资及劳动生产率等相关数据为样本，分析工资水平变动对劳动生产率的影响。由于制造业劳动生产率数据不易获取，本文采用工业的相应数据，并利用统计软件进行回归分析。

结果表明，我国制造业年平均工资与劳动生产率存在着正相关。由表1可以看到，1998~2007年，十年间劳动生产率年平均增长率为16.17%，高于平均工资11.45%的年平均增长速度，与回归结果约8:1的增长幅度比例相吻合，表明中国制造业在低工资成本的推动下，在劳动生产率更快增长的背景下，其竞争力有了较大的提高。

表1　　　　　　我国制造业历年职工年平均工资与劳动生产率

年份	劳动生产率LP（万元/人）	劳动生产率年增长率（%）	制造业职工年平均货币工资（元）	平均工资年增长率（%）
1998	31346.88	—	7064	—
1999	37148.24	18.51	7794	10.33
2000	45679.36	22.97	8750	12.27
2001	52062.42	13.97	9774	11.70
2002	59765.95	14.80	11001	12.55
2003	73044.65	22.22	12496	13.59

年份	劳动生产率LP（万元/人）	劳动生产率年增长率（%）	制造业职工年平均货币工资（元）	平均工资年增长率（%）
2004	82761.03	13.30	14033	12.30
2005	111994.24	35.32	15757	12.29
2006	124090.24	10.80	17966	14.02
2007	140358.18	13.11	20884	16.24
劳动生产率年平均增长率	16.17		平均工资年平均增长率	11.45

资料来源：《中国统计年鉴（2008）》。

不过，工资水平的不断提高虽有助于提高制造业竞争力，但并不必然会促使竞争力的增强；或者说以低工资水平为依托的劳动生产率并不意味着一定能产生较强的产业竞争力，这可以从部分国家的工资水平、劳动生产率和单位劳动成本的比较中得出。

由表2可知，我国平均工资和劳动生产率均在所列国家中排名末位，而我国单位劳动成本高于其他国家，表明我国劳动生产率与发达国家相比差距较大。由此，虽然我国低工资使我国制造业具备了成本上的比较优势，但与发达国家在劳动生产率上的差距恰恰反映了制造业在技术上并不处于竞争优势。因此，单纯以劳动成本的高低来衡量制造业是否具备竞争优势是不可取的，制造业竞争优势的体现主要是看劳动生产率，这是衡量制造业竞争力大小的重要依据。

表2　　　　　　部分国家年平均工资、劳动生产率和单位劳动成本

国家	年平均工资（美元/人）					劳动生产率（美元/人）					单位劳动成本				
	2000年	2003年	2004年	2005年	2006年	2000年	2003年	2004年	2005年	2006年	2000年	2003年	2004年	2005年	2006年
中国	1057	1510	1695	1952	2301	1671	2215	2582	2971	3505	0.63	0.68	0.66	0.66	0.66
泰国	1619	1945	1883	1876	2349	3771	4138	4585	4894	5678	0.43	0.47	0.41	0.38	0.41
日本	30600	33089	33765	29794	30200	72042	66918	72517	71485	68145	0.43	0.49	0.47	0.42	0.44
加拿大	23111	28974	31953	33819	33790	48984	55172	61782	69360	76650	0.47	0.53	0.52	0.49	0.44
美国	26277	28883	29635	30388		72683	79633	84330	88379	92270	0.36	0.36	0.35	0.34	
德国	21131	15418	17174			52057	67166	76596	77395	78678	0.41	0.23	0.22		

国家	年平均工资（美元/人）					劳动生产率（美元/人）					单位劳动成本				
	2000年	2003年	2004年	2005年	2006年	2000年	2003年	2004年	2005年	2006年	2000年	2003年	2004年	2005年	2006年
荷兰	24919	17293	19362			50412	68502	77723	80201		0.49	0.25	0.25		
英国	25757	35369	39549	36835	43437	52244	64215	76379	78385		0.49	0.55	0.52	0.47	
澳大利亚	18666		32878		37112	45233	58122	68668	74798	76393	0.41		0.48		0.49
新西兰	14581	24023	26997	26036		29850	42575	50008	53443	49580	0.49	0.56	0.54	0.48	

注：单位劳动成本根据表中数据计算所得。

资料来源：国际劳工组织数据库、《国际统计年鉴（2008）》；表中空白栏为数据未获得。

三、当前我国制造业竞争力的现状、问题及其反思

30 多年来，中国制造业飞速发展，至 2007 年中国制造业中近 200 类产品的产量居世界第一，制造业在第二产业中的贡献率占 90% 以上，成为中国经济增长的主导产业。不过，从国际市场看，我国具有竞争力的行业基本上是劳动密集型行业，其参与国际竞争的优势在于丰富而低廉的劳动力。由于低工资降低了成本，我国制造业产品可以以极低廉的价格出口。这固然是发挥了我国的比较优势，但同时这个优势在很大程度上被劳动生产率低、能源消耗大、产品结构不合理所抵消。首先，我国制造业产品、生产和管理等技术的研究、应用与工业发达国家相比有较大差距，特别是在劳动生产率、工业增加值率、能源消耗等方面的差距更大。据悉，我国制造业劳动生产率为 3.82 万元/人年，约为美国的 4.38%、日本的 4.07%、德国的 5.56%；制造业的增加值率为 26.23%，与上述三国相比分别约低 22.99、11.69 和 22.12 个百分点。我国制造业能耗占全国一次能耗的 63%，单位产品的能耗高出国际水平 20%~30%。其次，产业结构方面，制造业中核心产业是装备制造业，但我国装备制造业严重落后，产品中很多技术都是从国外引进，原创性少，技术创新弱，缺乏核心竞争力，严重制约了我国产业结构的升级和产业竞争力的提升，并导致全社会固定资产投资中设备投资的 2/3 依赖进口。另外，我国出口产品主要集中在中低档劳动密集型产品，技术层次较低，缺少自主知识产权，这类产品容易被反倾销。据悉，1996 年以来，中国每年都高居遭受反倾销国家的榜首。而且，中国丰富而廉价的劳动力资源也为在华投

资的外商降低了生产成本，显著地增强了他们的国际竞争力，这反过来又对我国企业参与国际竞争造成了压力。

中国制造业的发展，一方面，是以低劳动成本为推动力，并在劳动生产率的增速远高于工资增速下成就了竞争力；另一方面，由于中国长期实行低工资竞争，竞争性企业的平均利润率仅为3%～5%，而制造业企业的产品附加值低、产品结构低、能源消耗大、环境污染高、企业缺乏核心竞争力的问题愈发突出，这不能不引起对低工资竞争模式以及与之相关政策的深刻反思。反思这一现状，主要是一直以来我们在发展经济的指导思想上始终认为：我国劳动力资源丰富，劳动力成本低，这是我们的比较优势，因此应利用这一优势大力发展劳动密集型产业。

然而，我们在强调劳动力成本低这一比较优势的同时，却忽视了另一衡量竞争力高低的核心指标——劳动生产率。正确评价劳动成本与产业竞争力的关系，不能单单只看劳动成本，还要看劳动生产率，而且还要看劳动成本相对于劳动生产率来说是高还是低。过去，由于我们没有充分认识到低工资竞争给经济带来的不利影响，结果一方面造成企业沉湎于低工资成本竞争，不愿过多研发新技术，而在技术上采取"拿来主义"，致使国家对于高素质的研究开发和技术人员的劳动需求相对下降；另一方面在低工资生存状态下，劳动者没有动力学习新技术，致使企业一线技术人员学习曲线下降，而各种机械电气装备的自动化所导致的对劳动技能素质要求的降低，又降低了他们的工资水平。

目前，中国劳动成本正处于上升趋势中，未来几年中国劳动成本与其他国家相比优势将逐渐缩小。因此，我们应充分认识到，劳动生产率的增长已成为提高我国制造业产业竞争力的唯一途径。一方面，提升劳动生产率与培育中国制造业企业竞争力的要求是一致的，作为竞争力的重要内容，劳动生产率的增长促进了竞争力的提升；另一方面，竞争将导致技术创新，劳动生产率也必然随之提升，这又会促进竞争力的增强。

四、促使产业竞争力增强的对策选择

为提高中国制造业的核心竞争力，应改革现行的工资机制，从由低工资所形成的低成本比较优势向效率工资所激励的技术竞争优势转变，从关注劳动力资源丰富、劳动力成本低的角度转向人力资本积累，转向自主创新，为我国制造业的发展提供持续的竞争动力。一是应从思想上认清劳动成本与竞争力之间的关系，明确劳动力成本优势不是企业竞争力增强的必然，只有在比较优势之上的取决于制度、知识、人力资本、管理创新和技术创新等更高层次的要素所产生的竞争才能使竞争力增强。二是政府应实施以技术竞争为主的政策导向，制定与研发投入相关的税收、补贴政策，调整科技投入，支持企业技术革新，鼓励企业科技兴业，通过促进技术进步，从根本上转变低工资、低效率的经济发展方式。三是应将持续性的提升劳动生产率当作一个战略性原则来把握，应建立劳动生产率统计体系，将劳动生产率与其他指标如劳动成本等经常进行对比，促使企业把目标转向提高劳动生产率上来。四是应加大人力资本投入，提高劳动者素质和技能。一方面，增加劳动者工资待遇，提高人力资本投入，通过强化学习先进技术来增强劳动者素质和技能的提升；另一方面，强化工资的激励效应，激发工人努力学习，开拓创新，通过加大对传统产业的技术改造，实现产业结构的升级，以提高企业的竞争力。

参考文献

［1］金碚. 竞争力经济学［M］. 广州：广东经济出版社，2003.

［2］迈克尔·波特. 竞争优势［M］. 北京：华夏出版社，1997.

［3］薛荣久. 国家贸易［M］. 北京：对外经济贸易大学出版社，2008.

［4］S. W. 舒尔茨. 论人力资本投资［M］. 北京：北京经济学院出版社，1990.

［5］张德远. 关于现代西方效率工资理论的评述.［J］. 财经研究，2002（5）.

［6］陆燕荪. 中国制造业的现状与未来发展［J］. 经济研究参考，2005（1）.

［7］徐匡迪. 中国制造业的现状与面临的挑战［J］. 中国发展观察，2005（4）.

［8］王志伟. 对我国经济结构调整问题的思考［J］. 中国流通经济，2010（3）.

［9］卓勇良. 劳动所得比重较低是当前中国结构性问题的主要根源［J］. 江西社会科学，2008（1）.

［10］许经勇. 论我国劳动密集型产业比较优势和竞争优势的互补性［J］. 经济经纬，2005（3）.

大力开展集体协商
推进企业一线职工工资正常增长
——基于湖北省部分行业一线职工收入状况的调查 *

一、当前一线职工收入分配的现状及特点

一线职工，是长期在生产第一线从事生产的工人，他们工作条件差，劳动强度大，生活环境艰苦；而且一线职工大多已是中年，在当前劳动力市场激烈竞争的背景下，其工资普遍不高，且承载着巨大的经济压力。为了深入了解企业一线职工收入分配的状况，2010 年上半年，笔者在全省机械、冶金、建材三大行业中，对 50 家企业，800 名一线职工就收入分配现状进行调研。这次调查的样本为：从行业看，机械行业占 33.4%，冶金 32.5%，建材 34.1%；从岗位看，从事直接生产的一线职工占 56.2%，辅助工占 31.2%，其他一线职工占 12.6%；从年龄看，20 世纪 50 年代出生的占 7.2%，60 年代的占 29.6%，70 年代的占 42.7%，80 年代的占 20.5%；从聘用技术等级看，初级技工占 15.8%、中级技工占 23.9%、高级技工占 14.1%、技师占 10.2%、高级技师占 4.2%，没有获得聘用技术等级的占 31.7%；从个人月收入看，1000 元以下的占 14.8%，1000~1500 元的占 34.6%，1501~2000 元的占 26.5%，2001~2500 元的占 13.3%，2501~3000 元的占 4.8%，3001~4000 元的占 3.8%，4001~5000 元的占 2.0%，5000 元以上的占 0.3%。调研以问卷、走访和召开企业职工座谈会等方式为主，其中，发放问卷 800 份，有效作答 769 份。需要说明的是，此次调查虽然仅限于机械、冶金、建材三

---

* 该文刊载于《湖北社会科学》2011 年第 2 期；源于中国机冶建材工会项目"湖北省机冶建材行业一线职工收入分配状况的调查"。

大行业，但大量样本基本反映了湖北省传统产业一线职工的收入分配现状。调查表明，目前湖北省机械、冶金、建材三大行业职工工资水平增长幅度较大，工资支付基本得到保障，体现在劳动关系上，总体状况良好，并呈以下几个特点：

（1）企业职工工资逐年有所增长。2007年以来，受国际金融危机影响，湖北省部分行业经济出现了增速放缓的现象，特别是冶金行业，受国内外市场的影响，经济效益有所下降，职工收入也受到一定的影响。但即使如此，职工工资每年仍有一定比例的增加，反映出工资增长与企业的发展较为契合。

（2）最低工资规定基本得到落实。据调查，大多数职工月工资水平都高于湖北省最低工资标准[①]。调查显示，在扣除加班加点工资，中班（夜班）工资，高温、低温、井下、有毒有害等特殊工作环境、条件下的津贴及法律、法规和国家规定的福利待遇之后，与当地最低工资标准比较，有16.2%的回答低于最低工资标准，有83.8%人回答或者略高于（17.3%），或者高于（22.9%），或者大大高于（43.7%）最低工资标准。另外，如按从事直接生产、辅助生产或其他一线生产岗位划分，分别有21.2%、8.9%和11.1%的职工回答低于最低工资标准。而回答略高于，或者高于，或者大大高于最低工资标准的，合计达到78.8%、91.1%、88.9%。

（3）拖欠工资情况显著改善。随着以工资支付为主要内容的监督检查力度的加大，企业拖欠职工工资问题有了根本的好转。问卷显示，在机械、冶金、建材行业，分别有80.2%、81.6%、89.2%的职工回答企业没有拖欠工资，这表明工资支付保障工作得到政府的高度重视，检查力度不断加强，工资支付基本得到保障。

（4）工资增长共决机制正在形成。随着企业工资集体协商工作力度的加大，工资集体协商制度正在形成。工资增长可由企业和职工协商决定，而不完全是企业老板说了算，分配方式正在发生变化。根据问卷，在机械、冶金、建材行业，分别有42.4%、41.3%、50.6%的职工回答企业进行过工资集体协商；而涉及工资增减与所在企业的工资集体协商是否有关时，有26.4%、25.9%、28.4%的职工回答有很大关系，另有25.2%、28.8%、30.7%的职工回答有一些关系，合计超过半数职工认为，工资增减与企业工资集体协商是相关的。另外，在问到在工资集体协商中工会的作用时，分别有39.5%、45.5%、53.3%的职工回答能够发挥作用。这表明，工资增长的共决机制正在逐步形成。

（5）企业社会保障体系逐步趋于完善。伴随着分配体制的改革以及企业的法规意识逐渐增强，以养老、医疗、失业、工伤、生育保险为主要内容的社会保障体系正在逐步形成和完善。据调查，不少企业都为职工办理了"五险一金"，有的企业不仅办理"五险一金"，甚至为解决职工看病难，还办有大病救助、互助等，免除了职工、包括退休职工的后顾之忧。这充分说明企业依法参保的意识明显增强；同时也说明，职工劳动报酬的完整性正在得到体现。

（6）人力资源开发受到普遍重视。为转变经济发展方式，促进企业又好又快发展，企业普遍注重人才培养。调查显示，在机械、冶金、建材行业，分别有43.5%、57.3%、47.5%的一线职工参加过企业组织的岗前、岗位培训，还有一部分职工（12.3%、19.5%、29.0%）参加过社会其他部门组织的培训，并取得相应的技术等级证书，其中，有62.5%的职工被企业聘为初级技工、中级技工、高级技工、技师、高级技师，工资待遇也随之得到提高。

二、一线职工收入分配中的主要问题

尽管湖北省机冶建材行业一线职工工资逐年有所增加，但也存在不少问题，最突出的是企业初次分配中职工劳动报酬普遍较低。调查显示，一线职工平均工资为1710元左右。当问及当前企业收入分配中最大问题是什么时，首选项就是职工工资水平太低。

企业职工实际工资较低，具体表现为，一是扣除加班加点的收入后，职工实际所得偏低。调查显示，一线职工工资结构多是以计时或计件工资为主，且劳动定额标准的确定多由企业自定。在此背景下，企业从利润最大化出发，定额标准往往较高。尽管多数职工回答（84.0%）能够完成劳动定额，只有少数职工回答基本不能完成（10.8%）或完全不能完成（2.9%），但在回答8小时内能够完成劳动定额的职工中，亦有相当多的职工不得不靠加班加点，才能获得更高的工资收入。

对于一线职工劳动定额与加班加点问题，问卷显示，有54.0%的职工回答需要加班2小时，有17.4%的职工回答需要加班2~4小时，有4.3%的职工回答需要加班4小时以上。即是说，超过半数以上的职工75.7%需要加班才能完成劳动定额。另外，不仅是低收入职工存在经常加班加点问题，就是月工资收入较高的职工加班时间也较多，说明获取较高收入者，更多的是靠加班得到的。

进一步地，针对一线职工加班，能否拿到加班工资，或按什么标准领取加班工资的问题，调查显示，按法定标准能领到加班工资的占 39.6%，虽然能领到、但不是按法定标准领取的占 33.3%，领不到加班工资的占 20.4%，不清楚的占 6.7%。表明，大多数职工 60.4% 或者不是按照法定标准领取加班工资，或者领不到加班工资，或者不清楚什么是加班工资，这反映了企业在执行职工加班工资方面是不规范的。需要指出的是，对于加班工资的支付，国有企业比较规范，问题较多的主要是私营企业。在私营企业，员工普遍较年轻，且工资较低，而一些企业又以计时、计件工资为由，并不执行劳动法关于支付加班工资的相关规定，且有压低工人工资的倾向，而且越是工资较低的职工，企业对其加班工资的执行越不规范。

二是与最低工资标准相比，企业职工实际所得偏低。调查发现，月工资收入扣除加班加点工资，中班（夜班）工资，以及高温、低温、井下、有毒有害等特殊工作环境、条件下的津贴及法律、法规和国家规定的福利待遇之后，与当地最低工资相比，低于当地最低工资标准的占 16.2%，略高于（50元以下）的占 17.3%，高于（50~100 元）的占 22.9%，大大高于（100元以上）的占 43.7%。另外，从调查得知，低于 1500 元的职工达 49.4%，几乎占全部样本的一半，表明企业低收入群体数量较大；进一步的调查显示，低于 1500 元的职工中，扣除加班加点工资，以及其他津贴后与最低工资标准相比较，有 20.1%（占样本的 1/5 强）的职工工资所得低于或仅仅略高于最低工资标准，说明企业职工实际所得确实偏低。

三是扣除应缴纳的社会保险，职工实际所得偏低。根据劳动合同法，社会保险和福利是不应被计入工资的。但是，调查发现，不少企业、特别是私营企业将养老保险等"五险"或部分地、或全部地计入工资中，如果严格按照规定，扣除相应的保险，剩余的工资部分就达不到最低工资标准，这是其一。其二，还有一些企业自定土政策，降低企业应承担的社会保险部分，提高职工缴纳的比例，这些都降低了劳动者的劳动报酬。

四是企业内部差异悬殊，经营管理层与普通职工之间收入差距过大，资本、管理要素报酬过高、劳动报酬过低。调查显示，职工月收入在 1000 元以下的占 14.8%，1000~1500 元的占 34.6%，1501~2000 元的占 26.5%，2001~2500 元的占 13.3%，也就是说，近一半 49.4% 月收入在 1500 元以下，合计近九成职工月收入在 2500 元以下。在低收入者中，多数是农民工和劳务派遣工，其工资水平仅为同岗位正式工的一半左右。而中高层管理人员普遍实行年薪制，中层管理人员年薪一般在 12 万元左右，高层管理人员年薪一般在 20 万元以上。此外，在外资企业，同岗位的外籍工人比当地工人薪酬高出10 倍甚至是 20 倍以上。

三、一线职工工资水平较低的原因分析

关于企业初次分配中劳动报酬决定的问题，学者们普遍认为，应根据市场经济国家工资决定的经验，通过工资集体协商，来提高一线职工的工资水平。对此，我国政府积极支持并明确要求各企业要依法开展工资集体协商，通过协商逐步提高劳动报酬在初次分配中的比重。然而，在政府及各界的普遍关注下，为什么一线职工工资水平仍较低？究其原因，主要是企业劳资地位不对等，集体协商难以起到应有的作用。

首先，工会代表性不强，工会在工资集体协商中难以发挥作用。调查显示，认为在企业工资调整中工会能发挥作用的说法占46.2%，其他的说法：或者不能发挥作用30.2%，或者不知道23.7%，即不予支持的说法占53.8%。另外，当问到工会在哪些方面对职工帮助最大时，首选项就是工会组织文体活动。其他的说法：解决职工困难、协调解决职工与企业的矛盾、提高工资等则列在了后三项。特别是"提高工资"选项，大多数职工并不认可工会在这方面对职工能有所帮助。这表明，我国企业工会仍然局限于组织文体活动等传统业务上，而在工资集体协商方面的作用发挥得很不够。究其原因，一是国有企业工会制度改革滞后，工会的代表性与独立性缺失。所谓工会的代表性，主要解决的是工会在集体谈判中的地位问题；工会的独立性，主要解决的是工会与管理方和政府之间的关系问题。工会的代表性与独立性，要求工会不仅应该充分代表劳动者的利益，而且应该只代表劳动者的利益。因此，保护工会的代表性和独立性是集体谈判立法中的重要内容。但我国国有企业工会都是在政府干预下组建的，工会的合法性并不完全来自于劳动者的认可与授权，而且工会又是企业的一个组成部门，这使得工会除了要考虑劳动者的利益以外，还要考虑企业的利益，以及贯彻执行政府的政策，这就削弱了工会对劳动者利益的代表性与独立性，违背了集体谈判制度的初衷。二是在私营企业以及外商投资企业，工会组织发展很缓慢，或者根本就没有建立起工会组织。即使有工会组织，工会也不能代表职工参与收入分配和各项福利待遇的制定。

其次，部分企业管理层缺乏民主意识，不尊重职工的利益，不是在完全平等基础上的协商，集体协商缺乏民主和必要的制度保障。比如职代会，现实中由于组成职代会的职工代表大部分是企业的高中层管理者，他们不仅因为在企业有较高的地位与话语权，更因为他们对本企业的经营和财务状况了如指掌，因而一些对普通职工不合理的，或是对管理人员有利的调资方案自然总会轻易获得通过。而工人因处于弱势地位，怕丢掉饭碗，只想保住岗位，许多涉及自身利益的问题都听任企业说了算，不敢提出集体协商问题。即使有员工提出增加工资、改善福利等的要求，只要企业支付给工人的工资符合市场一般水平且不违背《劳动法》及相关法律政策，员工基本都会认同，维权意识不足。

再次，即使开展了协商，也是走过场，集体协商流于形式。比如，企业召开职代会，提交给职工代表大会的分配方案，基本都是企业管理方直接提出，职工只有接受企业所提出的方案的义务，没有讨价还价的权利，开职代会只是一种形式。而真正涉及一线职工切身利益的劳动定额与标准问题，企业很难进行协商。关于劳动定额，它既是企业实施工资分配、职工获得劳动收入的重要依据，也是集体协商的重要内容。但目前，我国劳动定额处于无人管的状态，以至于在劳动定额的制定上缺乏科学性，在编制方法上缺乏专业性，在定额修订上缺乏发展性，在程序上缺乏民主参与性。调查显示，在确定劳动定额的过程中，企业为获取最大利润，利用自己对本企业的经营和财务状况了如指掌的机会，压缩人工成本、压低计件单价，控制劳动定额的确定和变动，致使企业劳动定额不能与市场经济和现代生产技术发展相适应，不合理的劳动定额使职工的工资水平常常受到抑制、劳动力价值不能公正体现；而工人由于信息不对称，缺乏话语权，因此无法对劳动定额问题予以制衡，在这个问题上，很难开展真正平等意义上的协商。调查还得知，上述问题具有普遍性，不论是国有企业还是民营企业，劳动定额问题均是工人反映最突出的问题之一。

最后，我国集体谈判相关立法简单、立法层次低。《劳动法》仅简单勾画了集体协议制度的基本轮廓和框架，难以为集体谈判权的实践提供足够、有效的法律支持。事实正是如此，由于缺乏相关法律，一些企业协商过程中，当涉及职工相关利益时，企业不是采取积极协商的态度，而是钻法律的空子，甚至肆意违法违规，以至于职工权益得不到保障。这种情况在私营企业最为突出。表现为，一是企业有意规避最低工资标准，他们以"用人单位支付劳动者的工资不得低于当地最低工资标准"的法律规定为由，以最低工资标准作为工资标准来支付。二是将企业应缴纳的社会保险和有关福利计入工资中，以此降低职工的实际工资收入。三是企业有意拖欠职工工资，这种现象在机械、冶金、建材三大行业仍然还存在着。四是企业有意规避职工加班工资问题。由于大多数企业都是实行计时、计件工资，企业主往往以计件工资为由，不执行劳动法规定的标准支付加班加点工资。五是企业有意规避特殊情况下支付工资问题。实际调查中发现，在因企业原因停工时期，在医疗期内的病假时期，女工产假等时期，都以计件工资为依据，以"不干活当然没有工资"为理由而拒付工资。

四、提高劳动报酬在初次分配中比重的建议

第一，明确工会在集体谈判中的地位和权利。我国至今尚未形成真正意义上的集体谈判机制，其主要原因在于劳方与资方在集体谈判中的地位不平等。建议在即将出台的《工资支付条例》中，增加实行工资集体协商的相关内容，明确政府的主导作用，明确工会与企业在集体协商中的平等地位，明确工会具有组织谈判的权利，明确劳动关系三方各自的法律责任。同时，要增强推行集体谈判制度的强制性，在推行这项制度难度较大的企业特别是小企业集聚地，可由上级工会或地区、行业工会向企业代表组织提出协商要约，对无正当理由拒绝工会要约的企业，可提请劳动监察部门予以行政干预。

第二，加强劳动定额的制定和管理工作。劳动定额是企业获取利润、职工获得工资的依据，是研究劳动关系问题的基础。为扭转企业劳动定额缺乏监管的现状，建议成立由政府牵头的全国性的劳动定额标准化技术委员，统筹协调劳动定额标准的制定与管理工作。同时，赋予行业协会制定行业劳动定额标准的职责，并在工作经费和人员编制上提供必要支持，确保其工作正常运转。行业协会制定的劳动定额标准应具有法定约束力，实行计件工资的企业应根据行业劳动定额标准核定计件工资单价，企业自定标准不得高于行业劳动定额标准，劳动监察部门应将行业协会发布的劳动定额标准作为执法检查的依据，以遏制利润侵蚀工资，侵害劳动者合法权益的行为。

第三，加强政府对收入分配的宏观调控。收入分配不公，不仅是一个经济问题，而且反映的是社会与政治问题；这一问题不仅成为掣肘我国扩大内需的瓶颈，也成为导致近年来劳动争议频发的重要原因。因此，必须强化政府对收入分配的宏观调控，充分发挥政府配置资源"公平"之职责。要通过深化政府管理体制和财税体制改革，完善社会保障、公共服务、转移支付等制度体系，切实扭转财政收入剧增、资本所得畸高、劳动所得下降的趋势；要通过税收再分配限制过高收入者，补贴低收入和弱势群体阶层，增加过低收入者收入；要通过规范国有企业特别是行政垄断行业的利润分配，将国有资本红利用来补充社会保险资金或作为再分配基金用于扩大居民消费；要通过发挥工资指导线、劳动力市场价位、行业人工成本信息对工资水平的引导

作用，以正确引导各类工资价位的合理形成。

第四，加强收入分配问题的立法和执法监督。在深入贯彻实施《工会法》《劳动法》《劳动合同法》等现行劳动法律的基础上，推动《工资支付条例》尽早出台，争取将《集体合同条例》纳入"十二五"立法规划，以促进我国形成完善的劳动法律体系。要进一步推行各级人大、政协开展执法检查、巡视等有效作法，调动全社会力量，综合治理初次分配中要素价格混乱、利润侵蚀工资等突出问题，营造知法、守法、依法办事的社会氛围，为建立公正合理的收入分配制度提供法制保障。要加强劳动监察队伍建设，加大对侵权违法案件的查处力度，以推行集体合同"彩虹计划"为契机，推动企业建立起完善的工资共决机制、正常增长机制和支付保障机制。

参考文献

[1] 罗天虎，丁宁. 劳动关系模式对集体谈判立法的影响 [J]. 生产力研究，2007 (5)：55–57.

[2] 徐小洪. 计件工资问题与集体协商技术性对策 [J]. 北京市工会干部学院学报，2008 (1).

员工参与与工资决定

——基于企业工资集体协商的实证分析[*]

<h1 style="text-align:center">一、引　　言</h1>

工资集体协商，是工会作为工人代表依法与企业就工资问题进行谈判，最终实现"劳资两利、合作共赢"的一项制度。工资集体协商所涉及的最主要的问题就是劳动者工资的决定。由于企业所有者或经营者拥有决定工资分配的权利，从劳动的雇佣与被雇佣角度讲，企业单独决定工资是合乎产权所有制要求的。然而从企业制度及治理机制、企业劳动关系演变的角度看，这种工资决定机制是不符合现代企业制度的要求，不符合现代企业民主管理的要求，因为它容易导致劳动者利益受损或劳动争议的发生，不利于和谐劳动关系的构建。正因为此，工资集体协商作为工资决定的机制成为当前发达国家企业工资决定的普遍形式。

工资集体协商作为一种制度安排，产生于西方工业化发展的初期，随着工人维权意识及抗争意识的觉醒，以及工会力量的壮大，在此起彼伏的罢工浪潮冲击下，由雇主单方面决定工资的局面逐步转化为由雇主与工会或工人代表双方共同协商确定。这一事实反映到经济学的研究上，一批学者对此进行了开创性的研究。英国经济学家西德尼·詹姆斯·韦伯贡献十分突出。1897 年，韦伯在《工业民主》一书中，首次提出工资集体谈判的概念。英国著名经济学家阿瑟·庇古、约翰·希克斯、张伯伦等做了进一步研究。特别是张伯伦和库恩，他们结合工人运动及工业民主的发展进程，结合政府和市

　　* 该文刊载于《科学决策》2010 年第 9 期；人大复印资料《劳动经济与劳动关系》2011 年第 2 期全文转载；文章有删节。

场的作用，对集体谈判的意义、形成的条件以及担负的功能做了深入分析。张伯伦和库恩指出，集体谈判的过程实际上就是完成三个功能的过程：市场或经济功能、政府作用以及决策功能。这三个功能并不是互相排斥的，现在大多数集体谈判都包含了这三种功能。但集体谈判在多大程度上能够体现后两个功能，取决于雇员及其工会参与决策的愿望，取决于他们拥有的能够迫使雇主接受那些影响其管理权力协定的力量大小，以及管理方在多大程度上愿意接受这些要求。张伯伦和库恩的这一研究，即使今天看来，对建立健全工资集体协商制度，完善企业收入分配，构建和谐劳动关系，仍具有重要的意义。

我国于2000年发布了《工资集体协商试行办法》，明确要求各个企业要依法开展工资集体协商。从近10年的实践看，企业在开展工资集体协商方面取得一定的成绩，但工资集体协商机制还不健全，许多方面仍做得很不够，以至于完善的企业分配制度尚未建立起来。为此，国内许多学者从理论上作了深入探讨。李芸（2004）认为，目前我国工会仍带有强烈的计划体制色彩，缺乏独立性、职能弱化，这是集体谈判难以开展的主要原因。姚红（2004）从工资分配制度出发，认为工资集体协商约定的工资分配制度、工资分配形式及工资标准是国家劳动报酬和标准立法在本企业中的反映。协议约定的劳动报酬标准不能低于国家规定和当地政府规定的标准，否则该条款自动无效。而目前我国的劳动标准立法远不能满足工资集体协议内容的客观需要，使企业在订立工资协议时无客观的参考依据。孙慧敏（2001）从信息不对称角度，提出由于雇主对本企业经营和财务状况了如指掌，因而在法律责任上对集团协议的签订、实施和兑现有充分的把握。因而我国现推行的企业一级的集体协商，对雇主是有利的。文魁、谭浩（2006）根据集体合同的形式，认为集体合同内容与企业、与职工的实际需求结合得不紧密。与我国的政治经济体制相关，中国的集体合同工作是自上而下推行的，优势是推行的力度大，进展快，不足是容易脱离企业实际，流于形式。常兴华（2009）进一步从制度安排上分析，认为当前企业工资决定机制不合理，一方面是经营者工资决定主体缺失；另一方面是职工工资决定主体失衡。相当多的企业经营者说了算。集体协商机制所起的作用不大，在制度安排上还存在不少问题。

总体看来，学者们从不同角度对我国企业集体协商中的一些重要理论与实践问题进行了深入探讨。笔者认为，一些涉及更深层次的问题，如工资集体协商和企业民主之间的关系的研究还不够，毕竟工资集体协商是企业民主的一种重要形式。本文力图通过对企业的调研数据，从企业民主与工资集体协商这一新的研究视角出发，以阐释现阶段影响企业集体协商的若干因素，以及集体协商对企业工资决定的影响。

二、企业工资集体协商对工资决定的影响

本文运用对应分析研究企业开展工资集体协商对职工工资决定的影响。关于对应分析，又称 R－Q 型因子分析[①]，它是一种多元统计方法，主要用于分析二维数据阵中行变量和列变量之间的关系。一般的交叉表检验很难清晰地表达二维表两个变量的本质关系，而对应分析则不仅使行因素间、列因素间关系得以展现，也使对行、列因素间相互关系的分析成为可能。本文选取的行、列因素等数据，来源于 2008 年上半年笔者在湖北武汉、宜昌、十堰、荆门、荆州、黄石、孝感、仙桃等 8 个地市，对 8 大行业、100 家企业、2000 名职工就工资分配中的现状所进行的问卷调研。调研内容涉及两大块，即企业开展工资集体协商的情况，以及企业发展与职工工资增长、涨工资的次数、劳动付出与收入增长以及满意情况、企业实行计件工资的合理情况、与最低工资标准相比企业职工实际所得情况、职工加班时间以及加班工资标准支付、企业内部收入差距的情况等。对上述调研数据，采用统计软件对工资集体协商与其他相关问题进行对应分析[②]。分析如下：一是开展工资集体协商与企业发展与职工工资增长的影响。分析可知，开展了工资集体协商的职工，认为自己工资增长符合或基本符合企业的发展；而没有进行和不知道是否进行工资集体协商的职工则都认为自己的工资增长与企业发展不相符。特别是没有进行工资集体协商的职工对此反映更为强烈。二是开展工资集体协商与涨工资次数的分析。数据显示，开展了工资集体协商的职工，在一定时期内，涨工资次数都接近 3 次；不知道是否开展了工资集体协商的职工，涨工资次数为 1~2 次，其中涨过 1 次工资的程度更高一些；没有开展工资协商的职工反映没有涨过工资。三是开展工资集体协商与劳动付出、收入增长及满意度的分析。分析可知，开展了工资协商的职工，普遍对自己劳动付出与收入增长感到满意或较满意，不知道是否进行工资协商和没有进行工资协商的职工都不满意。特别没有进行工资协商的职工对此反映更为强烈。四是开展工资集体协商与合理实行计件工资的情况。分析可知，开展了工资集体

---

① 对应分析（correspondence analysis）也称关联分析、R－Q 型因子分析，是法国数学家贝内泽（Benz ceri）于 20 世纪 70 年代提出的，它给出了 R 型因子分析和 Q 型因子分析的对偶关系，使得变量点和样品点可投影于同一因子空间，且样品点的类型能方便地被临近的变量点来解释。它是近年新发展起来的一种多元相依变量统计分析技术。

② 湖北省总工会项目"关于湖北省企业职工收入分配状况的调查"。

协商的职工普遍认为计件工资基本合理，没有进行工资集体协商和不知道是否开展工资集体协商的职工则反映计件工资不合理。五是开展工资集体协商与和最低工资标准相比企业职工实际所得的影响分析。分析可知，无论职工是否开展了工资集体协商，其工资水平都高于最低工资标准，这可能得益于近几年我国加大对低收入群体的保护，以及随着经济的发展职工人均工资水平也得到普遍提高的缘故。其中明确开展工资集体协商的职工，工资水平大大高于最低工资标准，没有进行工资集体协商的职工，工资水平则略高于最低工资标准，不知道是否进行了工资集体协商的职工，工资水平则介于略高于和高于最低工资水平之间。六是开展工资集体协商与职工加班时间以及加班工资标准支付的影响分析。数据显示，进行工资集体协商的职工，加班在2小时以内和2~4小时的程度相当；没有进行工资集体协商的职工，加班时间更倾向于2小时以内；不知道是否进行工资集体协商的职工的加班时间则更倾向于2~4小时。进一步地，当职工进行工资集体协商时，其加班工资多为采用按法定标准或计件标准支付，其中按法定标准支付加班工资的程度更高；没有进行工资集体协商的职工，加班工资的支付则没有一定标准，多为企业自主行为。七是开展工资集体协商与企业内部收入差距的大小的影响分析。数据显示，当职工知道开展了工资集体协商情况下，其收入差距最小，倾向于1倍左右；当职工不知道是否开展了工资集体协商的时候，收入差距则倾向于2~3倍或3~4倍；当职工明确知道没有开展工资集体协商时，其收入差距不太确定，有倾向于更高的可能，或达5倍以上。

上述对应分析将变量和样品结合，通过共同的特征根，得到共同的公因子。由因子载荷在同一二维平面中表达出变量与样品间的关系，结果直观，便于分析。本文通过对应分析研究了企业开展工资集体协商对职工工资决定的影响，结论是：开展了工资集体协商的企业，将对企业发展与职工工资增长、涨工资的次数、劳动付出与收入增长以及满意度的提高、企业合理实行计件工资、与最低工资标准相比企业职工实际所得的提高、职工加班工资标准的支付、企业内部收入差距的缩小等带来重要影响；而开展了工资集体协商但多数职工并不知情，或没有开展工资集体协商的企业，这种影响将大打折扣，且出现的问题也较多。

三、我国企业工资集体协商中的问题

上述分析表明，随着企业工资集体协商工作力度的加大，企业集体协商制度正在形成。工资的增长可以由企业方和职工方协商决定，集体协商的积极作用日渐凸显。不过，尽管如此，这项工作开展基本还处于起步阶段。从湖北省企业集体协商开展情况来看，有43.2%的职工回答近几年开展过工资集体协商，但仍有56.8%的职工回答没有开展过集体协商，或不知道企业有无开展。而在已开展工资集体协商的企业中，国有成分占有较大比重的行业集体协商开展得相对较好，如交通运输、仓储和邮政业（68.5%）以及电力、燃气及水的生产和供应业（60.0%）等；但在一些劳动密集型的行业，特别是民营中小企业，工资集体协商工作进行得较为缓慢，如采掘业（39.3%）、制造业（43.3%）、建筑业（39.7%）、农林牧渔业（38.0%）等，且许多职工对这一制度缺乏印象。

值得注意的是，即使一些企业开展了工资集体协商，其中的问题仍不少，工资仍不完全由集体协商决定。首先，一些企业民主意识不强，工资集体协商往往流于形式，协商作用不大。比如，企业召开职代会，其模式都是由企业管理层拿出生产计划以及相应的分配方案，提交给职工代表大会，并要求职代会批准。其实，职代会批不批准都只是一种形式。因为在方案制定时就没有听取职工或工会意见，基本都是企业管理方直接提出，职工只有接受所提方案的义务，没有讨价还价的权利。对此，许多职工认为，这样的协商不是建立在企业民主基础之上。针对工资集体协商对工资增长的作用，调查显示，认为工资集体协商对职工工资增长有很大作用的占23.4%、认为有一些作用的占44.7%、没有作用的占15.4%、不知道的占16.5%，表明多数职工（76.6%）对企业工资集体协商的作用不予肯定。

其次，在一些企业职工话语权往往被剥夺，工会也无法履行企业民主管理所赋予的权利，参与主体缺失，有关工资方面的决策通常由高层几个人制定。针对工会在集体协商中的作用，调查显示，认为工会作用很大的说法占15.8%、有一定作用的占49.5%、没有作用的占30.9%、不知道的占3.9%，即不予肯定的说法占84.2%。这表明工会所赢得的信任度不高，其代表性不强。最能说明协商中"参与主体缺失"的是在初次分配中劳动定额的确定上。劳动定额是计算工人劳动量的标准，也是企业实施工资分配、职工获得劳动收入的重要依据。劳动定额由谁确定以及如何确定，关系到职工的切身利益。调查显示，在劳动定额的确定中，由职代会确定的占30.9%、由企业自定的占33.2%、参照行业标准确定的占29.4%、不知道的占6.5%。这就是说，大多数企业（69.1%）的劳动定额都是由企业单方确定，而不是协商确定。进一步的调查显示，企业在自行确定劳动定额的过程中，为获取最大利润，往往在压缩人工成本、压低计件单价上做文章，其方法就是采用成本倒置。这样，在计件单价偏低的情况下，劳动者只有拼命干活，超时劳动，通过加班加点才能拿到报酬或使工资有所增长。上述问题具有普遍性，不论是国有企业还是私营企业，劳动定额均是工人反映最突出的问题之一。然而由于劳动定额的确定基本被企业方控制了，工人缺乏话语权，个人或工会都无法对这个问题予以制衡，在劳动定额问题上，很难开展真正平等意义上的协商。

最后，一些企业协商过程中，当涉及职工相关利益时，不是采取积极的态度，而是消极规避，甚至肆意违法违规，以至于职工权益得不到保障。这种情况在私营企业最为突出。表现为，一是企业有意规避最低工资标准，他们以"用人单位支付劳动者的工资不得低于当地最低工资标准"的规定为由，以最低工资标准作为工资标准来支付。特别是当企业经济效益下降或资金周转困难时，更是有意规避最低工资标准。二是企业有意规避职工加班工资问题。由于大多数企业都是实行计件工资，企业主往往以计件工资为由，不执行劳动法规定的标准支付加班加点工资。三是企业有意规避特殊情况下支付工资问题。表现在因企业原因停工时期、在医疗期内的病假时期、女工产假等时期，都以计件工资为依据，以"不干活就没有工资"为理由而拒付。四是企业有意拖欠职工工资。五是企业有意模糊劳动报酬概念，将企业应缴纳的社会保险费用和有关福利计入工资中，如果扣除这一部分，许多职工的实际工资达不到最低工资标准。

四、员工参与与工资集体协商相关问题分析

工资集体协商的本质就是平等协商，而要履行平等协商，就必须在民主和员工参与下进行，也就是说，工资集体协商是在企业民主的框架下进行的，只有实现企业民主，才能实现平等协商。企业民主是保证集体协商机制有效运行的关键。

所谓企业民主，在西方文献中叫工业民主，是指在工作场所员工通过一定的组织和程序参与和影响决策，共享权力和责任的自我管理。如何判别工业民主，由于工业民主主要表现为工人参与，所以工业民主的标准是以工人参与的标准来确定的。根据国外一些学者的解释，判断工业民主的标准有三个：工人对决策的影响程度、决策的范围、参与工人的比例。从西方关于工业民主和员工参与的研究来看，不少文献是从管理效率的角度进行的。20世纪80年代在西方兴起的利益相关者和共同治理理论，从人权的角度论述工业

民主和员工参与，该理论认为企业是所有利益相关者——股东、管理者、员工、债权人、供应商的企业。企业各利益相关者以自身所拥有的专有性资产：物质资本或人力资本投入企业，承担企业风险，彼此形成一个利益共同体，都有获得企业控制权的权利。企业作为各利益相关者之间的一组契约，应保证契约各方在获利的机会上是平等的，不存在某一方优于另一方。因此，企业的目标不应局限于股东利益最大化；股东单边治理应向共同治理转变。企业应提高员工参与程度，比如在董事会中设立员工代表、员工持股、利润分享、员工养老基金等。利益相关者理论，一方面是将政治民主中"权利、公平、参与"等理念通过企业民主管理体现出来，即企业员工享有参与企业管理的权利，对企业中的各种事务有发表意见和建议的自由，并可根据需要选择自己的代表参与企业的决策。另一方面要求企业在经营中不仅要重视股东的利益，而且要重视并增进其他利益相关者的权益；企业的治理不仅要强调股东对经理的监控，还要关注员工、债权人等利益相关者对企业管理与决策的实际参与。特别是员工，这是在所有利益相关者中除股东以外最重要的利益相关者。他们的工作状况、收入水平、生活质量甚至养老都与企业的生存和发展息息相关，他们的利益受企业影响最大，同时其行为对企业的影响也最大。现代企业的成功在很大程度上要靠经营者和广大企业员工的工作积极性与创新能力，若没有广大员工的忠诚支持、协力合作，企业就不可能取得最大的市场价值。显然，利益相关者理论是共同治理的基础，它使员工参与成为公司法人治理结构中的法定权利；同时，利益相关者关系也是企业社会责任的重要体现，它即体现了企业在构建企业内各个利益主体之间的和谐所要承担的责任，也体现了企业在外部要承担起与社会各利益相关者之间的和谐义务。

工业民主的形式有多种，工资集体谈判只是其中一种重要形式。目前，经过多年的实践，工资集体谈判已成为员工参与的重要形式，也成为企业处理好劳资关系，处理好企业与股东、员工关系，保护劳工权利、保护弱势群体的一项重要的企业社会责任。从西方工资集体谈判的进程看，推进集体谈判的主要途径之一是通过工会组织的不断努力以及工业民主和员工参与的理论研究及其传播。实践中，西方国家的工业民主和员工参与常常是在政府和国际组织基于保护人权的口号下不断推动的。国际劳工组织（ILO）和欧洲改善工作和生活条件基金会，以及其他劳工组织还为此做了多项研究，也提出了一些理论及国际准则。1998 年，国际劳工大会通过的《关于工作中基本原则和权利宣言》明确地规定在经济全球化的背景下，要保障劳动者四个方面的权利，即：结社自由并有效承认集体谈判权利；消除一切形式的强迫劳动；有效废除童工；消除就业歧视。

中国企业民主制度的建立与西方工业民主制度的建立不同，它是伴随着社会主义制度的建立而推动起来的。经过几十年，特别是近十几年来的建设，我国企业民主有了较快的发展。不仅国有企业包括国有控股企业的民主管理制度有了进一步的发展，而且一些大型外资企业以及一些大中型民营企业的民主制度也有了一定的发展。从这些企业的民主制度建设及员工参与形式来看，目前国有企业民主管理组织较为完整，企业民主管理形式也较多，不但有工会、职代会，还有厂务公开、职工董事和监事、民主议事等；外资企业也都组建了工会，外资企业员工参与的形式也较多，包括畅通的内部沟通及向上司提意见、合理化建议、基层评议等；大型民营企业也仿效公有制企业建立了工会组织，实施了民主评议、企务公开、民主议事等。当然，总的来看，民营企业职工民主参与制度建立还较落后，尤其是大量的中小型外资企业和民营企业，有的甚至连工会都还没有建立起来。

从我国企业民主管理的内容、直接目的、程序、方法等方面来看，我们所说的民主管理与西方国家的工人参与管理并没有实质性区别，其机制和规则是相同的。中国企业民主管理的表现形式就是民主参与，参与是其核心概念。不过，中国企业民主与职工参与的现状并不令人满意。首先，员工参与层次低。从企业发展状况看，目前一些企业正处于所有权分离与公司单边治理阶段，而大量的中小民营企业还处在资本与股东至上，甚至还停留在原始资本积累时期，这种状况与利益相关者理论所阐释的企业民主有较大的差距，不能体现利益相关者的关系和企业的社会责任，且企业民主功能不能得到有效发挥。据谢玉华（2009）的调查，目前企业员工参与的主要形式是"向上司反映工作意见和建议""合理化建议""职代会工会"，而涉及"工资集体谈判""职工进入董事会、监事会""企务公开""员工持股"等的参与形式却很少。这就是说，中国企业民主和员工参与的功能的发挥主要体现在沟通企业和职工关系、维持职工福利、主持职工文化生活、审议（形式上）企业决策（在国有企业）等职能上；而对于集体合同、工资集体协商等涉及维护职工权益方面的参与时，企业民主功能的发挥明显不足。这表明，与制度和组织形式的建设相比，中国企业民主和员工参与的功能及运行效果还有较大距离。为什么对于诸如"职代会工会""合理化建议"等参与形式，不仅国有企业，甚至外资企业、民营企业都愿意采用，并表现出企业民主的一面，而对于"工资集体协商"却采取消极规避，不希望员工参与，甚至表现出企业威权的一面呢？究其原因，主要是因为"职代会工会"可以起到沟通协调、表达集体温暖、活跃气氛凝聚人心从而提高生产效率的作用；而"工资集体协商"却涉及企业和员工双方利益的分配，涉及企业主利润最大化的问题。在企业以利润为中心的情况下，资本报酬多，劳动报酬就少，或反过来，员工所得多，企业主所得就少，这对于企业发展还处于资本原始积累时期，或处于资本与股东至上阶段，甚至已处于所有权分离与公司单边治理阶段的企业来说都是不愿接受的。在影响到企业主利润最大化的背景下，企业主必将牢牢掌握生产与分配的决策权，并不希望员工参与，更不希望员工力量过于强大从而在集体协商中与其平起平坐，以至于让员工在初次分配中享有更大比例的利润份额。

其次，在集体协商中，参与主体表现缺失。一是员工这一参与主体缺失。资料显示，截至 2008 年 12 月底，全国企事业单位签订的集体合同约 110.7 万份，覆盖企业 190.8 万个，覆盖职工 14953.5 万人，占全国企业职工的 60.2%。而全国签订工资专项集体合同 41.7 万份，覆盖企业 77.5 万个，覆盖职工 5110.1 万人。工资专项集体合同中区域性工资专项集体合同 2.9 万份，覆盖企业 37.9 万个，覆盖职工 1200.7 万人；行业性工资专项集体合同 8419 份，覆盖企业 6.4 万个，覆盖职工 390.0 万人。上述数据表明，我国签有集体合同特别是工资专项集体合同的企业还不多，覆盖职工面也不广，而且即使一些企业签有工资专项集体合同，但在"强资本、弱劳动"的情况下，这些合同基本上是一纸空文，根本不能成为规范约束双方行为的法律性文本，亦不能成为员工取得集体谈判权并参与工资集体协商的有效的法律依据。这实际上意味着员工无法行使参与权。需要注意的是，即使有参与权，员工也不敢行使。这是因为在当前劳动力市场供大于求、劳动力市场竞争激烈的背景下，多数员工怕丢掉饭碗，只想保住岗位，许多涉及自身利益的问题，都听任企业说了算。即使有员工提出增加工资、改善福利等的要求，只要企业支付给工人的工资符合市场一般水平且不违背《劳动法》及相关法律政策，员工基本都会认同劳资分配的状况，工人维权意识明显不足。二是在集体协商参与过程中，工会的作用有限，代表性不足。根据各市场经济国家工业民主与员工参与、以及工资决定的经验可知，工资集体谈判是工会发展的产物。当工人权益受到侵害，或工资趋于下降时，工人只能组织起来，通过工会代表自己的更高利益与雇主和雇主集团进行谈判。工会作为工人的代表，在民主的框架下，在与资方谈判的过程中能够发挥重要的作用。就当前我国工会的作用来看，随着中国非公有制经济的发展和国有企业的改革，新的劳动关系的建立，中国工会在保护工人利益和实现民主上的功能逐渐有了显现。有研究者提出，国有企业改制过程中，职代会就起了重要作用，工人们运用它对改制过程中工人利益的损失（如下岗、福利丧失、工作条件恶化、走向贫困）和权利被侵犯（如不经工人同意企业被出售、兼并，国有资产流入管理者和私企老板手中）提出抗争，表达了工人参与他们生存决策的强烈要求。还有的研究者发现，工会在当前中国私营企业劳资关系治理中有一定的绩效，体现在建立工会对于提高工人的劳动报酬有一定的影响，如工会工人的教育收益率在不同教育水平上都要大于非工会工人；再如工会工人的年功工资从工龄上可以得到反映，而非工会工人的年功工资在工龄上体现不出来。然而，上述反映工会功能得到发挥的例子都只是个案。总的来说，目前我国工会的作用、特别是在工资集体协商中所发挥的作用还很有限。作为职工的代表，其参与的作用及效果亦难以为多数工人所认同，工人对工会信任度较低。为什么我国企业工会在工资集体协商中的作用不被认可？从工会制度建设来看，国有企业工会制度改革滞后，工会的代表性与独立性缺失。所谓工会的代表性，主要解决的是工会在集体谈判中的地位问题；工会的独立性，主要解决的是工会与企业管理方和政府之间的关系问题。保护工会的代表性和独立性是集体谈判立法中的重要内容。但我国国有企业工会都是在政府干预下组建的，工会的合法性并不完全来自于劳动者的认可与授权，而且工会又是企业的一个组成部门，这使得工会除了要考虑劳动者的利益以外，还要考虑企业的利益，以及贯彻执行政府的政策，这就削弱了工会对劳动者利益的代表性与独立性，工会不能真正代表职工与企业主平等协商。对于外资企业的工会建设，一些外资投资商担心组建工会会形成企业内的对抗势力，而地方政府基于"招商引资"的考虑也不太积极推动外企组建工会，这使得在外商投资企业，工会组织发展很缓慢。而在私营企业，或者根本就没有建立起工会组织，或者雇主也积极参加工会，出现非公企业的"雇主工会"现象。这就违背了集体谈判制度的原则。从工会的作用发挥来看，由于我国尚未形成市场化的集体劳动关系，现有劳动关系的法律调整也只是个别劳动关系的调整。虽然劳动法律规定了企业工资决定应采取集体协商的方式，但在劳资力量悬殊的情况下，劳资平等协商不过是理想主义的假设。因此，目前企业工会在协调劳资关系时，仅仅限于协调劳动者个人与企业的个别劳动争议，以及象征性地签订集体劳动合同，而不能真正代表职工与企业主平等协商，也不能代表职工参与收入分配政策、工资水平和各项福利待遇等的制定。

五、结论与建议

本文认为，由于企业追求利润最大化，员工要求工资福利最大化，企业和员工利益指向上的差异必然导致企业劳资关系存在着较大的"利益分歧",而在企业民主管理还较落后的背景下,一些学者仅从工资分配制度本身,或从信息不对称角度,或从集体合同的表面形式来解释我国工资集体协商机制的不健全,而没有考虑员工的参与及其程度,显然是不够的。本文结论是,尽管在政府推动下我国一些企业特别是国有企业工资集体协商工作已开展起来,并产生了一定的积极效应,但由于多数企业员工参与不够,真正平等意义上的工资集体协商制度还没有形成,因此,目前企业工资并非是由企业与员工双方平等协商共同决定的。

本文建议:

第一,应大力加强企业民主建设,通过广泛宣传,让企业充分认识到,股东和员工双方都是最重要的利益相关者。企业需要股东和员工共同来建设,股东和员工要共享企业发展带来的利益,这是维系和谐劳资关系基础。只有关注员工的需求和切身利益,让员工分享企业成长和发展带来的收益,培养员工的归属感和凝聚力,形成责任共担、利益共享的利益共同体,才能实现劳资合作和劳资两利,实现企业长远发展。

第二,政府应加快修改《劳动法》,制定《集体合同法》和《工资共决支付条例》,把建立集体协商集体合同制度、工资的协商和支付,由选择性的规定变为强制性的规定,对工资集体协商的推进给予强有力的法律支持。

第三,各级地方政府应通过协调各方力量积极推进开展工资集体协商。这里重点是要加强工会组织的建设,要改善因与企业地位不平等、力量不均衡而导致工资协商泛泛而谈、空洞无实的问题,提高集体协商的实效性。同时,应鼓励工人积极加入工会,鼓励和引导工人积极参与劳动法律制度、工资集体协商等相关制度的建设。通过发挥各级劳动关系三方协调的作用,共同营造良好的氛围和社会环境,以促进企业职工工资决定机制的形成。

参考文献

[1] Chamberlain N, Kuhn J. Collective Bargaining [M]. New York: McGraw – Hill, 1965.

[2] 李芸. 西方集体谈判制度与我国工会维权职能 [J]. 世界经济与政治论坛, 2004 (6): 91 – 92.

[3] 姚红. 工资集体协商存在的问题与对策 [J]. 工会论坛, 2004 (3): 19 – 21.

[4] 孙慧敏. 我国工资集体协商的社会条件及政府的适度介入 [J]. 天津师范大学学报 (社会科学版), 2001 (6): 24 – 27.

[5] 文魁, 谭浩. 我国集体协商制度存在的问题及对策建议 [J]. 湖南社会科学,

2006（1）：1 – 3.

[6] 宏观经济研究院社会所课题组. 完善收入分配机制的政策建议 [J]. 宏观经济管理，2009（4）：24 – 26.

[7] Davis M，Lansbury R D. Democracy and Control in the Workplace [M]. Melbourne：Longman Cheshire，1986.

[8] Freeman R E. Strategic Management：A Stakeholder Approach [M]. Pitman Publishing Inc.，1984.

[9] Blair M M. Corporate Ownership [J]. The Brookings Review，1995，13（1）.

[10] 布莱尔. 所有权与控制：面向 21 世纪的公司治理探索 [M]. 北京：中国社会科学出版社，1999.

[11] 谢玉华，何包钢. 工业民主和员工参与：一个永恒的话题——中国工业民主和员工参与研究述评 [J]. 社会主义研究，2008（3）：86 – 93.

[12] 程延园. 对企业民主管理立法的几点思考 [J]. 北京市工会干部学院学报，2006（9）：14 – 16.

[13] 谢玉华. 中国工业民主和员工参与制度及功能：国企民企外企的比较——来自湖南的调查 [J]. 经济社会体制比较，2009（1）：129 – 135.

[14] 2008 年工会组织和工会工作发展状况统计公报 [EB/OL]. 中国工会统计调查网，2009 – 07 – 22.

[15] Feng Chen. Industrial Restructuring and Workers' Resistance in China [J]. Modern China，2003，29（2）：237 – 262.

[16] 胡建国，刘金伟. 私营企业劳资关系治理中的工会绩效 [J]. 中国劳动关系学院学报，2006（6）：17 – 20.

[17] 罗天虎，丁宁. 劳动关系模式对集体谈判立法的影响 [J]. 生产力研究，2007（5）：55 – 57.

[18] 佟新. 论外资企业的工会建设——兼论工会建设的合法性问题 [J]. 学习与实践，2006（10）：83 – 90.

[19] 冯同庆，石秀印. 工会基层直接选举调查及其思考 [J]. 工会理论研究，2005（4）：27 – 28.

[20] 程延园. "劳动三权"：构筑现代劳动法律的基础 [J]. 中国人民大学学报，2005（2）：101 – 107.

关于企业劳动定额与职工
工资决定的调查与思考[*]

一、当前企业劳动定额中存在的问题

　　劳动定额是指在一定的生产和技术条件下，生产单位产品或完成一定工作量应该消耗的劳动量标准。劳动定额是计件工资制中的主要要素之一，计件工资制中的另一个要素是计件单价，它是根据与工作物等级相应的等级工资标准和劳动定额计算出来的，计件单价是否合理，主要取决于工作物等级和劳动定额是否正确。劳动定额是用以衡量劳动效率的重要指标，它既是企业进行成本核算的依据之一，又是初次分配中企业职工获得劳动报酬的主要依据。可见，劳动定额是否科学合理，直接关系到劳动者工资水平的高低。

　　关于企业劳动定额与工资决定的关系问题，2008 年 4 ~ 6 月，笔者针对湖北省企业职工收入分配状况进行专题调研时发现，① 相当多的企业在制定劳动定额时并非科学合理，劳动定额过高，计件单价过低，产生的问题很多，以致使企业职工实际所得偏低。

　　首先，目前我国大多数企业一线职工工资结构多为计件工资，并且计件工资的主要要素——劳动定额与计件单价的确定多由企业自定。企业从利润最大化出发，制定的劳动定额使许多职工在 8 小时内根本完不成生产任务，而职工为完成定额任务，不得不加班加点，以期获得最大的工资收入。我们

---

　　* 该文刊载于《中国劳动关系学院学报》2010 年第 1 期，课题来源于湖北省总工会项目和武汉市社会科学基金项目。

　　① 2008 年 1 ~ 10 月，笔者对武汉、宜昌、十堰、荆门、荆州、黄石、孝感、仙桃等 8 个地市的 100 家企业、2000 名职工进行随机调研。数据均来自实地抽样调查，并根据统计软件计算得出。

的调查证实了这一点。问卷显示，对于一线职工劳动定额与加班加点问题，有38.8%的回答没有加班，有32.0%的回答需要加班2小时，有24.4%的回答需要加班2~4小时，有4.8%的回答需要加班4小时以上。也就是说，超过半数以上的一线职工（61.2%）需要加班才能完成劳动定额。其次，对于职工加班，企业按什么标准支付加班工资的问题，从了解的情况看，多数企业并未按劳动法规定的支付标准执行。调查显示，按法定标准支付工资的占42.2%，按计件标准支付的占24.2%，没有标准的占22.4%，不知道的占11.2%。这表明，有加班加点工资的只有42.2%，而超过57.8%的或者是没有加班加点工资，或者是不知道按什么标准支付工资，可能是按照每小时加班加点支付一定数额钱（如每小时1元或5元等不等的数额）作为加班加点工资。实地调查中，多数企业也都以计件工资为由，不执行劳动法规定的标准支付加班加点工资，不论做多少件，计件单价几乎总是不变，几乎没有一个企业是计件单价乘以150%、200%或300%来予以支付的。

另外，企业进行劳动定额测算时，往往与最低工资标准相比，以劳动法规定的日工资标准作参照，在扣除加班加点工资以及有关津贴后，大多数企业职工的工资所得或者低于最低工资标准或者只是稍高于最低工资标准，即企业是以最低工资标准作为支付标准。调查发现，月工资收入减去加班加点工资，以及高温、低温、井下、有毒有害等特殊工作环境和条件下的津贴及法律、法规和国家规定的福利待遇之后，与当地最低工资相比，低于当地最低工资标准的占13.6%，略高于当地最低工资标准（100元以下）的占27.6%，高于当地最低工资标准（100~200元）的占32.0%，大大高于当地最低工资标准的占26.7%。根据上述数据，测算得出，2007年，低于最低工资的职工，实际所得为852元；略高于最低工资的，实际所得为1035元；高于最低工资的，实际所得为1220元；大大高于最低工资的，实际所得为1605元。需要指出的是，尽管上述实际所得比2007年湖北省一类地区最低工资标准（580元）高出许多，但多数企业的劳动定额是按26天或者28天、甚至30天计算日工资的。如果工人现行的月工资按劳动法规定以20.83天来计算，扣除加班加点工资，算回去，那么相当部分是达不到最低工资标准的。

二、企业初次分配中劳动定额与职工工资决定分析

在市场经济条件下，企业是初次分配中劳动报酬决定的主要力量。企业按照劳动者提供劳动的数量和质量，以货币形式支付给劳动者劳动报酬。其

中，劳动定额是计算工人劳动量的标准，同时也是企业实施工资分配、职工获得劳动收入的重要依据。然而，上述调查显示，当前，我国企业劳动定额中的问题较突出，特别是非公有制企业，劳动定额制定过高、强迫职工超时劳动、加班不按标准支付加班费、变相压低职工工资收入等工资分配不合理现象比较普遍。究其原因，主要有以下两点。

第一，由于我国劳动定额处于无人管的状态，以至于在劳动定额的制定上，企业可以随心所欲调整，这就给企业违规、最大限度地攫取利润提供了机会。调查显示，在劳动定额的确定中，由企业自定的占33.2%，由职代会确定的占30.9%，参照行业标准确定的占29.4%，不知道的占6.5%。需要说明的是，随着改革的不断深入，特别是20世纪90年代以来，一些行业主管部门之间的合并及转变，劳动定额不再由行业主管部门来制定，而是由企业根据各自实际自行制定。也就是说，目前国家没有统一的劳动定额标准，参照行业标准的说法实际上是参照行业内其他企业。由此，大多数企业（69.1%）的劳动定额都是企业单方自定的。

另据实地调查，企业确定劳动定额的具体方法主要依据三个方面：同行业定额、本企业历史定额、进行现场工人测算。现场工人测算就是任意抽取同一岗位的几名操作工进行测算，然后取他们的平均值，以确定定额。这种方法一般适用于机械行业的企业，对于服装行业的企业，因为经常有新品种，所以，一般企业都是通过打样组打样，以确定工时定额。当然，如果工人对定额有异议，比如：认为企业确定的工时定额太少，会向班组长提出不同意见，班组长再逐级反映。一旦核实后，企业会根据情况斟酌考虑，进行改进。但需要指出的是，这种确定劳动定额的方法，工会和工人基本无法介入，完全由企业说了算。

第二，正是由于劳动定额没有统一的参考标准，在制定上缺乏科学性，在编制方法上缺乏专业性，在定额修订上缺乏发展性，在程序上缺乏民主参与性等，致使企业劳动定额管理不能与市场经济和现代生产技术发展相适应，不合理的劳动定额使职工的工资水平常常受到抑制、劳动力价值不能公正体现。调查还得知，具体计算计件工资时，主要依据是计件单价。虽然不同行业确定"计件单价"的方式不完全相同，但其方法主要有两种，一是根据订单，先按照社会平均利润率扣除企业应获得的利润，然后减除企业应支出的各项物质成本，最后剩下的一块就是工资成本。再根据工资成本，将其分解到每一道工序，确定出计件单价，这种以成本倒推的方法确定出的计件单价就是工人获得的工资基础。当然，企业也会考虑工人获得的工资要与劳动力市场价格，或工资指导价位，或最低工资标准进行比较，并做出适当调整，以保证一般熟练工人工资不比劳动力市场价格低或者不比最低工资标准低，否则企业是留不住工人的。二是根据劳动力市场价格除以劳动天数，得出每天的工资，然后除以每天能做几件活，就得出计件单价。需要注意的是，按照劳动和社会保障部发的《关于职工全年月平均工作时间和工资折算问题的通知》规定，劳动者每月工作的时间应为20.83天/月，但一般企业都是按照26天/月，或28天/月，甚至30天/月计算工作日。这样算来，工人每天的工资就比较低，工人只有拼命地干活，牺牲休息时间，提高自己劳动熟练程度，才能拿到高出劳动力价格的工资水平。

由此，企业（资方）为保证得到一定的利润和保证能雇到一定的工人，往往进行成本"倒推"，以确定计件单价和定额。问题是如何确定计件单价时的定额？比如，以劳动力市场价格为前提进行"倒推"的方法中，劳动力的日价格除以"多少件"呢？这"多少件"就是由企业测算出来的定额。问题的关键也就在于此：实行计件工资的企业基本都是无限计件制。在这种工资制度下，资方总是能保证得到平均利润，工人平均所得总是劳动力市场价格，一旦工人的工资拿多了，企业就会降低单价，工人平均工资总是被控制在劳动力市场价格左右。

显然，劳动定额不合理是导致企业职工初次分配中劳动报酬较低的一个主要原因。

三、以科学发展观为指导，合理确定企业劳动定额

由上可知，"劳动定额"和"计件单价"是两个非常关键的因素，它们直接涉及实行计件工资的工人在初次分配中的基础机制。工人要想提高工资，必须提高单价，合理地确定定额，这是企业初次分配中劳动报酬的比重是否适度的关键所在。但是由于经济发展对资本的强劲需求，加上当前劳动力供大于求、职工缺乏话语权等，使得计件单价和定额的确定和变动完全被企业单方控制了，个人或工会都无法对这个问题予以制衡，这是初次分配中劳动报酬较低的深层原因。因此，科学合理地制定劳动定额，对于提高企业的管理水平，调动职工劳动积极性，提升企业劳动生产率，并在公平的原则下，保证职工按劳分配、多劳多得，从而提高初次分配中劳动报酬的比例具有重要的现实意义。

第一，应高度重视劳动定额的管理问题。一是政府要成立全国性的劳动定额管理委员会，承担起劳动定额宏观管理的职责，并负责研究制定劳动定

额管理规划或指导意见以及劳动定额标准化的管理工作。二是在开展劳动管理工作的同时，应与探索人工成本预警预测制度的建立结合起来，为企业科学管理人工成本和劳动定额提供指导。

第二，创新劳动定额标准建设工作的新机制。一是应明确各行业协会负有制定本行业劳动定额标准的职责权利；同时，各行业协会也应主动承担起本行业劳动定额管理和劳动定额标准建立的责任。二是各行业协会应在政府劳动定额管理标准化的指导下，定期发布行业、工种劳动定额标准。劳动定额标准是在科学测定基础上所颁布的工作标准，涉及面广、技术复杂性强，各级行业协会要与相关科研机构密切合作，可以参照各类产品技术标准制定的市场化机制，即：由行业协会负责，通过行业排头企业，推动本行业各级劳动定额标准的建立。三是各行业协会还应参与对企业从事劳动定员定额管理人员的培训和资格认定工作，以形成对企业的约束力。

第三，企业应参照执行行业标准，认真做好劳动定额管理。一是实行计件工资的企业应成立专门的项目小组，负责企业劳动定额标准的制定工作，企业应根据行业标准来核定计件工资的单价，自定标准不能高于行业标准。二是企业应做到劳动定额准确、及时、全面。要建立和健全劳动定额的记录、编制和保管制度，实现劳动定额管理科学化、统一化、规范化和标准化。三是企业应建立企业劳动定额管理信息化平台，切实提高工厂的生产效率，为企业的成本核算、分配等提供重要依据，使企业的管理水平上升到一个新的高度。

第四，政府劳动监察部门应将行业协会发布的劳动定额标准作为执法检查的依据，预防企业利用不合理的劳动定额侵犯职工休息权和工资分配权，把那种以提高劳动定额增大企业利润，变相压低职工工资收入实行工资分配歧视、侵犯职工劳动报酬权的行为降到最低。从而有效遏制企业随意制定劳动定额，刻意压低工人工资，侵害职工劳动经济权益的行为。为稳定劳动关系、和谐社会构建打造良好的基础。

第五，工会要大力推行劳动定额集体协商。过去一些企业的工资集体协商，在实践中大多谈的是工资的总体额度、工资的整体水平，而非以具体的劳动定量定额去挂钩薪资。实际上，劳动定额是计件工资的主要要素。因此，应将劳动定额作为工资集体协商的重要内容，通过与企业进行工资集体协商来维护职工的合法权益，实现劳动定额管理与职工工资分配的有机结合。一是工会要注重发挥职工代表大会的作用，引导职工增强对劳动定额的民主参与和监督意识。二是要加速工会干部职业化，重视工会干部在工资协商方面的能力培养。建立一支知法律、懂管理、会核算的企业工会协商谈判队伍。

三是工会与企业进行工资集体协商，必须将劳动定额标准、工时工价标准、工资增长机制和工资分配机制等关系劳动者工资水平的事项作为核心内容，劳动定额应当保证90%以上的劳动者在法定工作时间或者劳动合同约定的时间内能够完成。

　　总之，通过建立"政府宏观管理、行业制定标准、企业参照执行、工会和职工民主参与和监督"的劳动定额管理体系，逐步使劳动定额制定和管理工作规范化、制度化，使企业职工工资水平逐步得到提高。

参考文献

　　[1] 徐小洪. 计件工资问题与集体协商技术性对策 [J]. 北京市工会干部学院学报，2008（1）.

　　[2] 钱兴如，王海兵. 关于企业劳动定额和执行最低工资规定情况的调查报告 [J]. 中国工运，2007（12）.

　　[3] 张亚红. 关于劳动定额侵权的分析及对策 [J]. 中国劳动关系学院学报，2009（2）.

企业初次分配中劳动报酬决定机制研究

——基于湖北省企业职工收入分配状况的调查*

一、引　　言

　　初次分配是国民总收入直接与生产要素相联系的分配。分配内容主要包括三部分，一部分为劳动者报酬，一部分为资本所得，另一部分为政府获取的收入，即税收。这三部分各自所占的份额的多少决定了国民收入初次分配的基本格局，实际上企业初次分配也是这样一种基本格局。这一基本格局的特点为：如果企业行为由政府主导，政府所得在初次分配中的比重就比较高；如果企业生产过程中主要的决定因素是资本，那么资本所有者在这生产中相应的决策权和获得收益的能力就比较强，这反映在初次分配的比例上，资本所有者会得到较大的份额；如果企业劳动力短缺或者工会力量强大，劳动者就会在初次分配中享有更大的份额。

　　围绕着初次分配的特点，特别是劳动报酬决定问题，国外许多学者都有过深入的探讨。马克思主义政治经济学认为工资是劳动力价值的转化形式，利润是剩余价值的转化形式。在这里，马克思在很大程度上继承了早期古典经济学的"生存工资"理论（斯密，1776；李嘉图，1817）。新古典综合学派的研究比较强调宏观经济指标的微观基础，马歇尔重新定义边际生产力为边际净产出，并建立了以均衡价格理论为核心的收入分配理论。制度经济学派包括新制度经济学派更多地强调劳动工资以及资本所得背后的制度因素，劳动工资率的高低在制度经济学研究中不仅取决于市场的供求关系，也取决

　　* 文章刊载于《科学决策》2009 年第 12 期，源于湖北省总工会项目"关于湖北企业职工收入分配状况的调查"；调查报告获 2008 年度全国工会理论研究优秀论文和调研报告二等奖，2008 年度湖北省优秀调研成果三等奖。

于劳动者相对的谈判能力，在谈判能力强的经济体中，劳动工资率就比较高，因此劳动所得占国民收入的比重就比较高。

近几年，随着我国市场经济的不断深入，关于初次分配中劳动报酬决定问题的讨论多起来，李扬、殷剑峰（2007）经过对 1992～2003 年我国居民、政府、企业三个部门的储蓄率的比较，发现居民部门储蓄率呈长期稳步下降的趋势，居民可支配收入在国民收入初次分配中的份额持续下降，其原因主要由劳动报酬、特别是企业部门支付的劳动报酬相对下降和财产收入比重的下降所致。李扬、殷剑峰进一步认为，居民财产收入的下降和从企业获得的劳动报酬的相对减少，表明居民收入中的一个不可忽略的部分被转移为企业部门的利润和政府的收入。那么，企业初次分配中劳动报酬到底是如何决定的？有的学者从制度安排上进行分析，有的从垄断上寻找原因，还有的从市场分割方面进行探讨。常兴华（2009）认为劳动报酬下降的主要原因是企业工资决定机制不合理。一方面，经营者工资决定主体缺失；另一方面，职工工资决定主体失衡。决定职工工资发放的主体不明确，相当多的企业经营者掌握最终话语权。所谓的集体协商机制所起的作用不大，在制度安排上还存在不少问题。陆梦龙（2008）则通过对劳动合同法的工资决定效应的分析，认为由于当前的法律法规和各种管理制度已经取消了政府对微观个体的工资水平的干预权，工资决定机制已由计划经济时代的政府统管转变为企业主导的谈判机制。而且，由于我国劳动力市场供大于求，加之企业和劳动者对劳动合同法的误读，导致当前劳动力市场分割格局日显强化，内部人相对外部人的工资水平越来越高，企业出于对利润的追求也越来越偏好工资低的灵活用工方式。周业安、宋紫峰（2006）也把劳动合同的不完全性和劳动市场竞争的不完全性引入工资决定机制中。薛欣欣（2008）通过对国有部门与非国有部门工资决定机制的比较，认为与非国有部门工资决定模式相比，国有部门的工资决定依然带有较强的制度化特征。刘小玄、曲明（2008）不仅从制度上而且从决定企业工资的其他因素方面进行分析，认为在决定人均工资的主要因素中，职工的人力资本（教育等）仅占很小比重，企业特征（即企业规模、资本密集度和人均盈利）和外部市场及制度因素分别具有更大的决定作用。针对企业规模以及所有制对工资的影响，彭征波（2006）利用 2000～2003 年中国工业统计数据分析认为，企业规模与工资之间呈正相关关系，这种企业规模—工资正效应在国有企业中表现得最为明显；在私营企业中，企业人均利润与工资正相关。张建武、明娟（2008）从市场分割和最低工资标准出发，提出中国制度工资实质上就是最低工资标准，而这个标准主要由地方政府和企业博弈的均衡决定，农村外出劳动力工资的决定机制实质上就是地方政府和企业博弈形成的规则。

综上所述，目前企业职工劳动报酬受多种因素影响、特别是制度、市场分割、垄断等因素的影响。笔者认为，这些分析多建立在宏观指标分析基础之上，而企业微观方面的数据以及相应的经验研究还很不够。本文力图通过对微观企业数据的分析，揭示现阶段影响我国企业职工初次分配的若干微观因素。

二、湖北省企业职工初次分配中劳动报酬的现状

职工工资及其增长属于初次分配的范畴，它关系到职工的核心经济利益。为了深入了解企业职工工资增长情况，以及初次分配中劳动报酬到底是如何决定的等问题，2008 年上半年，笔者在武汉、宜昌、十堰、荆州、荆门、黄石、孝感、仙桃等 8 个地市，对八大行业：包括采矿业（1.5%），制造业（53.2%），电力燃气及水的生产和供应业（2.9%），建筑业（6.6%），交通运输、仓储和邮政业（5.8%），农林牧渔业（2.6%），信息传输、计算机服务和软件业（1.3%），其他（26.2%）等；100 家企业：包括国有及国有控股企业（27.8%）、集体企业（9.9%）、私营企业（43.6%）、外商投资企业（9.1%）、合资企业（5.6%）及其他企业（3.9%）等；2000 名职工：包括一线职工（46.2%）、企业管理人员（31.6%）、技术人员占（10.4%）、销售人员占（3.7%）、其他人员（8.1%）等，就劳动报酬在初次分配中的现状进行了调研。调研以问卷调查和访谈为主，发放问卷 2000 份，有效作答1913 份。

调研中发现，随着经济的发展，湖北企业职工工资增长较快。从 2005 年到 2008 年上半年，各企业工资每年都有一定比例的增加，不少企业工资增加过 1 次、2 次、3 次。其中，增加过 1 次工资的企业有 30.8%，增加过 2 次的有 25.2%，增加过 3 次的有 25.5%。无论涨过几次，普遍涨过工资的企业约为 81.5%，完全没有增加过工资的企业约占所调研企业的 18.5%。具体到各个行业，3 年来，采掘业是涨工资频率最高的行业，几乎所有的企业都涨过或 1 次，或 2 次，或 3 次工资。交通运输、仓储和邮政业，信息传输、计算机服务和软件业以及农林牧渔业涨工资的企业也较多，分别有 93.7%、91.7% 和 90% 的企业普遍涨过工资，其中交通运输、仓储和邮政业涨过 3 次工资的企业高达 51.4%，信息传输、计算机服务和软件业涨过 2 次工资的企业也有 58.3% 之多，农林牧渔业涨过 1 次工资的企业也达到 42%。建筑业是

涨工资频率最低的行业，3 年来仍有 31.7% 的企业没有涨过工资。

调查还显示，2005 年以来，特别是从 2007 年到 2008 上半年，工资水平增幅显著。2007 年，各类企业人均工资为 14658 元（月工资 1221.50 元），2008 上半年人均为 8125.02 元（月工资 1354.17 元），增加额 132.67 元，增幅达到 10.86%。需要指出的是，对于国有及国有控股企业来说，无论是涨工资的频数（85.3%），还是涨工资的额度（147 元），或是涨工资的幅度（11.03%）都是位于前列；而集体企业不仅涨工资的次数相对较少，没涨过工资的达到 37.4%，而且工资增幅也较低，平均增加只有 76 元，增幅为 7.09%。这可能是与近年来国有企业经济效益普遍较好、而集体企业经济效益普遍不太好有关。

另外，在企业职工工资逐步提高的同时，以养老、医疗、失业、工伤、生育保险为主要内容的社会保障体系也在逐步趋于完善。据调查，有 95.24% 的职工回答，企业为其缴纳了保险。在企业为职工缴纳的各种保险中，有 96.88% 的职工回答企业为其缴纳了养老保险，有 87.3% 的回答缴纳了医疗保险，有 76% 的回答缴纳了工伤保险，有 76.9% 的回答缴纳了失业保险，有 57% 的回答缴纳了生育保险。不过，上面数据并不表明企业为职工都缴纳了"五险"，有些企业只是缴纳了其中的一部分险（如一种险或两种险），比如只缴纳养老保险；或者，有的企业只是给部分员工保险，比如规定工龄五年以上企业才给予社会保险。这种情况一方面说明，多数企业都能够自觉为职工缴纳保险，劳动报酬的完整性正在得到体现；另一方面也表明，企业社会保障体系还有待于健全。

三、企业初次分配中存在的主要问题

尽管我省企业职工工资增长较快，但也存在不少问题，最突出的就是企业初次分配中职工劳动报酬普遍较低，表现为：

第一，企业职工实际工资普遍较低，低于当地最低工资标准的人数约占 13.6%，其中集体企业的情况较为突出，低于当地最低工资标准的人数约占 33.7%。

企业职工实际工资较低，具体表现为，一是扣除加班加点所获取的收入，企业职工实际所得偏低。调查发现，大多数企业一线职工工资结构都是以计件工资为主，并且劳动定额标准的确定多由企业自定（69.1%），由职代会确定的相对较少（30.9%）。在此背景下，企业从利润最大化出发，定额标准往往较高，而职工为完成定额任务，不得不加班加点，以期获得最大的工资收入。对于一线职工劳动定额与加班加点问题，问卷显示，有38.8%的回答没有加班，有32.0%的回答需要加班2小时，有24.4%的回答需要加班2~4小时，有4.8%的回答需要加班4小时以上。也就是说，超过半数以上的一线职工（61.2%）需要加班才能完成劳动定额。这里不仅是一线工人经常存在加班加点问题，就是其他岗位也存在同样的问题，特别是技术人员，需要加班的时间也较多。进一步地，针对一线职工加班，企业按什么标准支付加班工资的问题，调查显示，按法定标准支付工资的占42.2%，按计件标准支付的占24.2%，没有标准的占22.4%，不知道的占11.2%。这表明，有加班加点工资的只有42.2%，而超过57.8%的或者不是按照法定标准支付加班加点工资，或者是不知道按什么标准支付工资，可能是按照每小时加班加点支付一定数额的钱（如每小时1元或5元等不等的数额）作为加班加点工资。需要指出的是，对于加班工资的支付，国有企业比较规范，问题较多的主要私营企业，一些企业多以计件工资为由，不执行劳动法规定的标准支付加班加点工资，不论做多少件，计件单价几乎总是不变，几乎没有一个企业是计件单价乘以150%、200%、300%来予以支付的。

二是与最低工资标准相比，企业职工实际所得偏低。调查发现，月工资收入减去加班加点工资，以及高温、低温、井下、有毒有害等特殊工作环境、条件下的津贴及法律、法规和国家规定的福利待遇之后，与当地最低工资相比，低于当地最低工资标准的占13.6%，略高于当地最低工资标准（100元以下）的占27.6%，高于当地最低工资标准（100~200元）的占32.0%，大大高于当地最低工资标准的占26.7%。进一步测算得出，2007年，低于最低工资的职工，实际所得为852元；略高于最低工资的，实际所得为1035元；高于最低工资的，实际所得为1220元；大大高于最低工资的，实际所得为1605元。需要指出的是，尽管上述实际所得比2007年湖北省一类地区最低工资标准（580元）高出许多，但多数企业的劳动定额是按26天或者28天，甚至30天计算日工资的。如果工人现行的月工资按劳动法规定以20.83天来计算，扣除加班加点工资，算回去，那么相当部分是达不到最低工资标准的。

上述数据表明，如果扣除加班加点工资以及有关津贴，并与最低工资标准相比、与劳动法规定的日工资标准相比，大多数企业职工（73.3%）的工资所得或者低于最低工资标准或者只是稍高于最低工资标准，说明企业职工实际所得偏低。

三是扣除应缴纳的社会保险，企业职工实际所得偏低。根据劳动合同法，社会保险和福利待遇是不应被计入工资的。但是，实地调查发现，不少企业将养老保险等"五险"或部分地或全部地计入工资中，如果严格按照规定，扣除相应的保险，剩余的工资部分就达不到最低工资标准，这是其一。其二，还有一些企业自定土政策，降低企业应承担的社会保险部分，提高职工缴纳的比例，这些都降低了劳动者所应得到的劳动报酬。

四是扣除物价上涨部分，职工工资实际所得偏低。工资和物价之间具有深刻的内在关系。一方面，由于工资在生产总成本中占有较高的比重，工资水平的变动便对通货膨胀率具有重要影响。另一方面，物价具有为刚性，且具有上涨的趋势，物价水平增长速度与货币工资水平增长速度，往往并不一致，因此，货币工资水平总会高于实际工资水平。针对这几年企业工资增长的原因，问卷答案显示：物价上涨、同行业普遍调整了工资、职工强烈要求加工资、企业效益增加等，排在前四位；另有几个选项，如按工资指导线调资、因最低工资标准上调而调资、经营者主动增加工资，都不为职工所认同。这里，物价上涨成为企业增加工资的首要原因，也就是说，如果不是因为物价上涨了，或者同行业普遍调整了工资、职工强烈要求加工资，大多数企业是不会主动给职工增加工资的。对此，职工还认为，即使增加了工资，但扣除物价上涨部分，职工工资的实际增幅还是不多，还是等于没增加。进一步地，调查中问到，目前企业工资增长中的主要问题是什么，回答依次为：工资增幅小、工资低、工资分配差距过大。也就是说，上述问题是当前企业工资中的主要问题。

第二，企业低收入群体数量较大，且低工资水平被平均工资所掩盖。

据调查，2007年湖北省在岗职工平均工资为19818元；同年，企业职工平均工资为14658元（月工资1221.50元），仅为全省在岗职工平均工资的74%。调查发现，一是若以企业平均工资（1221.50元）为标杆，2007年，工资水平在1200元以下的为58.9%，这就是说，不仅大多数企业职工工资都低于企业平均工资水平，而且更低于全省在岗职工平均工资。二是一部分企业职工工资过低，其工资水平在800元以下的为21.4%，占样本量的1/5强。而一些企业高层管理人员，以及部分中层管理人员薪酬过高，据18户实行年薪制的大中型国有企业的调查，2006年企业管理者平均年薪22.2万元，两相比较，相差10多倍。显然，平均工资掩盖了企业职工的低工资。三是部分高收入行业、特别是垄断行业收入大大高于一般行业、一般企业。据调查，2008上半年，湖北企业平均工资在各行业排名，首位的是信息传输、计算机服务和软件业，其月工资水平达到1830元。而居各行业排名末位的是农林牧渔业，月平均工资仅为866元，与最高行业的工资相比，差距为2.1∶1。这一差距也被平均工资所掩盖。

第三，与各要素报酬相比，劳动报酬被扭曲，企业职工工资明显偏低。

一是与资本、管理要素报酬相比，劳动报酬在初次分配中的比例较低。据调查，企业内部的资本所有者、经营管理层与普通职工之间收入差距过大，资本、管理要素报酬过高、劳动报酬过低。问卷显示，2007 年，企业管理人员的平均月工资为 1479 元，一线工人的平均月工资为 1084 元。企业管理人员工资与一线职工工资的比为 1.36∶1。另一组数据显示，企业中层管理人员高于一线职工 1~2 倍的为 44.2%，高于 2~3 倍的为 36.6%，高于 3~4 倍的为 13%，高于 5 倍以上的为 6.2%。合计差距在 3 倍以上的有 19.2%。在外商投资企业和合资企业，中层管理人员高于一线职工 1~2 倍的为 32.9%，高于 2~3 倍的为 32.5%，高于 3~4 倍的为 24.7%，高于 5 倍以上的为 9.9%。合计差距在 3 倍以上的达到 34.6%。而企业高管人员与一线工人之间的差距更为突出，往往高过十几倍，甚至几十倍。这表明，劳动参与财富分配的重要性和地位趋于下降。二是与财政收入的增长相比，劳动报酬在初次分配中的比例较低。据湖北省统计局资料，2006 年、2007 年，湖北 GDP 总额分别比上年增长 12.1%、14.5%；同期，地方财政预算收入分别比上年增长 25.1%、25.7%；工资总额分别比上年增长 14.8% 和 16%。虽然工资总额在增长，但过去 3 年间湖北省工资总额在 GDP 中所占比重从 10.03% 下降到 9.44%，在国民经济中的份额逐渐减少；而财政收入在 GDP 中的份额逐年增加，由 5.76% 增加到 6.40%。显然，随着 GDP 的增长，湖北省劳动者的工资性收入在国民收入初次分配中的比例在降低。

四、企业初次分配中劳动报酬较低的主要原因

关于企业初次分配中劳动报酬决定的因素，制度学派认为，劳动力供求关系并不是决定劳动报酬的唯一因素，其他非经济因素，如谈判、分割的市场、政府干预（如政府制定的最低工资法）等制度性因素也会对劳动力市场产生影响，从而影响到劳动报酬的决定。制度学派进一步认为，制度的完善与否，直接涉及收入分配的公平与否。根据制度学派的这一观点，从湖北省企业初次分配的调查来看，制度的不完善应是初次分配中劳动报酬较低的主要原因。

首先，就劳动定额制度来说，企业是初次分配中劳动报酬决定的主要力量，企业按照劳动者提供劳动的数量和质量，以货币形式支付给劳动者劳动

报酬。其中，劳动定额是计算工人劳动量的标准，同时也是企业实施工资分配、职工获得劳动收入的重要依据。但目前，一方面我国劳动定额处于无人管的状态，以至于在劳动定额的制定上，企业可以随心所欲、随意调整，这就给企业违规、最大限度地攫取利润提供了机会。调查显示，在劳动定额的确定中，由企业自定的占 33.2%，由职代会确定的占 30.9%，参照行业标准确定的占 29.4%，不知道的占 6.5%。需要说明的是，随着改革的不断深入，特别是 20 世纪 90 年代以来，一些行业主管部门之间的合并及转变，劳动定额不再由行业主管部门来制定，而是由企业根据各自实际自行制定。也就是说，目前国家没有统一的劳动定额标准，参照行业标准的说法实际上是参照行业内其他企业。由此，大多数企业（69.1%）的劳动定额都是企业单方自定的。

另一方面，正是由于劳动定额没有统一的参考标准，在制定上缺乏科学性，在编制方法上缺乏专业性，在定额修订上缺乏发展性，在程序上缺乏民主参与性等，致使企业劳动定额管理不能与市场经济和现代生产技术发展相适应，不合理的劳动定额使职工的工资水平常常受到抑制、劳动力价值不能公正体现。调查得知，企业核算计件工资时，主要依据是计件单价。尽管不同行业确定"计件单价"的方式不完全相同，但其方法主要有两种，一是根据订单，先按照社会平均利润率扣除企业应获得的利润，然后减除企业应支出的各项物质成本，最后剩下的一块就是工资成本。再根据工资成本，将其分解到每一道工序，确定出计件单价，这种以成本倒推的方法确定出的计件单价就是工人获得的工资的基础。当然，企业也会考虑工人获得的工资要与劳动力市场价格，或工资指导价位，或最低工资标准进行比较，并做出适当调整，以保证一般熟练工人工资不比劳动力市场价格低或者不比最低工资标准低，否则企业是留不住工人的。二是根据劳动力市场价格除以劳动天数，得出每天的工资，然后除以每天能做几件活，就得出计件单价。需要注意的是，按照劳动和社会保障部发《关于职工全年月平均工作时间和工资折算问题的通知》规定，劳动者每月工作的时间应为 20.83 天/月，但一般企业都是按照 26 天/月，或 28 天/月，甚至 30 天/月计算工作日。这样算来，工人每天的工资就比较低，工人只有拼命地干活，牺牲休息时间，提高自己劳动熟练程度，才能拿到高出劳动力价格的工资水平。由此，企业（资方）为保证得到一定的利润和保证能雇到一定的工人，往往进行成本"倒推"，以确定计件单价和定额。问题是如何确定计件单价时的定额？比如，以劳动力市场价格为前提进行"倒推"的方法中，劳动力的日价格除以"多少件"呢？这"多少件"就是由企业测算出来的定额。问题的关键也就在于此：实行计件工资的企业基本都是无限计件制。在这种工资制度下，资方总是能保证得到平均利润，工人平均所得总是劳动力市场价格，一旦工人的工资拿多了，企业就会降低单价，工人平均工资总是被控制在劳动力市场价格左右。

显然，"计件单价"和"定额"是两个非常关键的因素，它们直接涉及实行计件工资的工人在初次分配中的基础机制。工人要想提高工资，必须提高单价和合理地确定定额，这是初次分配中劳动报酬的比重是否适度的关键所在。但是由于经济发展对资本的强劲需求，加上当前劳动力供大于求、职工没有话语权、国家劳动定额制度缺失等，使得计件单价和定额的确定和变动完全被企业单方控制了，个人或工会都无法对这个问题予以制衡，这是初次分配中劳动报酬较低的主要原因。

其次，从工会制度而言，根据各市场经济国家工资决定的经验及制度学派的观点，当工人无法抵抗工资下降的趋势时，工人只能组织起来，通过工会代表自己的更高利益与雇主和雇主集团进行谈判。工会作为工人的代表，在与资方谈判的过程中能够发挥重要的作用。当然，作用的发挥需要一定的条件，那就是工会要有一定的代表性与独立性。这里工会的代表性与独立性要求工会不仅应该充分代表劳动者的利益，而且应该只代表劳动者的利益。但目前湖北省企业基层工会组织很不健全，企业工会在协商中的主体地位缺失，工会在集体协商中难以发挥作用。我们的调查也证实了这一点。认为企业工会作用很大的说法占15.8%，其他的说法：或者有一定作用（49.5%），或者没有作用（30.9%），或者不知道（3.9%），即不予肯定的说法占84.2%。这表明，我国企业工会的作用发挥得很不够。究其原因，一是，国有企业工会制度改革滞后，工会的代表性与独立性缺失。所谓工会的代表性，主要解决的是工会在集体谈判中的地位问题；工会的独立性，主要解决的是工会与管理方和政府之间的关系问题。保护工会的代表性和独立性是集体谈判立法中的重要内容。但我国国有企业工会都是在政府干预下组建的，工会的合法性并不完全来自于劳动者的认可与授权，而且工会又是企业的一个组成部门，这使得工会除了要考虑劳动者的利益以外，还要考虑企业的利益，以及贯彻执行政府的政策，这就削弱了工会对劳动者利益的代表性与独立性，违背了集体谈判制度的初衷（罗天虎、丁宁，2007）。二是，在私营企业以及外商投资企业，工会组织发展很缓慢，或者根本就没有建立起工会组织。即使有工会组织，工会也不能代表职工参与收入分配政策、工资水平和各项福利待遇等的制定。

工会的作用难以发挥，客观上对企业违法违规的行为无法予以制衡。调查中发现，许多企业、特别是私营企业不同程度地存在违法违规的问题。一是企业有意规避最低工资标准，他们以"用人单位支付劳动者的工资不得低于当地最低工资标准"的法律规定为由，以最低工资标准作为工资标准来支付。特别是当企业经济效益下降或资金周转困难不能按时足额支付职工工资时，企业更是有意规避最低工资标准，以致职工无法获得相应的保障。二是将企业应缴纳的社会保险和有关福利计入工资中，如果扣除这一部分，许多职工的实际工资收入达不到最低工资标准。三是企业有意拖欠职工工资，这种现象在建筑行业最为严重。四是企业有意规避职工加班工资问题。由于大多数企业都是实行计件工资，企业主往往以计件工资为由，不执行劳动法规定的标准支付加班加点工资，这种现象在私营企业里最为突出。五是企业有意规避特殊情况下支付工资问题。实际调查中发现，在因企业原因停工时期、在医疗期内的病假时期、女工产假等时期，都以计件工资为依据，以"不干活当然没有工资"为理由而拒付工资。

上述问题的存在，说明了企业主有刻意压低职工劳动报酬、违反国家法律的倾向；同时也说明企业工会在维护职工合法权益方面还做得很不够，甚至可以说是不作为。显然，工会制度不健全是初次分配中劳动报酬较低的又一个主要原因。

再次，以企业集体协商机制而论，工资集体协商，是职工积极参与、与企业就工资问题进行共决，最终实现"劳资两利、合作共赢"的一项制度。一般来说，企业所有者或经营者拥有决定工资分配的权利，从劳动的雇佣与被雇佣角度讲，这种工资决定格局是无可厚非的。然而这种工资决定机制却不符合现代企业制度的要求，不符合现代企业民主管理的要求，因为它容易导致劳动者利益受损或劳动争议的发生，不利于和谐劳动关系的构建。正因为此，工资集体协商作为一种制度安排，有其产生的必然性。

关于企业工资集体协商，目前我国一些企业已开展起来。据调查，目前，湖北省企业集体协商工作开展得较为普及的主要是交通运输、仓储和邮政业（68.5%）以及电力、燃气及水的生产和供应业（60.0%）等，这些都是国有成分占有较大比重的行业，但是在一些劳动密集型的行业，工资集体协商工作进行得较为缓慢，如采掘业（39.3%）、制造业（43.3%）、建筑业（39.7%）、农林牧渔业（38.0%）等，且许多职工对这一制度缺乏印象。这说明，有的企业开展了集体协商，但多数还没有开展起来。需要指出的是，即使一些企业开展了工资集体协商，其力度都还远远不够。这可以从职工对企业开展工资集体协商的作用的态度可知，据调查，认为集体协商对职工工资增长有很大作用的占23.4%，其他说法，认为有一些作用的占44.7%，或没有作用的占15.4%，或不知道的占16.5%，表明多数职工（76.6%）对企业工资集体协商的作用不予肯定。

那么，当前工资集体协商制度中存在哪些问题呢？据调查，一是我国集体谈判相关立法简单、立法层次低。《劳动法》仅简单勾画了集体协议制度的基本轮廓和框架，难以为集体谈判权的实践提供足够、有效的法律支持。二是工会代表性不强，无法履行企业民主化管理所赋予的权利。在我省公有制企业中，工会主席享受副职待遇，与党政正职是上下级关系，企业重大事项多为集体研究决定或由法人代表方定夺；而非公有制企业的工会主席受雇于业主，普遍存在"不敢谈、不会谈、不愿谈"的问题；即使把收入分配问题列入职代会议程，多半是看经营方或业主的眼色行事。三是部分企业管理层缺乏民主意识，不尊重职工的利益，不是在完全平等基础上的协商，集体协商缺乏民主和必要的制度保障。比如职代会，现实中由于组成职代会的职工代表大部分是企业的高管和中层管理者，他们不仅因为在企业有较高的地位与话语权，更因为他们对本企业的经营和财务状况了如指掌，因而一些对普通职工不合理的，或是对管理人员有利的调资方案自然也总会轻易获得通过并得以实施。四是即使开展了协商，也都是走过场，工资集体协商流于形式。比如，企业召开职代会，其模式都是由企业管理层拿出生产计划或相应的分配方案，提交给职工代表大会，并要求职代会批准。其实，职代会批不批准都只是一种形式。因为在方案的制定时多没有听取职工或工会意见，基本都是企业管理方直接提出，职工只有接受企业所提出的方案的义务，没有讨价还价的权利。五是工人维权意识不足，不敢提出集体协商问题。多数职工在当前劳动力市场竞争激烈的情况下，怕丢掉饭碗，只想保住岗位，许多涉及自身利益的问题都听任企业说了算。显然，在许多企业，集体协商缺乏民主和必要的制度保障，一些企业经营者分配行为很不规范，这是初次分配中劳动报酬较低的一个重要原因。

最后，从政府调控政策来讲，制度学派认为，现代资本主义国家的当务之急是改变权力分配的不平等，因为收入不平等是权力不平等的结果，所以要实现收入均等化，必须从权力均等化开始。按照制度学派的观点，政府作为公共利益的代表者，体现的是社会公平和正义。特别是在收入分配方面，政府能够发挥其公权力，运用公共政策调节分配、缩小差距。

那么，目前我国政府收入调控政策如何？针对当前分配制度存在的问题，调查显示，相关法律法规不完善、企业经营方与职工方地位不平等、缺乏政府主管部门指导被选为前三项，其中，相关法律法规不完善是企业合理分配制度难以建立的首选项。除前三项外，另有几个选项：工会代表的协商水平有待提高、企业违约无有效制约手段、其他等都列在了后几位。实际调查也了解到，由于政府相关法律不完善，加上许多方面监管不够，比如在最低工资制度的监管、执行方面等，以至相当比例（13.6）的企业工人的工资低于最低工资标准，还有大量非国有企业的工人特别是那些就业于私营企业的进城农民工，收入普遍偏低。调查显示，私营企业职工平均工资为1181元，明显低于企业职工平均工资1221.50元。这是其一。其二，就是政府对垄断企业过于保护，或者说对分配秩序混乱所导致的初次分配关系扭曲、要素价格混乱的问题监管不够，以致在多数职工工资低于平均工资的情况下，有些行业或企业工资却过高，工资收入差距过大。这个问题，前文已涉及。需要说明的是，这些行业，如银行、证券、电力、电信、铁路等行业，或者效益比较好的军工企业，其职工工资过高，工资增长过快，并不是职工的素质高低造成的，也不是劳动强度或艰苦危险的程度所致，更不是效率优先和劳动力价值的真实体现，而是行政垄断的结果。其三，对于劳动报酬的另一形式——社会保险，调查得知，由于现行城镇企业职工基本养老保险制度主要是针对城市原国有企业职工设计的，不太适合非正规就业群体和"农民工"等就业弱势群体的情况，也超出了许多非国有企业的缴费能力，因此，一方面，企业负担加重，从而出现了缴不起费或有意规避缴费的问题；另一方面，职工也得不到保障。例如，在一些私营企业，企业老板为了减少成本，不愿意为职工缴纳各种保险；同时，职工流动性大，也不愿意企业缴纳而是希望得到现金。这种情况既给企业提供了规避缴费的机会，职工也并未真正得到保障。

上述调查说明，政府作为市场重要的干预力量，其法律、政策的影响力都还不够。目前，政府对企业工资分配的宏观调控主要是通过最低工资保障制度、工资指导线等方式。但是，一方面，政府的政策调控毕竟是相对间接的，例如最低工资标准只是个基准，而企业工资增长指导线的规定又缺乏强制力，因而对大量非国有企业很难进行约束。另一方面，政府尚未就国有企业职工工资增长办法进行规范，而且，政府早年出台的工效挂钩等一系列宏观调控办法，已不再适应企业发展的需要。这些都使得企业不能形成有效的工资正常增长机制。

五、结论与建议

根据上述分析，本文结论是：湖北企业职工劳动报酬在初次分配中的比例较低，其主要原因是，当前在劳动力供大于求的背景下、经济发展对资本强劲需求的情况下，职工在分配中处于弱势地位，加上工会作用不力、政府宏观调节作用不够，使得这一决定过程变得十分复杂。本文认为，多数学者所持有的工资率的高低不仅取决于市场的供求关系、也取决于相关制度。其中，企业规模、垄断、市场分割等因素对工资决定起更大作用的观点是符合当前中国实际的。对有学者所认为的"在非国有企业，各种人力资本只有在提高实际生产率的前提下才获得回报"的看法，本文并不完全认同。笔者认为，即使在一些企业劳动生产率提高的情况下，企业劳动报酬的增长仍受到相关制度的制约。

本文建议，理顺劳动报酬的决定机制，解决初次分配中劳动报酬过低的问题，需要加强政府的监控指导，提高职工的参与程度。具体说来：

第一，政府应严格劳动执法，保护劳动者的正当权益。要加紧制定相应的工资支付条例，同时，依法督促企业建立健全本单位的工资制度，规范企业工资支付行为。建立工资支付监控制度和工资保证金制度。将易发生工资拖欠的行业、企业纳入重点监控范围，努力减少恶意欠薪等现象，确保职工劳动报酬权益能够得以实现。

第二，政府应加强劳动定额的制定和管理工作。一是要加快劳动定额相关法规政策的制定。各地有关部门、工会、企业代表组织也要结合本地实际，研究制定劳动定额政策。二是应成立全国劳动定额标准化技术委员会。制定、修订国家标准、行业标准和地方标准，推动将劳动定额标准中的强制性标准纳入国家劳动法律体系。三是要加强对企业劳动定额的监督检查工作。

第三，要根据经济增长、企业利润增长和物价指数等相关因素的实际情况，不断确立调整工资指导线，增强制定工资指导线的权威性、科学性和实效性。同时，完善并落实最低工资制度。一是建立最低工资标准评价体系。二是加大最低工资标准调整力度，各地每年应根据本地区经济发展水平、城镇居民消费价格指数、职工平均工资增长等因素，及时合理提高月最低工资标准。三是规范按最低工资标准发放工资的行为。

第四，为促使工资增长机制的形成，政府应完善集体合同法等相关法规，对工资集体协商的推进给予强有力的法律支持。同时，通过协调各方力量积极推进开展工资集体协商。这里重点是要加强工会组织的建设，要改善因与企业地位不平等、力量不均衡而导致工资协商泛泛而谈、空洞无实的问题，提高集体协商的实效性。另外，应鼓励工人积极加入工会，鼓励和引导工人积极参与劳动法律制度、工资集体协商等相关制度的建设。通过发挥各级劳动关系三方协调的作用，共同营造良好的氛围和社会环境，以促进企业职工工资正常增长机制的形成。

参考文献

[1] 亚当·斯密. 国富论 [M]. 郭大力，王亚南，译. 北京：商务印书馆，1934.

[2] 大卫·李嘉图. 政治经济学及赋税原理 [M]. 郭大力，王亚南，译. 北京：商务印书馆，1962.

[3] 马歇尔. 经济学原理 [M]. 廉运杰，译. 北京：华夏出版社，2005.

[4] 马克思. 资本论第一卷（中译本）[M]. 北京：人民出版社，1975.

[5] 约翰·康芒斯. 制度经济学 [M]. 赵睿，译. 北京：华夏出版社，2009.

[6] 李扬，殷剑峰. 中国高储蓄率问题探究——1992—2003 年中国资金流量表的分析 [J]. 经济研究，2007（6）.

[7] 宏观经济研究院社会所课题组. 完善收入分配机制的政策建议 [J]. 宏观经济管理，2009（4）.

[8] 陆梦龙. 劳动合同法的工资决定效应——基于市场分割视角的分析 [J]. 中国科技财富，2008（7）.

[9] 周业安，宋紫峰. 工资决定的行为与制度分析 [J]. 学术月刊，2006（12）.

[10] 薛欣欣. 我国国有部门与非国有部门工资决定机制差异的实证分析 [J]. 产业经济评论. 2008（1）.

[11] 刘小玄，曲明. 中国工业企业的工资差异研究——检验市场分割对工资收入差距的影响效果 [J]. 世界经济文汇，2008（5）.

[12] 彭征波. 企业规模、所有制与工资 [J]. 山西财经大学学报，2006（12）.

[13] 张建武，明娟. 农村外出劳动力工资决定机制研究 [J]. 经济问题探索，2008（9）.

[14] 罗天虎，丁宁. 劳动关系模式对集体谈判立法的影响 [J]. 生产力研究，2007（5）.

第三部分

经济结构调整与民生改善问题研究

加快供给侧结构性改革
保障职工工资合理增长[*]

近年来，随着我国经济的不断发展，职工工资有了一定幅度的增长。不仅使普通民众充分享受到了经济发展带来的实惠，也深层次地影响着经济结构的变革与发展方式的转变。然而，随着经济进入新常态，工资增长中的深层次矛盾凸显。一方面，企业呼吁越来越难以承受用工成本的上升；另一方面，广大职工特别是制造企业一线职工也对工资增长不太满意。那么，如何看待和解决好这一矛盾？这是关系到供给侧结构性改革的重大问题，意义重大。

一、当前企业用工成本与工资增长的现状

（一）企业用工成本问题

近些年，湖北企业用工成本总体上呈现快速上扬态势。主要原因之一，是人均工资上涨直接拉动人工成本上涨。除工资外，助推用工成本上涨的其他因素主要有：一是社会保险缴费基数随工资水平逐年上升。据调查，每年"五险"缴费基数依据上年度城镇非私营单位在岗职工人均货币工资水平调整，年年"水涨船高"。以最低档60%为例，2016年省直参保单位职工缴费工资基数为3290元，比2010年1666元增长97.5%，大大超过了企业总成本的增长速度。此外，企业还要支付住房公积金、教育培训费用等其他福利费用。值得注意的是，大量私营企业员工的实发工资水平低于最低缴费工资基数，但又必须按最低缴费基数缴纳社保费，对劳动密集型企业来说，负担确实很重。二是结构性用工短缺助推人工成本上涨。据调查，在传统制造企业，

---

* 该文刊载于《湖北参事工作文集 2016》。

员工流动率较大。目前，一些微小企业年职工流失率在30% ~40%之间。很多企业一线岗位多以40岁以上中年人为主，20多岁的年轻人很难留住。据联想武汉基地HR反映，一般生产线操作工现在委托人力资源公司代招，每人中介费用600 ~1000元。然而，所招员工经过1年左右的上岗锻炼，掌握了一定操作技能后，大多就想跳槽，这使招聘成本不断提高。需要说明的是，企业招工，目前一般都能招到人，但想招到真正有用的人很难，而要留住人更难，尤其是急需的高技能人才。三是生活成本上涨催升工资上涨并带动人工成本上涨。在物价上涨，尤其是房价、药价、学费居高不下的背景下，务工族为维持家庭生活费用的不断上升，对工资的期望值也在提高，这使得企业用工成本不断上升。

（二）职工工资增长问题

近年来，湖北工资水平在全国位次不断前移，增长较快，但仍存在不少问题。一是不同行业工资差距不断扩大。从行业看，金融业、新兴产业如信息传输、软件和信息技术服务业等，与传统行业，如机械设备、化工、有色金属、轻工业制造、建筑业、钢铁、采掘、农林牧渔业等工资差距较大，最高与最低行业平均工资之比达3倍。从企业性质看，国有企业与私营企业的工资福利差距也在不断拉大。二是在传统制造业，工资增长仍然较为缓慢。许多企业在最低工资标准提高、物价上涨的压力下，不得不给职工增加工资，但受技术水平和劳动生产率的制约，工资增加受到一定限制，许多企业很难再给职工增加工资。三是企业职工实际工资确实普遍偏低。一线职工工资结构主要以计件工资为主，基础工资较低。调查中发现，75%的企业与职工签订的劳动合同约定的月工资为当地最低工资标准或表述为不低于当地最低工资标准，职工为获得更多工资收入，不得不大量加班。若减去加班工资，多数一线职工工资仅在2000元左右。

二、如何看待上述矛盾

（一）人工成本的上升是一种常态

改革开放初期，我们一没资金、二没技术，唯一的优势就是劳动力资源丰富且廉价。正因为此，30 多年来，我国充分利用了劳动力廉价的比较优势，使得经济高速增长。这一过程中，GDP 的增速一直快于劳动者工资的增速，也就是说，劳动者并没有获得应有的薪酬水平。前些年，民工荒、企业用工荒频繁出现，使工资增速有所加快。这一方面反映了劳动力市场供求关系已经发生变化。同时也表明企业靠低劳动力成本竞争的时代已经远去。企业通过合理的劳动力成本支出和增加，即对人力资本的一再投入，不断提升企业竞争力，已成为促进劳动力升值的必然途径，也是我国克服劳动者报酬比重偏低，从而扩张最终需求的必然选择。显然，劳动力市场结构性的变化，以及企业转型升级的内在要求，使工资水平自然上涨，这既是当前结构性改革的重要内容，也表明人工成本上升是一个趋势。

（二）制度性交易成本过高的弊端被人工成本的上升所掩盖

诚然，人工成本的上升确实给企业造成了很大压力。特别是近几年经济下行，劳动力成本的刚性增长对企业的盈利能力和竞争力带来了较大的影响。但值得注意的是，用工成本的上升不能完全归结为职工工资的增长过快所致。据反映，真正对企业困扰较大的弊端主要是制度性交易成本。制度性交易成本由于种类繁多、弹性较大且其中暗藏"灰色问题"，情况特别复杂。一是税收指标问题。一些地方税务部门为完成任务，年初就给企业确定了税收的指标，而并非按企业实际经营状况收缴。企业不仅提前缴纳，而且说好多退少补，却基本没有多退。又如在以票定（征）税中，往往遇到"领票难""用票难"问题。由于企业规模扩大，业务发展迅速，业务量与开票量不断增大，企业为发票的增量和变更手续往往需要多次奔波，有时候来了业务，必须马上接单开票，却因发票问题而产生诸多不便，即使有发票，也因限额制度造成购销双方不必要的成本增加。二是评估、认证、检测问题。据企业反映，各种评估、认证、检测名目繁多，如安全、质检、土地、规划、环境、消防、能耗、职业卫生……，几乎每个月都要派人应付。虽说许多评估检测项目提供的材料相同，走的程序相似，但每次都要找第三方机构从头到尾走一遍，不仅程序复杂而且频率过密、收费偏高、还很费力，这使得企业成本不断增加。三是一些收费问题。例如残保金的缴纳，对于部分困难企业来说，就是一笔不小的成本负担。据反映，在残保金缴纳中，由于一些企业无法雇用残疾人，往往采取一些违法手段，以降低用工成本。而一些地区的残保金为税务局代征并以指标分配下辖区域，由税务征管员对辖区内的企业再进行指标分配。由于税务征收缺乏监督制衡，由哪家企业来负责该区域内残保金的缴纳任务，往往由区域内的征管员说了算，造成权力寻租以及不公平的事件频频发生。总之，在残保金征纳双方的互动过程中，并没有较好实现残保金该收费项目设立的初衷，而且还增加企业的成本负担。

（三）工资差距过大是社会风险隐患成本较大的反映

工资增长是否合理，关键看工资水平的形成机制是否合理。改革30多年来，职工工资确实有了较大的增长。但细细梳理发现，这么多年来，金融行业的工资增速始终居于领先，一直大大高于以制造业为代表的传统行业。究其原因，不仅与金融业垄断政策有关，也与其信贷规模快速增长、社会融资规模不断膨胀有关。而且这一过程是伴随着信贷泡沫、社会融资泡沫、资本市场泡沫而维持的，这给其他收入群体造成了不小的伤害，已成为经济社会发展的风险隐患之一。除金融业之外，工资增长第二的是信息传输、软件和信息技术服务业。作为一个新兴产业，在全社会支持下，收入增长居前，是能够理解的。只是从近期虚拟经济出现的风险和问题来看，这是一个与金融业颇为相似的享受较大权利、少承担或不承担风险的行业。而对于制造业，其工资不高，既有其自身技术落后、劳动生产率不高的因素，也与我们对制造业重视不够有关。如在制订经济发展计划时，看重速度、看重眼前利益、看重局部利益，不重视实体经济，以致出现制造业被冷落的现象。一段时间来，过于看重虚拟经济，使虚拟经济过于膨胀，产生不少暴利行业。甚至一些实体企业也去从事暴利投资，而在主营业上投资甚少，直至资本大量撤离，致使传统制造高端人才不断流失，无力进行技术研发、工艺改进，以致转型升级行动缓慢，制造业质量难以提升，核心竞争力难以增强，经济效益持续下滑。而这才是传统制造业工资偏低的根源所在，并成为社会发展的又一隐患。

三、几点建议

当前宏观经济中出现的各种矛盾，如消费需求不足、产能过剩、收入分配差距过大等问题，实质上是要素市场不均衡的反映，是劳动要素报酬过低、资本、管理要素报酬过高的反映。因此，要维护整个市场的均衡，促进经济健康发展，必须加快供给侧及要素市场改革，充分激发供给侧的活力以完善劳动力市场和工资增长机制，增加劳动报酬在初次分配中的比例，提高劳动生产率，实现经济增长的良性循环。

第一，降成本首先政府要有作为。为加快供给侧结构性改革，提高供给效率，一是要转变政府职能，厘清和理顺政府与市场之间关系。政府要加快行政审批制度改革，要把简政放权作为企业减负的重点。要从管制型、审批型向服务型转变。在行政审批方面，要简化流程和手续，避免重复审报和鉴定。二是为进一步激发企业的内生动力和创新活力，政府应出台一些降低企业成本、减轻企业负担，推进企业稳增促调的相关政策。应向社会公布企业税收目录清单和税收优惠目录清单，严禁向企业重复征税、征过头税、提前征税。全面落实小微企业税费优惠等减轻企业负担的各项政策措施。三是要控制好价格、特别是房价。房价上涨过速，势必造成物价水平抬升，不仅给投资环境带来严重影响，还可能极大地干扰产业结构和资本流动的优化，甚至把经济复苏引到另外一条泡沫化、资产错配的道路上去。为此，政府应将土地供给调节作为房地产调控的政策选项，这既能够减少经济增长对房地产业的依赖，也不会明显挤出普通商业投资，对私人消费还有促进作用。

第二，高度重视实体经济的发展。实体经济是物质财富的创造者，也是社会进步的推动者，是强国之根本。只有实体经济不断发展壮大，职工工资才能不断得到增长。当前，实体经济发展遇到了一些困难，如用工难，融资贵，成本高，利润低，加上某些行业利润率高，诱使许多资本和人力都跑到盈利高的非实体经济领域去了，致使实体经济的发展愈发困难。因此，要加快实体经济特别是小微实体企业的发展，政府要创造更加宽松环境，更加优惠政策，从土地、资金、税收、人力等各方面给实体经济更多地支持。通过财政补贴、税收减免等多种措施，降低企业经营成本。鼓励金融机构紧贴实体经济，鼓励商业银行对诚信经营、发展前景好、产品适销对路的中小微企业贷款给予优惠利率支持，并与政府激励政策挂钩。通过多方给企业松绑，引导企业投资、激活民资、激活机制，让企业轻装上阵，参与国际经济的竞争，做强实体经济。

第三，推进传统制造业转型升级。据调查，机器换人可有效缓解企业用工紧张，也降低了成本。显然，实现智能化技术改造是提升传统制造业效率的关键，也是转型升级的必然途径。这也是许多发达国家走过的路。没有技术改造、转型升级，任何降成本的措施都不可能使企业真正走出困境。唯有通过技改、重组出清、转型升级、提高效益，消化刚性上升的成本，企业才具有持续发展的潜力和提高劳动者报酬的实力。建议针对湖北制造业出台一系列新的鼓励制造业发展的重大政策和产业发展规划，同时大力培养高技能人才。高技能人才是推动产业转型升级的重要力量。对此，政府应高度重视。

一是应把技能人才培养纳入政府人才工作总体规划，作为地方政府领导人才工作目标责任制考核的重要内容；二是把高技能人才工作作为企业享受优惠政策的重要条件，切实提高企业培养技能人才的责任意识；三是大力营造适应高技能人才的社会环境，建立待遇与业绩贡献相挂钩的高技能人才收入分配机制，在工资、津贴、培训、晋升荣誉等方面给予更加优惠的政策。

第四，保障职工收入的合理增长。一是从根本上矫正社会平均利润率"扭曲"问题。通过产业政策调整，加大对垄断性企业、国有企业及上市公司税收、利润分配的调节；加大节能减排和对"僵尸企业"的处置力度，形成公平的市场竞争环境，让市场来调节社会平均利润率。二是调整收入分配结构。缩小行业间、地区间、城乡间的收入差距，严格执行国家"限高、扩中、提低"的收入分配政策。三是建立工资合理增长机制，一方面，改变金融行业只享受利益、不承担风险的经营模式和工资增长方式；另一方面，建立最低工资标准正常调整机制，取消两年必须调整的限制，在工资调整中取得一个平衡点，合理提高最低工资标准。在不给企业过大压力的情况下，保障劳动者的基本生活水平。同时加大最低工资标准落实及检查力度。四是适当降低社会保险缴费率。为提高保障水平，社保缴费标准一定要科学合理。应充分考虑企业的经营现状和低收入群体的生活状况，从两方面制定缴费标准，即企业、低收入人群自缴和各级财政补贴共同负担的办法解决，其负担比例视经济发展形势和人均收入状况而定，灵活调整社保缴纳比例，取消现有社会保险缴费工资基数保底数，让更多的人从中受益。

破解结构性失业难题　切实保障和改善民生

——基于湖北省企业用工短缺与结构性失业的调查*

当前，企业用工短缺与结构性失业矛盾十分突出，一方面，各地企业用工短缺频频发生。受企业发展中的矛盾以及企业工作环境、工资待遇等因素的影响，一些企业员工流失率大，招工困难，缺工问题十分突出。另一方面，结构性就业压力非常严峻。大学生就业难，农民工就业不稳定，特别是80后、90后受过良好教育的求职者的择业要求普遍较高，而其技能却不能适应企业的需求，结构性失业问题亦十分严重。

一、当前企业用工短缺与结构性就业难的现状

本数据来源于2011年笔者对湖北武汉、宜昌、荆州、黄石、襄阳、随州等6市不同行业、不同规模、不同所有制的236家企业、29家人力资源市场、武汉地区5所大专院校，以及355名求职人员（其中应届大学毕业生88名）的问卷调研。调查表明，在所调查的企业中，缺工企业为209家，约为88.2%；缺工人数为4.85万人，约占正常生产经营所需人员的33.5%。其中，缺工企业中一直缺工的有138家，而缺工的原因多是由于劳动强度大、工资水平低、福利待遇差，职工流失率较高。

（一）从企业角度来看

第一，不同性质企业的用工需求与"招工难"。民营企业"招工难"问题较突出，特别是中小劳动力密集型企业缺工问题严重，从时间跨度看，近

＊　该文刊载于《湖北工业大学学报》2015年第6期；文章有修改。

年来一直存在缺工问题；国有企业缺工不如民营企业突出，但也一定程度上存在"招工难"；相比之下，外商投资企业用工缺口较小，只是存在着短期性、临时性缺工现象。

第二，不同行业用工需求与用工缺口。缺工行业较多。缺工率高的行业主要是纺织服装（31.5%）、餐饮服务（30.9%）、机械制造（30.4%）、建材（27.7%）、电子信息（25.7%）、粮油加工（24.9%）等传统生产与服务行业，现代服务业也有5%~10%的用工缺口。

第三，企业用工需求与学历程度的相关性。现代制造业、现代服务业主要招用各类大学本专科毕业生，机械等加工制造业主要招用高中生，其他传统企业（包括住宿餐饮等传统服务业）主要员工是初中毕业生，在建筑业，农民工多是小学文化程度。

（二）从求职者角度来看

首先，不同求职者就业需求与行业的选择。求职者普遍对行业或岗位选择有较高的要求，大学生选择的行业主要是金融咨询等现代服务业和现代制造业；农民工主要是加工制造业、传统服务业和建筑业，但新生代农民工主要选择销售、管理和技术工作；城镇下岗职工主要是商业饮食等传统服务业。

其次，不同求职者就业需求与职业的选择。正在寻找工作的大学生希望从事的岗位主要是专业技术、销售和管理方面的工作；农民工多选择普工、部分选择技术方面的工作；城镇下岗职工主要选择技术工人和管理人员岗位。

最后，不同求职者就业需求与薪酬期望。大学生薪酬期望多在3000~5000元；农民工薪酬期望多在3000元左右；下岗职工薪酬期望一般为2000元左右。相当部分求职者择业时间较长、跳槽频繁。有44.2%的求职者找工作时间超过2个月，但不少大学生工作不到1年就跳槽，另有不少毕业生工作了2~3年亦会选择跳槽；农民工变换工作也较频繁，有的1~2年，有的2~3年或3~5年就会变换单位，"短工化"现象较严重；下岗职工如能就业则相对较稳定，跳槽较少，但一般很难再被雇佣。

二、劳动力供需结构性矛盾与问题分析

以湖北人力资源市场为例，2013年，湖北全年通过公共就业服务机构进行用人招聘的企业7.67万家，累积提供岗位177.8万个，分别比2012年上

升了 6.72%、6.93%；同时，全年在公共就业服务机构登记求职的劳动者数量 155.78 万，比 2012 年上升 10.83%。两相比较，全省全年累积岗位供给大于求职需求，求人倍率为 1.14，反映湖北用工需求较旺盛。不过，深入剖析用工需求和劳动力供给状况，发现整个人力资源市场用工结构性矛盾十分突出。

第一，有限的劳动力供给难以满足低端岗位就业需求。一是行业用工需求主要集中在传统制造业、批发零售业和住宿餐饮业，分别占总需求的 37.20%、18.25% 和 16.03%，三者之和占总需求 71.47%。二是从岗位用工需求看，技术型工种岗位用工需求较稳定，对一线普工需求量大，传统制造业和服务业用工缺口较往年进一步扩大。三是用工单位对求职者学历（年龄、性别）要求明显放宽，对高中以下学历的用工需求与前一年相比有较大幅度提升，高中（中专）学历占比最大，达 50.43%。说明部分企业对低层次人力资源依赖较强、生产力水平较低、发展方式较落后，这也反映了人力资源争夺日趋加剧，"招工难"更难。

第二，企业转型升级过程中中高级技能人才短缺。通过公共就业服务机构登记的求职者，主要是新成长失业青年、就业转失业人员、农村转移劳动力，三者所占求职比重之和达 78.52%，而在新成长失业青年中，应届大学毕业生求职人数比往年增长 12.45%。从专业技术人员求职情况看，求职者人数激增，增加人数占总求职增加人数的 42.83%，超过了用工需求。从求职的岗位看，主要集中在生产运输设备操作工、商业服务业人员、专业技术人员、办事人员等岗位，其中生产运输设备操作工、商业服务业人员用工缺口较大，而专业技术人员岗位空缺与求职人数比率却不达 1%。说明随着产业升级，企业对劳动者技能和素质要求普遍提高，但部分劳动者不适应企业要求，不能满足生产运输设备操作工岗位对技能人才的要求；同时说明部分大学生就业能力不强，不能满足专业技术人员岗位需求。

第三，员工流失率较高，短工化趋势加剧。调查表明，2013 年，湖北 500 家企业中有 351 家不同程度地存在用工短缺，缺工企业不仅数量多，缺工的时间长；而且员工流失率高，351 家企业平均流失率为 21.5%；2014 上半年，武汉市员工流失率平均为 7.5%，尤以 80 后、90 后新生代求职者为主。说明新生代求职者自我意识更强，对企业的工作环境、薪酬待遇等更加挑剔，也说明以低端制造业为主体的产业结构无法满足不同层次的求职者的需求，企业留人更难。

第四，企业待遇普遍上涨，招工依旧很困难。2013 年企业人均用工成本比 2012 年上升 10% 左右，其中人均工资增长对人均用工成本增长的拉动超过90%，反映了企业用工难引起员工工资上涨，助推用工成本不断上升；而用工成本上升又导致企业用工更难。

第五，产业用工需求受经济波动的影响较大。数据显示，与2012年相比，2013年二季度第二、第三产业需求人数呈剧烈下降态势，其中第二产业需求人数降幅达40.87%，第三产业需求人数降幅达24.76%，说明第三产业对于稳定就业具有重要作用，它是就业的主渠道；同时也说明，湖北省现代服务业规模太小，一旦经济发生波动，产业用工需求将受到较大影响。

当前企业出现的用工短缺，主要集中在劳动密集型制造业和传统服务业，这些行业对低层次人力资源依赖较强；与此同时，随着企业转型升级，一些企业对劳动者素质的要求越来越高，特别是对具备一定的专业技能和工作经验的需求在提高，但从企业提供的岗位、薪给水平、要求的技能、分布的地域等条件看，许多求职人员的技能与企业岗位的要求不匹配，与求职者期望或具备的条件存在较大的结构性差异，致使员工流失率较大，使企业"招工难"问题日趋突出。这正是结构性失业的重要特征。结构性失业最主要的表现，就是某些传统产业落后于市场需求而逐渐衰退，而适应落后产业的供给结构不能适应新的就业要求所形成的失业；或者说产业结构升级中适应新产业要求的劳动供给不足而出现了空位。

三、企业用工短缺与结构性失业的深层原因

第一，产业结构不合理。产业结构不合理是导致就业结构性矛盾加深的深层次原因。长期以来，我国形成了以中低端制造业为主体的产业结构，现代服务业偏弱。但由于产业结构不合理，无法适应不同层次的劳动力需求。一方面，各类产业发展不平衡，特别是能够提供大量工作岗位的现代服务业发展不够；另一方面，许多劳动密集型企业仍然依靠低廉劳动力成本维持其经营，大量争抢对技术要求不高的普通劳动者。2015年，中国大学毕业生数量已是2002年的11倍，但适应大学生的就业岗位增长缓慢。许多中小企业也未能升级到更重视技术开发、产品设计、品牌经营等附加价值较高的产业链高端，企业内部生产经营社会化分工不足、专业化程度不高，对市场化的生产性服务业需求不大，工业结构的不合理成为制约大学毕业生完全就业的瓶颈。不仅如此，政府对服务业管制还过多，尤其是对教育、医疗、金融、保险、通信、信息、文化等领域的管制过多，以致这些领域竞争不充分，影响到资源的聚集和生产率的提升，最终影响到服务业的发展，从而导致就业

市场紧张。

第二，中小企业负担重。近来受宏观经济影响，中小企业发展空间和机会减少，使企业用工需求和对人才的吸引力受到严重影响。一是市场环境不佳，近年来，由于各种要素如土地、原材料等价格不断上涨，资金短缺、融资困难，使中小企业发展空间受到严重影响。二是税负较重，由于税制结构上存在一定缺陷，中小企业相对于大企业在税负与利润比中处于劣势；此外，政府各类收费，如教育附加费、水资源费、残疾人就业保障金，以及工商、公安、卫生、质监、环保等部门征收的行政性收费，也加重了中小企业的负担。三是企业自身发展存在不足，许多企业转型升级步伐缓慢，产品技术含量不高，附加值低；还有部分企业社会责任感较欠缺，长期沿袭"需要就招工、不需要就解雇走人"的用工模式，伤害了劳动者的感情，这些都使得企业用工需求和对人才的吸引力受到严重影响。

第三，教育制度的欠缺。当前，企业缺工与就业结构性矛盾，根源于教育体制存在着严重缺陷。一方面，普通高等教育功能定位不清，扩张过快。特别是受行政化、功利化的影响，各个高校都大力扩招办学成本低的文科类专业，但许多专业设置雷同，缺乏特点，这既导致许多学生缺乏技能，无法适应企业要求，还导致人才过剩，加剧了就业市场的紧张；而对于办学成本高的工科专业，同样由于行政化和功利化的原因，一些学校不愿在工科学生的培养上多下功夫，使得大学生动手能力不强，创新能力不足，不能适应企业发展的需要。另一方面，职业教育长期不被重视，职业教育在资源配置上与普通高等教育的差距越来越大。目前中国第二产业，特别是制造业、采矿业和建筑业在经济产出中的占比高达47%，其提供的蓝领职位亦占有相当比重，但由于传统上人们鄙视体力劳动，职业教育更是被人瞧不起，社会需要的高端技术型人才出现断层，导致人才培养与社会需求存在严重脱节。

第四，区域发展不平衡。我国区域经济发展极不平衡，东中西部地区之间差距较大；湖北区域内经济发展也不平衡，省城武汉一枝独秀，区域环境较好，社会资源占有量较大，其他地区相对较落后，这导致我省企业用工与就业结构性矛盾十分突出。一方面，不同地区发展速度、就业机会以及收入水平相差较大，而大学生的薪酬及未来发展期望趋于发达地区，落后地区虽然人才匮乏，但因各项条件制约无法提供与发达地区相当的劳动力价格、升迁机会或发展环境，使其对于大学生的引进大打折扣。另一方面，农民工受城乡差距的影响，为谋求更好的待遇，不断地流动或跳槽。区域经济发展不平衡使劳动力流向较单一，而劳动力流向的不均衡，又影响了区域经济发展，加剧了招工难、就业难，并导致就业结构性矛盾凸显。

第五，收入分配不公平。目前，不同行业的收入分配极不合理，尤其是在垄断行业与竞争性行业之间。由于收入差距较大，一部分人逐渐成为利益阶层，另一部分人群则沉入收入下层。这种现象逐渐被固化，并直接影响到大学生的就业。一方面，垄断行业、具有特殊地位的事业单位依靠自身的优势吸引了大量的大学生来求职，但这些行业与部门为了自身利益，往往只有特殊关系的人才可进入。另一方面，竞争性民营企业、大量中小劳动密集型企业却很难吸引到大学生，特别是当企业对工科类人才的需求急剧上升时，一些有工科背景的大学生却"逃离工科"。原因就在于与竞争型企业相关的专业、特别是传统工科专业毕业生薪酬较低，工作环境较差，升迁之路相对缓慢，以致大量大学毕业生不愿从工，对去工厂工作兴趣索然。

四、对策与建议

当前企业缺工和就业不足，主要是一系列结构性不匹配、不相容的机制造成的。而结构性、体制性等因素短期内难以克服，为此，解决就业领域结构性矛盾，应着眼于长远，综合施策，多措并举。

第一，大力推动产业结构优化升级。产业结构调整和企业转型升级是解决企业用工荒和就业结构性矛盾的关键，政府应制定相应政策，为促进产业结构转型升级与增加就业创造条件。一是大力改造传统产业，发展高新技术产业，稳步推进产业转型升级。二是围绕制造业大力发展生产性服务业。鼓励制造业的服务环节从企业分离，推进业务外包，深化企业分工和合作，促进制造业转型升级；通过整合科技、培训和咨询服务资源，建立区域和行业的公共技术平台，推动生产服务业与制造业的融合发展，为产品升级、产业升级服务。建立支持生产性服务业发展的专项财政资金，通过加快产业转型升级，发挥经济对就业的拉动和联动作用。三是在推动产业结构优化升级中，应发挥市场的作用，政府应把工作重点转到创造良好发展环境和企业的用工环境上来，通过提供公共就业服务，激发市场主体创造活力，增强经济发展内生动力，以增强劳动者创业、就业的主动性。

第二，加大对中小企业的扶植力度。过去30年来，中小企业在国民经济和社会发展中的作用巨大，城镇近80%的就业岗位都是由中小企业创造的。然而，由于劳动密集型中小企业利润低、工作环境差、工资水平及福利待遇也低，越来越难以吸引大学生、农民工等新生代求职者。因此，解决结构性失业，应改善中小企业的经营环境，通过加大政策扶持力度，实行更加有利于企业发展的税收优惠政策和信贷扶持政策，减轻因用工成本快速上升对企业正常生产经营造成的压力，不断提高企业经济效益和盈利水平，推进产业结构升级和企业技术进步，提升产品附加值和竞争力。同时，在初次分配领域，政府应帮助中小企业有更多的空间分利给劳动者，逐步提高企业职工的工资水平，从而增强对求职者吸引力。

第三，大力推进教育体制改革。过去 20 年，大学教育在由精英教育逐渐向大众教育转变之时，学生整体素质有了明显的提高。然而，由于教育体制存在着严重弊端，使学生的素质及就业能力不能适应市场的需求。解决这一问题，一是加速推进高等教育的改革、创新与彻底转型。鼓励学校扩大自主办学权，进一步突出办学特色，创新人才培养机制；推进学校与企业深度融合，提高学科建设水平，为经济社会发展培养更多高素质创新型人才。二是大力发展职业教育，改变教育结构不均衡状态，要适当缩小高等教育规模，扩大职业教育规模，实现职业教育与产业技术需求对接，增强人才培养的针对性和适应性，加大市场紧缺型劳动力有效供给。三是完善社会化职业教育培训体系。一方面，对初高中毕业不能继续升学的毕业生，组织参加免费的职业教育和职业培训；另一方面，进一步加强对企业劳动者的在岗培训，提升其岗位能力，促进稳定就业；同时构建劳动者的终身职业培训体系，以从根本上解决我国就业领域的结构性矛盾。

第四，着力提升区域发展水平。面对各地企业缺工以及农村劳动力的回流，应借助长江经济带的战略机遇，大力发展产业集群，形成现代产业密集带；依托产业集聚区，在中小城市着力布局劳动密集型产业，加大就业供给。一是通过沿江产业合理布局，通过提升金融服务业、生产服务业和生活服务业，着力优化要素配置，拉近同一产业中关联配套企业的距离，降低资金、物流、时间成本，提升聚集效应。二是建立统一高效的用工信息服务平台，建立健全就业服务工作机制，实现产业集聚区的用工需求和附近农业转移劳动力供给的有效衔接，吸引农业转移劳动力就近转移就业。三是加大公共服务设施建设，推动公共服务向小城镇、农村延伸，促进农村人口向城镇转移，向第二、第三产业转移，促进资本、技术、劳动力等生产要素高度集聚，以增强城镇就业功能。

第五，解决好收入分配领域的突出问题。收入差距扩大、社会分配不公，是我国分配领域的一个突出矛盾，它直接影响到劳动者就业。要切实解决好这些矛盾，必须从根本上矫正"扭曲"的社会平均利润率，缩小城乡之间、行业之间以及地区之间的收入差距。一方面，严格执行国家"限高、扩中、提低"的收入分配政策，限制垄断行业工资过高过快增长；另一方面，要大力开展工资集体协商，保障职工工资的合理增长，并在住房、医疗及社会保障等方面进一步提升职工的福利待遇，让所有的职工都能更好地享受经济发展所带来的实惠，以缩小收入差距，维护社会公平。

参考文献

［1］汪志. 商业服务、制造业用工缺口又扩大了［N］. 长江商报，2014 - 01 - 07（A18）.

［2］陈屿，陈刚等. 高中以下学历用工需求大幅上升［N］. 湖北日报，2014 - 01 - 07（14）.

［3］方珞，罗天娇. 鄂企还有人力资源优势吗［N］. 湖北日报，2014 - 01 - 02.

［4］丁玥. 武汉招工难与留人难并存上半年 3.3 万人主动离职［N］. 楚天金报，2014 - 07 - 30.

［5］吴玲. 职业教育可解结构性失业［EB/OL］. 人民网，2012 - 08 - 23.

制度障碍、社会流动性
与大学毕业生就业难[*]

一、引　　言

　　大学毕业生就业难，是近年来一直困扰全社会的一个现实问题。由于毕业生数量连年创新高，而受各种因素影响，许多大学生毕业即失业，使得大学毕业生就业问题凸显。资料显示，2008 年全国高校毕业生 550 万人，2009 年为 610 万人，2012 年达到了 680 万人，预计"十二五"期间，高校毕业生总量将以 3% 的速度增长，年均规模将达到 700 万人。而近几年高校毕业生初次就业率在 70% ~75% 之间徘徊，加上历届累积下来的数以十万计、甚至达百万未就业的大学生，使我国就业市场的压力十分严峻。按说大学毕业生有着良好的教育背景，是就业市场上的优势群体，而且从宏观经济形势看，多年来 GDP 增长率都保持在 8% 以上，就业岗位并不缺乏，但为什么大学生就业难的问题一直得不到有效解决？难在何处？

　　关于大学毕业生就业难，粗看起来，似乎是个简单的供需问题：毕业的大学生太多，适合大学生的就业岗位太少，丁元竹（2003）、王远博（2005）认为，大学生就业难是结构性问题，根本原因是教育结构与产业结构之间的矛盾、地区经济发展不平衡以及现行用人制度不完善所致。有学者提出造成这一供需关系失衡的原因是始自 1999 年的高校扩招。黄敬宝（2007）、胡金木（2009）认为，近十年起我国高等教育发展太快，各校大量扩招，以致毕业生就业出现了"供求失衡"。但有不少学者从就业预期、制度安排等其他

————————

方面对大学生就业难进行深入分析。吴克明、孙百才（2005）以预期为视角，认为大多大学生选择留在大城市、希望找一份稳定的工作，因此就业期望偏高是就业难的一个重要原因。曾湘泉（2004）认为，仅从市场需求、供给、供求匹配和收入预期的角度分析大学毕业生的就业问题是不完善的，必须从制度和市场两个方面探讨大学毕业生的就业问题。赖德胜（2001）以二元劳动力市场为视角，认为劳动力市场分割是大学毕业生就业难的重要原因。文明（2010）则以高等教育体制、高校运行机制为视角，认为大学生就业难的根源在于我国教育体制和高校运行机制存在严重缺陷。还有些学者从社会公正角度对大学生就业难进行更深入探讨，杨建义（2009）以社会流动性不足为视角，提出日渐突出的毕业生待就业问题，在一定程度上是源于求职过程中后致性规则的普适与公正在现实中受到不同程度的限制。张源源、刘善槐（2011）以教育筛选功能失效为视角，认为大学生就业难是社会资本有利群体利用"社会屏蔽"使招聘程序合法化所导致的不公平就业的结果。由此可知，大学毕业生就业难不是一个简单的现象，它是转型这一历史时期社会经济现象的综合反映，是供求结构、教育结构、产业结构以及制度结构失衡的结果。因此，研究大学生就业难，需要在中国经济社会大转型这一历史变迁的背景下，结合社会转型、制度环境、体制机制等影响就业的深层因素，以及中国社会阶层分层并逐渐固化等影响公平就业的因素，从动态视角进行综合研究，才能对当前大学毕业生就业难问题有一个全面把握，并加以解决。

二、对 应 分 析

本文首先运用对应分析方法对大学毕业生就业预期进行研究。关于对应分析，又称 R—Q 型因子分析，它是一种多元统计方法，主要用于分析二维数据阵中行变量和列变量之间的关系。一般的交叉表检验很难清晰地表达二维表两个变量的本质关系，而对应分析则不仅使行因素间，列因素间关系得以展现，也使对行、列因素间相互关系的分析成为可能。本文选取的行、列因素等数据，来源于 2011 年笔者对武汉 5 所大专院校 88 名应届大学毕业生，以及武汉、宜昌、荆州、黄石、襄阳、随州等 6 市的 267 名其他求职人员（含往届大学生、农民工、下岗职工）进行的问卷调研。对于调研数据，我们进行了编码，建立了数据库，并采用统计软件对相关问题进行对应分析。分析如下：一是不同类型高校应届大学生与毕业去向选择分析。数据显示，不同类型高校应届大学生一般以就业为主；此外"211"大学和普通高校学生多数会选择考研，部分选择出国；独立学院相当部分学生会选择考研；高职高专学生极少有考研和出国的，但部分人会选择创业。二是家庭来自不同地区的应届生与就业地区选择分析。数据显示，家庭来自省会城市、地级市、县城的学生多把北京、上海和东部其他经济发达地区作为就业地区首选；而部分家庭来自县城、乡镇和农村的学生除东部发达地区外还把中西部省会城市作为就业地区首选。三是不同专业应届大学毕业生对薪酬期望选择分析。数据显示，部分工科学生期望值较高，最高达 8000 元，大部分工科学生期望值为 3000 ~ 4000 元；理科生、文科生期望薪酬值差距较大，多数期望 4000 ~ 5000 元，有的 2000 ~ 3000 元，还有的 1000 ~ 2000 元也能接受。四是往届大学毕业生工作时间长短与跳槽选择分析。数据显示，不少毕业生为找到一份满意的工作，工作不到一年就选择了跳槽，另有不少毕业生工作了 2 ~ 3 年亦会选择跳槽。五是往届大学毕业生与行业选择分析。数据显示，毕业后仍在找工作的大学生希望选择的行业主要是金融咨询及现代服务业、现代制造业等。六是往届大学毕业生与影响就业因素看法分析。数据显示，毕业后继续寻找工作的大学生认为个人能力、家庭背景和社会关系、学历、有效的求职信息是影响就业的重要因素；同时，机遇因素在寻找工作中亦很重要。

三、当前大学生就业难反映出的问题

由上分析可知，当前大学生就业难反映出的问题主要是：

第一，大部分毕业生不愿到基层去。当前大学生就业市场极不平衡，一方面，大中城市人才越来越集中，据调查，有 70.4% 的学生希望去北京、上海及东部其他经济发达地区。除地域选择外，大学生对行业选择也很扎堆，主要就业于政府部门，金融行业，现代制造业，教育，公共管理与社会组织，卫生、社会保障和社会福利业等行业，后四个行业超过了毕业学生总数的 50%，也就是说，有超半数的学生集中在 20% 的行业。同时，就业越来越难，许多人为留在城市，宁可用非所学，做一些与专业不对口或技术含量低的工作，也不愿回家乡，到基层去。资料表明，全国农村医生缺口达 53 万，但每年约 50 万医学毕业生转行。另一方面，广大基层尤其是西部偏远地区人才急缺，目前只有 22.6% 的大学毕业生愿意到农村就业。这种状况反映了我国产业结构不合理，人力资源没能得到充分利用，人才浪费极其严重。

第二，相当部分毕业生薪酬期望值较高。大学生历经多年寒窗苦读，希望有一个较高的收入，本无可厚非。但从大学毕业生的起薪工资看，在整个社会的工资层级中属于中下水平。据调查，65.1%的大学毕业生期望月薪能在3000元以上。其中，期望月薪在4000元以上的占30.1%，能够接受月薪在2000元以下的仅占1.7%。然而据武汉市人才服务中心的证实，4000元月薪期望显然偏高了。在武汉，刚出校门的本科毕业生平均月薪应在2000元左右。据资料显示，2011年大学应届毕业生的月平均初始工资为2719元，具体说，69%毕业生起薪不到2000元，最低为500元，最高达10万元，起薪为5000元以上的毕业生仅占3%。显然相当部分毕业生的起薪水平不容乐观，虽然这里涉及的只是大学毕业生刚刚进入劳动力市场时的工资，但仍反映了劳动力市场供需不平衡与人们对人力资本投资回报期望的矛盾。

第三，相当部分毕业生就业质量低。今天的大学生比前辈有着更高的愿景与追求，其就业愿景呈现多样化，既希望有更多的晋升渠道、发展机会，又希望能开阔视野、丰富经历。但近几年大学生较高期望与就业质量满意度相差越来越远。表现为，一是大学毕业生频繁地跳槽，在社会上"漂"，始终找不到理想的职业。据调查，大学毕业生通常会选择"曲线就业"，先工作一两年后再跳槽。调查表明，在2个或3个单位工作过的分别为30.7%、24.0%，其中工作期限最长不超过两年的有45.3%。资料显示，2011届大学毕业生半年后有14%约70万人处于低就业状态，其中有10.4%约52万人为自愿低就业。二是大学毕业生找工作时常常会面临就业歧视，不仅仅只是学历歧视、户籍歧视、性别歧视、工作年限或经验歧视等，更主要的是就业过程中面对"背景""关系""人脉"等排他性歧视。这种情况反映了越来越多的来自家庭背景不利的大学生，在就业质量上明显处于弱势。

第四，部分大学生缺乏积极的就业精神。对大学生来说，能将大学期间所学的知识应用到实际工作当中，找一份专业对口，自己又感兴趣的工作是自己终生的梦想。然而，近年来这一梦想与现实选择之间的矛盾越来越突出，表现为部分大学生宁愿逃避就业压力，也不愿去创业。资料显示，2011届大学毕业生中，有82.1%的人毕业半年后受雇全职或半职工作；有9.3%约57万人处于失业状态，其中有10多万人选择"啃老"；真正实施创业的约为1.6%。而在美国，实施创业的大学毕业生约为23%~25%。这种状况反映了我国大学生实现自己人生梦想的积极的就业精神不足，创业创新价值观还没有形成。

上述问题，一方面反映了大学毕业生就业压力越来越大，以至于面对巨大压力常常表现出不安或不自信；另一方面反映了整个社会就业门槛越来越高，以至许多大学生付出了比常人更努力地艰辛，却还是只能在社会边缘游走。

四、大学毕业生就业难的深层原因

那么，是什么原因在削弱大学生们强烈改变自己命运的意识？又是什么力量在阻挡着大学生群体努力改变自己命运的梦想？

一般地，教育与社会分层流动的关系极为密切。教育作为改变人们命运提高社会地位的重要阶梯，在实现社会公平方面能够起到重要的基础作用。布劳和邓肯（Blau & Duncan，1967）认为，影响人们社会经济地位的自致性因素中，个人教育的作用极为重要和关键，作为一种非先赋性因素，教育可独立影响地位获得，调节缓和出身对地位获得的影响。事实正是如此，改革开放以来，我国大力发展高等教育，特别是近几年不断扩招，降低了社会较低阶层子女"鲤鱼跳龙门"的门槛，让社会较低阶层的子女通过接受高等教育，获得较为理想的职业地位。

不过市场经济体制下存在一基本规律，即社会分层体系会通过教育体系有效地实现自身的阶层封闭与自我循环，使社会阶层呈现出固化特征，使家庭背景不利的大学生群体难以实现阶层跃迁、难以实现正常的向上层的社会流动。所谓社会流动，其含义，一是指民众在地域上的迁徙，也称为水平流动性；二是指人们在社会阶层上的升迁，也称垂直流动性。就社会分层与社会流动关系而言，它们是同一社会现象的不同描述。社会分层是以静态方式描述社会层次结构的分化过程，包括状态、内容、形式、性质以及各层次间的互动关系和程序；社会流动是以动态方式描述社会层次结构的分化过程，包括时空范围、方向和速度。社会流动的畅通与否被视为衡量一个社会封闭或开放的重要标志。对于一个开放的社会，无论是哪个阶层的成员，在较为公平的机会面前，通过努力和竞争是可以改变自己的命运的。与此相反，如果社会封闭，底层向上升迁的机会甚少，个人的命运将难以改变。改革开放30多年来，我国社会流动性总体是不断向上的，但在有序、开放的主流趋势下，社会流动被阻滞的现象亦十分明显。一方面，社会逐渐形成既有制度框架下的运行规则和利益群体，社会阶层呈现固化趋势，社会垂直流动的通道日渐狭窄，并不断抑制教育公平和大学生的充分就业竞争，阻碍社会较低阶层子女群体向上流动。另一方面，在社会阶层相对固化、各种社会资源不断向上层聚积的情势下，家庭背景不利的大学生想挤进上位阶层困难越来越大。由于所拥有的各种社会资源相对较少，家庭背景不利的大学生希望通过制度化的教育进入可预期的流动通道并谋求理想职位的愿景在现实中常常遭到阻隔，以致不得不选择低就业，或"漂泊"，或"啃老"，成为新的就业弱势群体或阶层。

显然，当前大学生就业难反映出的正是高等教育对社会分层作用的发挥受到了制约、向上的社会流动受到了阻碍的结果，究其原因：

首先，教育制度欠缺与筛选功能的失效。高等教育是受教育者提升素质、实现社会阶层跃迁进而改变命运的最为重要甚至唯一的途径。但如果教育制度欠缺，既有的教育体制将无力承载阶层流动的职能，这会使社会底层向上层流动的难度越来越大，社会阶层结构趋于固化，并进一步影响教育和就业。近年来，高等教育的现实即是如此。一方面，教育结构失衡，各个高校竞相开办热门专业如商业等，导致与实业相关的工程专业减少，人才培养脱离市场需求。在企业不断呼唤"招工难"时，许多大学毕业生却不愿到工厂工作。另一方面，高等教育应有目的正在逐渐弱化。一些学校为追求上层次，在学术或教学方面功利化趋势越来越重，并对大学生的价值观带来严重影响。而部分大学生自认为已跻身社会精英行列，既轻视实用和技能、过于看重文凭，又鄙薄基层工作、不愿付出努力，导致部分大学生不能适应社会要求。同时，随着高等人才就业市场逐渐转变为卖方市场，高等教育作为社会"筛选器"的功能出现弱化，而这种弱化的功能将直接导致缺乏社会背景的大学毕业生在就业市场处于不利地位。一些用人单位设置高门槛，不能对大学生平等对待，以一些与劳动者能力没有关系的先赋性因素作为筛选人才的方式，造成所聘人才的学历与其职业角色、职位不相匹配，扭曲了人力资本的正常投资行为，使大量下层阶层的子女通过教育实现向上流动的成本越来越高，使试图通过自身努力改变命运的大学生梦想破灭。

其次，户籍制度限制与公平机会的缺失。在一个社会，从一种职业到另一种职业、从一种身份到另一种身份的变迁和流动都要经历某种门槛，这种门槛可以是文凭、证书、特殊技能，也可以是拥有的财富等。任何社会都不能完全消除这种门槛，甚至在一定程度上需要这种门槛。但如果门槛过高，则会妨碍社会正常流动。户籍制度也是一道门槛。由于户籍制度的限制及社会保障制度的不完善，使不同地区劳动力市场被分割，并使不同城市、不同地区之间的就业机会、未来发展机会、受保障程度的差异固化甚至扩大；特别是大城市户口，其内含的经济利益极大，社会流动成本极高，以致户口成为固化利益阶层的重要手段。而基层在人们眼里通常就是社会的底层，那里不仅物质条件较为落后，工作清苦；而且各种人脉等社会资源稀缺，升迁无望，一旦身在基层特别是贫困地区，受户籍制度限制，缺少了公平机会，是很难改变自己的命运的。因此，众多大学毕业生基于理性思考，都希望留在大城市或经济发达地区，挤进向上流动的渠道，并宁愿成为"蚁族"，也不愿到基层尤其是中西部贫困地区工作。

另外，收入分配不公与利益阶层的固化。任何社会都存在收入差距，一定程度的收入差距有其合理性：它有助于激发人们社会参与的积极性，但如果收入差距超越了合理性的范畴，产生两极分化，就会形成社会阶层的极化效应。多年来，我国收入分配结构极不合理，行业之间、地区之间的收入差距一直较大，特别是垄断行业与竞争性行业之间，这使得从事这些行业的人群逐渐分化，部分人群成为利益阶层，另一部分人群沉入收入下层，并逐渐被固化。这种社会阶层的极化效应必然影响到大学生的就业流动性。一方面，垄断行业及一些具有特殊地位的事业单位和政府部门凭借自身优势吸引大学生求职者，出现了"百人竞一岗""千人争一职"的极端现象；但出于维护自身利益的需要，这些行业和部门又不断排斥其他优秀大学生的流入，能够进入垄断行业或政府部门的往往是所谓的"官二代""富二代"或其他关系密切的人。"三代人都在民航、一家人全干电力"并非戏言。另一方面，众多大学毕业生在那些发展前景不看好的企业面前止步不前，宁愿在家"啃老"也不愿到小企业做一般工人。由此，贫困家庭大学生靠奋斗获得的上升通道日益狭窄，出现"拼爹"替代拼搏，被迫选择"啃老"，即是对当代大学生就业难问题的真实写照。

五、对策与建议

每一个大学生都有美好的就业梦，这个梦也是"中国梦"的组成部分。在"中国梦"里，公平和正义以及实现自己梦想的平等机会和权利，是憧憬梦想的基石和前提，因此，解决大学毕业生的就业难，首先要有公平的"就业梦"，这是维护好正常的社会流动性，保证动态的机会公平，有效的人力资本投资，充分的就业竞争的基础。为此：

第一，改革教育制度，注重人力资本投资。大学毕业生就业难，根源在于教育体制存在着严重缺陷。解决这一问题，一是加速推进高等教育的改革、创新与彻底转型。要从数量扩张转向质量提升和内涵发展，从"传统教育"转型为"创新教育"，将提高办学质量和效益列为高校的中心任务，培养具有社会责任感、创造精神和实践能力的高素质人才。二是以正确的价值和理念引导大学生，扫除其头脑中存在的"观念误区"，提高其专业化水平。三是完善高等教育的筛选功能，将内在能力较强的个体通过教育这一有效信号筛选出来，弱化社会背景等先赋性因素在大学毕业生就业过程中的作用，以实现全社会人尽其才，才尽其用。

第二，改革户籍制度，促进人才自由流动。户籍制度是劳动力市场分割继而是不公平机会和待遇产生的主要原因，解决这一问题需要积极推进户籍制度改革，健全覆盖城乡的社会保障机制，打破城乡二元体制，建立制度规范的、机会公平的、充分竞争的、健全统一的劳动力市场。为此，一方面，应建立与大学毕业生就业行为相适应的人事、用工、户籍、社会保障等制度法规，解决大学毕业生的后顾之忧；用适当的激励政策来吸引优秀人才，并保证优秀人才来去自由，同时获得与自身付出相符合的奖励，形成有利于人才成长的机制。另一方面，加大对基层的综合支持力度，使其在基础设施等社会资源供给上尽快缩小与发达地区的差距，创造良好环境，使基层"增值"。

第三，缩小收入差距，增强社会的流动性。要解决好分配领域的问题，增强社会的流动性，就必须从根本上矫正社会平均利润率"扭曲"问题，同时调整收入分配结构，缩小行业间、地区间、城乡间的收入差距。一方面，严格执行国家"限高、扩中、提低"的收入分配政策，实现公平合理的收入福利分配机制，限制垄断行业工资过高增长；另一方面，大力发展服务业，服务业对就业的拉动能力远超第二产业，尤其是日益信息化的工业。通过推动现代服务业的发展，破解结构性就业难的问题，帮助大学生就业；同时，通过法律和制度建设防止就业歧视，保障就业公平，规范垄断企业及政府部门的人员招聘机制，增强就业市场的公开度和透明度，增强社会流动性。

第四，提升自身素质，加强社会的责任感。一方面，政府应维护好社会流动性，形成积极健康向上的社会环境，以保证机会公平，从而让社会上所有人，包括来自各个阶层的年轻人尤其是大学生感到有奔头、感到有出彩的机会，愿意奋斗；同时应实施政策引导，加大舆论宣传，积极引导高校毕业生到小企业、到西部地区、到基层去就业。另一方面，大学毕业生自己应及时转变就业观念，不断提升自身素质，克服浮躁心态，主动地去学习更多的实践知识，培养自己各方面的能力，加强社会实践锻炼，以自身素质作为就业的根本保障，到基层去就业，用自己的知识和本领为祖国为人民服务。只有这样才会面对一个更为广阔的就业空间，才能使自身的价值得到充分实现。

参考文献

［1］2012 年高校毕业生预计680 万比去年增加20 万人［EB/OL］. 中央政府门户网，

2012 – 06 – 07.

　　［2］尹蔚民：高校毕业生初次就业率在70% ~75% ［N］. 南方周末，2011 – 03 – 08.

　　［3］丁元竹. 正确认识当前大学生就业难问题［J］. 宏观经济研究，2003 （3）：3 – 6，28.

　　［4］王远博. 大学生失业的经济学原因探讨［J］. 经济问题探索，2005 （2）：64 – 66.

　　［5］黄敬宝. 教育扩展与大学生就业率的变化［J］. 北京社会科学，2007 （3）：38 – 43.

　　［6］胡金木. 我国高等教育十年扩招之路的回望［J］. 教育学术月刊，2009 （9）：7 – 9.

　　［7］吴克明，孙百才. 大学生就业期望偏高的经济学分析［J］. 教育与经济，2005 （4）：52 – 55.

　　［8］曾湘泉. 变革中的就业环境与中国大学生就业［J］. 经济研究，2004 （6）：87 – 95.

　　［9］赖德胜. 劳动力市场分割与大学毕业生失业［J］. 北京师范大学学报，2001 （4）：69 – 76.

　　［10］文明. 我国高校毕业生"就业难"现象根源剖析与对策思考［EB/OL］. 人民网，2010 – 08 – 11.

　　［11］杨建义. 社会流动视野下高校毕业生待就业问题探究［J］. 福建师范大学学报（哲学社会科学版），2009 （5）：151 – 156.

　　［12］张源源，刘善槐. 大学生就业不公平问题探析［J］. 教育研究，2011 （9）：51 – 55.

　　［13］弓秀云. 大学生就业难：基于工资与福利刚性视角［J］. 中国人才，2010 （11）：169 – 170.

　　［14］王梦婕. 全国每年50万医学毕业生转行农村医生缺口53万［N］. 中国青年报，2012 – 08 – 13.

　　［15］钟海之. "不下基层"的是与非［N］. 侨报，2012 – 08 – 09.

　　［16］武汉高校毕业生调查：期望月薪与实际差距大［N］. 长江日报，2010 – 08 – 25.

　　［17］报告称近7成大学毕业生起薪低于2千元［N］. 中国青年报，2012 – 07 – 26.

　　［18］内地去年57万毕业生没找到工作10多万人啃老［N］. 重庆晨报，2012 – 06 – 12.

　　［19］方竹兰. 大学生工资咋低于农民工［N］. 人民日报（海外版），2009 – 10 – 08.

　　［20］Blau P M，Duncan O D. The American Occupational Structure ［M］. New York：Wiley，1967.

发展数字经济　大力创造就业*

近年来，数字经济正广泛融入湖北省各行各业，促使湖北省经济加速转型。与此同时，就业也在转型，新就业形态不断涌现，尤其是电子商务，已成为新就业形态的重要组成部分，成为湖北省就业发展的新动能。随着数字经济不断释放出巨大的吸纳就业的潜力，未来"互联网＋"对助力湖北就业的情况到底如何？湖北又该如何顺应数字经济发展大潮以促使就业进一步发展？

一、数字经济带来湖北就业新动能

近几年，湖北省网络商家呈现爆发之势，大小网络商家数量超过22万家，以每年30%的速度快速发展，并带来电商交易额的不断扩大。资料显示，2016年，全省电商交易额约为1.4万亿元，同比增长26.4%，网络零售额达1400亿元，同比增长27.2%。2017年湖北省电商交易额1.7万亿元，同比增长22.3%，网络零售额1780亿元，同比增长27.1%。值得注意的是，在网络零售交易额中，大量的属于新增消费，这不仅意味着电子商务成为引领湖北省经济快速发展的重要引擎，而且直接带动了就业新形态的快速发展。

一是新就业岗位被不断创造。随着阿里巴巴菜鸟、京东、腾讯等一大批电商巨头的运营中心或华中区域总部落户湖北省，加上以卷皮网为代表的一大批本土互联网企业迅速成长，其所设立的大型电商平台、C2C平台和本土电商购物平台，以及在其平台注册的数以千万计的第三方网店，直接带来数十万电商服务企业从业人员就业，成为湖北省新就业形态的主力军。二是新就业生态圈逐渐形成。随着"互联网＋"的快速发展，以软件及信息服务

---

* 该调查报告源于2018年湖北省政府参事室的重点调研课题。

业、仓储、运输、物流、电商金融及第三方支付等构成的电商生态圈不断扩大，直接带动了各种服务业的快速发展，表现在分工越来越细化，市场半径越来越大，服务岗位越来越多，三百六十行已经远远不能概括其服务的丰富性了。网络经济和电子商务的快速发展在促进电商生态圈的不断扩大的同时，更是创造了大量新的就业形态和就业新物种，创造了大量的就业机会，吸纳了大量大学生就业以及传统产业就业者的转移。三是新就业空间持续扩大。伴随分享经济的到来，相关的互联网平台得到了迅猛发展，这使得就业空间越来越宽广。据调查，目前湖北省每天滴滴订单约在 100 万左右，带来的就业空间约在 3 万 ~5 万人。美团在湖北区域日订单量约在 60 万 ~70 万左右，实现骑手就业约 2 万人。另外，饿了么蜂鸟即时配送平台有效利用餐饮配送即时性和峰值期的特点，通过众包模式吸引有闲时资源的劳动力加入配送队伍，在解决用餐峰值运力需求的同时，也为众多众包骑手创造了更多的就业空间。据业内人士介绍，在分享经济领域，平台型企业用 1 个员工可开发 9 个工作机会，能让 100 个人参与其中。分享不仅改变了原有的大生产、大消费的方式，也使平台型就业大量兴起、众包兼职服务平台大量涌现，就业空间不断扩大，这对整个社会生态产生不可估量的影响。

"互联网＋新业态"的发展在促进产业、消费升级的同时，使得就业形态更加丰富，就业质量不断提升。数字经济正在成为带动湖北就业发展的新动能。首先，互联网新技术的应用降低了劳动者求职成本，提高了劳动者与企业的匹配效率，改变了人们生产生活方式及消费理念。其次，新就业形态和就业新物种，让拥有各种技能和天赋的人能够更好地发挥自身所长，实现灵活、多元的就业。据调查，"互联网＋电商"是当前青年创业与就业的热点领域，而这一领域具有智力密集型特点，这为大学生创业就业提供了大量的机会，也使创业型的就业日趋活跃。另外，随着湖北省农村电商逐渐全覆盖，不仅有效释放了农民的消费潜力，而且带动了农民就业创业，解决或缓解了多年来困扰农村经济发展的"卖难"问题，幸福感明显提升。

二、影响湖北省数字经济创造就业的问题与挑战

数字经济的快速发展，在深刻地改变着人类的生产和生活方式的同时，也对劳动就业和人才结构带来了重大挑战。

一是现行灵活就业人员统计体系不健全。调查发现，数字经济的迅猛发展，平台化、跨界融合的特点，以及灵活就业方式和自由职业者的大量涌现，

让原有的国民经济和就业统计体系、劳动保障法律法规、产业就业政策以及经济社会管理体制难以适应，以致以新产业、新业态、新商业模式为代表的数字经济对经济增长的贡献和新旧动能的接续转换情况无法了然于心，尤其是对就业数量难以做出准确的估算。究其原因，主要是年轻人"就业观"发生巨变，90后、00后"斜杠青年"比例呈上升趋势，且就业方式发生变化。由于"众包"的快速发展，出现了大量的兼职从业者；电子商务的蓬勃发展，出现了大量自我雇佣者；互联网平台的发展，涌现了大量记者、咨询师、作家等自由职业者。而现有的统计体系并未将灵活就业纳入国家正规就业统计体系，从而低估了数字经济对经济和社会的贡献。

二是"新零售"为代表的电商正引发城市间的"人才大战"。目前，武汉正在打造"新零售之城"。所谓"新零售"，是借助人、商品与服务、供应链的数字化以及现代物流，确保线上线下交易充分整合以及数据流动对各消费场景的串联。"新零售"是一种全新的商业模式，正成为促进新消费、打造新生活方式的关键动能。资料显示，阿里新零售从单点破局已发展到跨界融合、全产业聚力的新阶段。从海内到海外、从城市到乡村、从线上到线下、从衣食住行到吃喝玩乐，实现全市场、全渠道并进，既助推消费升级，助力供给侧改革，为设计、生产、物流等各环节带来结构性升级，又创造新就业岗位。但目前湖北省适应"新零售"方面的人才十分紧缺，包括电商战略人才，即具备整合企业中长期发展规划的人员；电商合伙人，即具备思维模式转变能力的人员；新零售复合型人才，既懂得线上数字技术又了解线下零售实践的复合型人才。未来新零售、电子商务发展的核心竞争势必落在人才竞争上，这对武汉打造"新零售之城"是一个重大挑战。

三是大量低技能劳动者的知识结构有待提升。随着数字技术的发展，对就业结构性的要求越来越高。技术进步将替代低技能劳动力是大势所趋。然而，据对部分电商行业和传统制造企业从业人员的调查，发现这两类行业从业人员具有以下特征，一是前者40岁以下年轻人占比较大，后者40年轻人占比非常小；二是学历普遍不高，本科特别是重点本科占比较少；三是低技能劳动者多，数字化人才少；三是从业人员流动性大，就业不够稳定。这一方面反映了当前人才培养与数字经济脱节现象较为严重，同时反映了虽然以数字经济为代表的新动能的成长增加的就业容量一定程度上对冲了大量失业者，但在数字技术兴起、结构不断调整的背景下，如何避免技术性失业和结构性失业亦是重大挑战。

四是建立在劳动关系上的社保体系不适应数字经济的要求。当前，就业灵活性过大、安全性不足已成为网约工面临的最大的问题。调查显示，大多数从业人员都是以非正规的方式就业，与企业平台签订了劳动合同的从业人员不到半数。由于平台企业不与从业者签订劳动合同，也就未缴纳"五险一金"；从业人员也就无法从该份工作中获得除劳动报酬以外的任何权益，如休息休假、安全卫生等。另外，绝大多数从业人员工作时间较长，通常每天工作 8~12 小时；大多数从业人员每月或没有休息，或只休 1~2 天或休 3~4 天，超强度、超时劳动始终处在较高水平。这使得从业人员、特别是网约工难以抵御服务过程中的职业风险或意外伤害。

三、几点建议

数字经济创造了大量灵活就业，是就业增长的新引擎。为促进湖北省数字经济发展，大力创造就业，建议如下：

第一，完善数字经济政策体系，提高制度和政策的灵活性。修改现有涉及数字经济的相关法律法规，提高社会经济政策的灵活性。扩大《劳动法》的适用范围，对数字经济下新型劳动关系进行有效规范，把劳动者最大限度地纳入法律保护范围。制定更加积极的支持灵活就业的社会保障政策，研究和实行适合灵活就业形式的社会保险形式，主要是在缴费办法、缴费基数和比例、缴费年限等方面设计适中的标准，降低门槛，灵活服务。

第二，健全就业统计指标体系，完善统计口径和调查方法。调整统计指标体系以适应平台经济模糊产业边界带来的挑战，将平台经济个体服务者缴纳部分纳入国民经济核算体系，采取"政府管平台，平台管企业"的模式。制定平台企业统计分类和标准，开展平台经济统计监测。建立数字经济就业新形态和创业情况的统计监测指标，使之能更加全面地反映就业创业情况。

第三，大力发展平台型经济，加强就业者劳动保护。平台将是未来企业竞争的重要载体，应鼓励建立和发展各类平台企业，拓展创业就业渠道。将现行的积极就业政策和对实体经济的创业扶持政策向数字经济创业就业延伸，建立更完善的配套扶持体系，尤其是在融资、税费减免政策及其他准入门槛方面提供支持。引导社会资金对具有成长潜力的数字经济创业进行投资。完善社会保险、医疗保险、失业保险等社会保障制度，以减少创业者的生存顾虑。鼓励平台企业吸纳灵活就业，鼓励传统企业线上线下融合发展。加强对平台企业的监管，督促平台企业遵守国家劳动保障法律法规，承担保护从业人员权益的主体责任。

第四，打造"数字经济"人才高地，大力开展数字技能培训。改革高校培养目标与培养理念，鼓励高校注重人工智能领域学术型人才和复合型人才的培养。出台相关政策，鼓励海外优秀人工智能高端人才回国，打造湖北"数字经济"人才高地。改革职业教育培养体系，加强人工智能、数字技术与商业结合的专业设置，提升数字化技能实训能力，推动职业院校与电商企业共建实训基地，培养"数字化"新蓝领。针对传统产业劳动者，应加强创业就业指导，试点推广"互联网＋"创业培训新模式，大规模开展开放式在线培训，帮助他们快速适应数字化转型的挑战。对农村劳动力、困难群体、过剩产能领域职工等重点人群，应有针对性地提供新技能培训，拓展各领域网络创业、就业渠道，提高重点人群适应数字经济的就业能力。

关于湖北省新兴产业高技能
人才供求状况的调查[*]

近年来，湖北省战略性新兴产业发展迅猛，在新一代信息技术、高端装备制造、生物医药产业，节能环保、新材料、新能源和新能源汽车等领域，湖北都取得了不小的成就。战略性新兴产业正成为带动湖北省新一轮经济增长和实现经济结构转型升级的强大引擎。不过，尽管湖北省战略性新兴产业发展较快，却仍存在一些问题。其中，一个重要问题是高端技能型人才短缺、分布不均、产业人才结构偏离，障碍了湖北省战略性新兴产业的进一步发展。

一、湖北省新兴产业高技能人才的供求状况及矛盾

（一）高技能人才的需求总量不断增加

随着经济发展方式转变、战略性新兴产业的发展，湖北对各类专业技术人才特别是高技能人才的需求出现了快速增长。据武汉纳杰人才市场调查，2016 年上半年，高职以上学历的新增用工需求达 21.9080 万人，求职人员为 17.1373 万人，求人倍率为 1.28；其中 IT 计算机、电子信息、机械制造、生物制药等产业领域需求为 4.7048 万人，求职人员为 3.4350 万人，求人倍率为 1.37；对技术工人的需求为 4452 人，求职人员为 2993 人，求人倍率为 1.49。同时与多家企业人事经理访谈得知，在当前产业升级的大背景下，企业非常需要顶尖的、高端的、能够迅速解决现场技术问题的高端技能人才。这一方面显示了企业对高端技能人才的需求和重视；同时也表明我省高技能

  ＊ 该调查报告源于 2016 年湖北省政府参事室的重点调研课题。

人才严重短缺。据调查，不仅是高技能人才，一般技术工人的需求也很旺盛。在武汉东湖高新区的新兴企业，如联想、海创电子、奋进电力等品牌企业，电子和机械类等一线操作岗位缺口较大；而在富士康武汉园区，由于产能提升和新项目推动等因素，其在汉项目就需要招工3000人。值得一提的是，在经济结构转型升级的大背景下，有一定技术能力的"手艺人"越来越吃香。以富士康和联想两大制造业巨头为例，除招收大量普工之外，对成型、冲压和SMT等技术类岗位也有较大的需求。这反映了当前企业用工需求结构呈现多元化。

（二）高技能人才供求结构性矛盾依然突出

资料显示，2015年全省技能劳动者总量为775万人，其中高技能人才达219万人，占比达到28.2%，接近国家制定的30%的要求。即使如此，湖北高技能人才供求结构性矛盾依然突出，存在着与产业发展紧密程度不高，与产业结构优化不适应的方面。具体表现为：一是高技能人才专业结构不合理。高技能人才集中在传统的机械、化工、电子等产业，而高端装备制造、新一代信息技术、新材料等战略性新兴产业人才短缺。据调查，"十三五"期间，湖北省新能源汽车产业将增加岗位需求5.42万个，到"十三五"末，人才总量预计将是现有人才总量的4.3倍。但目前，全省共68家新能源汽车领域企事业单位仅有1.64万从业人员，其中具有硕士以上学历人才占比不足10%，研发型人才仅占17.6%，高端技能人才更是严重缺乏，不到5%。二是高技能人才能级结构不合理。自开展职业资格认证以来，取得职业资格认证的人数逐年增加，但主要集中在初级和中级，高技能人才所占比例不高。调查发现，节能环保产业高技能人才的比例是最低的。另外，一些生物制药企业的技师、高级技师人数不到专业技术人员总数的10%，高级技师数量更是低于1%。且技师年龄基本在40岁以上，高级技师基本在45岁以上。技能人才队伍中普遍存在高端技能人才紧缺、年龄总体偏大、技术工种发展不平衡等问题。三是高技能人才分布结构不合理。绝大多数高技能人才集中在武汉市，其他地市高技能人才比例较低。如宜昌市技能劳动者为43.5万人，其中高技能人才8.2万人，在宜昌工人中占比仅为18.8%，远没达到国家的要求。四是高技能人才就业结构不合理。从全省来看，在生产、服务等一线岗位的工作实践中解决关键技术难题的技术人员、生产现场技术管理等高素质技能型人才相对缺乏；在第三产业，对高技能人才需求较第二产业更为迫切；与第二产业相比，第三产业就业人数不足且素质不高，不能满足产业转型升级中就业人数向第三产业转移和发展的要求。

（三）企业缺乏的主要是高端技能人才

从技能人才增量来看，按照湖北省培养的现状，近几年湖北省 61 所高职院校，45 个中等职业学校，12 所技师学院、26 所高级技工学校、167 所普通技工学校，每年培养的学生可达数万人。由此可知，随着我国职业教育的快速发展，简单操作工（初级工）和熟练技能操作工（中、高级工），这两类技能人才总体上能够满足市场需求。因为，简单操作工由于技术含量低，在目前劳动力市场供给依然旺盛的情况下，不存在紧缺问题。熟练技能操作工，我国高职、中职、技校，每年可培养大量的掌握一定文化知识的技能人才，这类人才经过数月或 1～3 年的实践锻炼，即可成为熟练技能操作工。问题在于高端技能人才，这类人才是目前最为缺乏的。高端技能人才，是拥有高级技师、技师职业资格的技能人才。调查表明，在企业用工中，企业最看重的是高端技能人才突出的专业技能和解决具体生产技术问题的能力，同时也看重其对企业的忠诚度。此类人才既要有较好的专业知识基础，又要有相当丰富的实践经验，但培养周期长。目前多以在企业边工作边学习的方式进行，在此过程中，职工本人的学习意愿和学习能力起着决定性作用，因为只有爱岗敬业、内心向学，才可能在相当艰苦的环境下用心钻研，逐步成才。

二、湖北省新兴产业高技能人才的培养现状及问题

当前，新兴产业的发展和新技术的应用使传统的技术结构发生很大变化，技术系统的尖端化、集成化和信息化，加上技术的更新速度不断加快以及产品周期日益缩短，使市场急需高技能型、复合型、创新型人才。这也使得企业在技能人才的要求中，更看重个人的技术能力和整体素质。但调查发现，目前一些高技能人才所掌握的技能技术含量不高。表现为：

一是具有创新能力的高技能人才少，多数只有传统的操作经验。调查显示，虽然大多数高职学校都开设有与战略性新兴产业相关的专业，但这些专业都是从传统专业分离出来，或嫁接在传统专业中，因此，存在着师资储备不到位、教材建设和专业课程滞后、人才培养质量跟不上企业要求的现象。例如，新能源汽车与传统汽车，由于高职、中职学校针对新能源汽车后市场

服务人才培养为目标的极少，相关方面的人才培养也几乎为零，因此，相关企业难以招聘到合适人员，即使招到，主要还是电池、电控等传统机电技术专业的技能人才，而涉及"新能源汽车"新技术的研发、维修人员则少之又少。另外，从企业用人看，高职学历虽然被认为是高技能人才的最佳学历，但高职学生基层岗位工作的接受度却不高，许多毕业生在基本熟悉了生产环节后，就会谋取换岗，普遍存在浅尝辄止、无法深入实践的问题。特别是对于身处一线岗位的青年技工，现实收入和期望值相差太大，而员工本身又面临安家置业的诸多经济压力，从而导致跳槽换岗频繁出现。而企业，由于缺乏有效的留人机制，对一线生产员工缺乏引导和长远规划，培养出来的人才大量外流，这也促使企业降低了对技能人才培训的重视，客观上阻碍了高技能人才的成长。

二是掌握新知识、新技术，胜任企业技术升级改造要求的高技能人才少，许多青年技工学习能力不足。据调查，目前在企业一线岗位上的技术工人多是中职中技的毕业生，他们对一线岗位心理定位比较坦然，很多人也能吃苦，工作十年后，不少人已成长为企业的技术骨干。但一方面，由于扩招，新入职的中职毕业生的素质和十年前无法相比。据反映，现在技校毕业生虽能干机床，却不会编程，技能素质明显较差。这使其在成长为高技能人才时会面临更多的基础性专业知识和认知能力的困难。另一方面，绝大多数企业一线生产员工"工与学"的矛盾比较突出。由于生产需要，一线员工往往是"一个萝卜一个坑"，没有时间参加培训，有时为了赶生产任务，还得加班加点。即使参加培训，形式也不够灵活，基本上是自学，专题辅导、脱产学习等方式少之又少；加上企业特别是中小企业培训资源不足、员工流动性大，培训成本高，导致企业不愿意对员工培训进行投入，以致员工难以掌握新知识、新技术，更别说胜任企业技术升级改造的要求。

三是复合型技能人才少，多数高技能人才缺乏本职业领域的全面知识，技能单一，职业转换能力和创新能力较差。据调查，一个高职毕业生成长为一个高级工，可能需要3~5年这样相对漫长的不同岗位的基层工作时间的积累和磨炼。以数控加工为例，学校或培训机构可以在几个月的时间内使学生的编程技能基本达到初、中级编程员水平。但在加工工艺、质量控制等方面，必须经历足够多的生产实践的训练，否则不可能胜任实际产品的编程加工。当然，要想更进一步成长为技师或高级技师，对于机械系统和电气系统的设计、安装、调试和维修都能独立完成，需要8~10年，甚至更长时间的磨炼。据调查，个别企业会有心挑选那些在企业工作了较长时间，对企业忠诚度高的员工，有针对性地培养。但大多数企业往往只看重高科技人才，而不重视对高技能人才的培养，加上缺乏激励机制，造成高技能人才主要靠自然成长，周期更长，复合型技能人才难以成长，企业也难以控制人才流动的风险。调查发现，现在不少企业员工流失率在30%～40%，很多员工缺乏足够的定力，吃不了苦、安不下心，这正是目前高技能人才成长的瓶颈所在。

三、几 点 建 议

第一，努力改善高技能人才队伍成长的社会氛围。当前，高技能人才成长的社会环境依然不佳。一方面，企业迫切需求高端技能人才；但另一方面，因人才流动性大、培养周期长等原因，企业不愿意在高技能人才培养上加强投入。这使我国高技能人才的成长环境尤显尴尬，严重制约了高技能人才队伍的成长壮大。究其原因，主要是高技能人才的社会地位不高、薪酬待遇偏低。为此，应努力完善薪酬制度，提高技能人才待遇水平。全面落实政府规定企业支付的高技能人才技术津贴政策，确保高技能人才在聘任、薪酬、学习培训、出国进修、休假体检等方面享受与工程技术人才同等待遇，为技术工人成长拓展空间。同时，完善高技能人才奖励制度。使高技能人才在社会地位上能够与高层次人才相提并论，并将他们取得的实绩作为破格晋升、晋级的考核依据，使青工感到学技术光荣，技术工人有出路、有前途，有动力，增强高技能人才的吸引力、向心力。要大力表彰为经济社会发展做出突出贡献的高技能人才，在全社会形成崇尚高技能岗位成才的良好氛围。

第二，应将职业教育纳入经济社会发展整体战略。当前，湖北省正在大力发展战略性新兴产业，需要大量的高素质技术技能人才，而职业教育就是培养这种人才的最佳途径。因此，应该把职业教育纳入国家产业结构调整和新兴产业发展规划中，用职业教育战略支撑战略性新兴产业。为此，政府应加大高技能人才的工作力度。一是应把技能人才培养纳入党委政府人才工作总体规划，并作为地方党委政府领导人才工作目标责任制考核的重要内容。二是加大对战略性新兴产业高技能教育的投入，要制定扶持高等职业教育培训的政策，同时要加大职业教育的资金投入，建立经费投入保证机制，保证企业职工教育培训经费的筹措到位，保证战略性新兴产业职业教育的正常进行，发挥好企业职工教育培训经费的作用，对规范使用职工教育培训经费的企业，应给予奖励。

第三，积极发挥各行业协会的桥梁和纽带作用。调研发现，在目前的社会环境下，要加快高技能人才的培养最现实可行的途径是要发挥行业协会的作用。行业协会参与高技能人才培养是必然的趋势，而且将会成为指导我国职业教育发展的中坚力量。当前，要解决职业教育与经济发展以及行业人才需求相脱节的矛盾，促进校企合作深入开展，必须尽快完善相应的法律法规，明确行业协会、企业以及职业院校各方权责利，建立政府主导、企业与职业院校合作、行业协会深度参与的运行机制，积极推动行业协会以自身优势参与职业教育并发挥积极作用。

第四，大力提升企业培养高技能人才的责任意识。加强高技能人才队伍建设，必须发挥企业的主体作用。政府应鼓励提高企业培养人才的自觉意识。一方面，可把高技能人才工作作为企业享受优惠政策的重要条件，切实提高企业培养技能人才的积极性；另一方面，鼓励行业协会、职业院校与企业加强联系，依据企业发展现状和趋势制定培训规划，并结合生产实践进行多层次的岗位培训，加强员工自身能力的培养。同时，通过三方合作，建设一批高技能人才培养示范基地，鼓励高技能培训项目研发，特别是加大与战略性新兴产业相联系的新职业、新工种、新课题培训项目研发，发挥重点项目培养高技能人才的引领作用。

保障"网约工"劳动权益
促进"新业态"健康发展[*]

党的十八届五中全会提出，要"加强对灵活就业、新就业形态的支持"。湖北省积极贯彻落实，出台了一系列支持"大众创业、万众创新"的政策，促进了以"互联网＋"为特征的新就业形态的发展，有力地缓解了就业压力，充分实现了劳动者与企业、消费者之间更高效率的匹配，极大地提升了社会整体福利水平。不过，作为以"互联网＋"所形成的新业态的经营模式、就业形态，因不同于传统业态，相关制度建设落后于社会创新的脚步，使得劳务提供者（网约工）劳动权益受到忽视，网约工维权普遍面临困境。

一、新就业形态下的网约工就业现状及问题

随着以"互联网＋"为特征的新业态的不断发展，大量依托电商平台、分享经济平台的创业大量涌现，同时大量工作岗位也被创造出来。资料显示，2016 年我国分享经济的提供服务者人数约为 6000 万人，比上年增加 1000 万人，未来几年分享经济仍将保持年均 40% 左右的高速增长，到 2020 年分享经济服务提供者人数有望超过 1 亿人，其中全职参与人员约 2000 万人。网约工的队伍越来越庞大，已成为未来就业新趋势。然而，在网约工队伍壮大的同时，却正在遭受着市场准入、监管以及权益维护等方面的困扰。

一是网约工游离于社会保障体系之外。目前，网约工已逐步融入老百姓社会生活的各个领域，如代驾、专车司机、网约外卖员、快递员、送餐员、网约家政、网约厨师、网络主播、美容美发、护理员等。据调查，大多数网约工都是以非正规的方式就业，他们和网络平台企业之间是非标准的劳动关

※ 该调查报告刊载于湖北省政府参事室内参《鄂参通讯》2017 年第 4 期。

系。虽然平台企业与很多网约工形成了实质上的雇佣关系，但它们并不与网约工签订任何形式的劳动合同，也不提供"五险一金"，网约工也无法从该份工作中获得除劳动报酬以外的任何权益，如休息休假、安全卫生、技能培训等，这使得网约工难以抵御服务过程中的职业风险或意外伤害，以致游离于社会保障体系之外。

二是网约工普遍缺乏归属感和安全感。一般地，劳动力市场要健康发展必须是灵活性和安全性相平衡。目前，网约工确实单方面的充分体现了劳动力市场的灵活性，既提升了就业率，也给社会带来了很大的便利。但灵活性增加必然导致就业稳定性下降。当前，灵活性过大、安全性不足已成为网约工面临的最大的问题。据对某网络平台企业送餐员的调查，他们绝大部分已经将送餐作为"职业"，但他们普遍缺乏归属感和安全感。一是工作安全性不足，他们随时面临失业，完全依赖于网络平台提供"就业岗位"，失业也没有任何社会救济，如果没有订单可抢，他们就会失去生活来源。二是就业能力安全性不足，网约工群体主要以外来务工人员为主，而且以农民工为主，他们的就业能力较弱。三是社会安全性不足，这个群体处于社会管理的边缘，他们对于劳动合同、社会保障或是一知半解，或是一无所知，或是无所谓。四是组合安全性不足，这个群体很多都是租住廉价房，孩子与老婆可能都在老家，家庭与工作的平衡性差。

三是网约工劳动争议不断增多。资料显示，近年来，一些平台企业与网约工涉及劳动争议的新型案件不断发生，如"e代驾"的系列劳动争议，7名厨师诉"好厨师APP"的劳动争议案，网络主播劳动争议案，还有一大批快递员劳动争议案。这些劳动争议案的一个共同特点是，他们都未与平台企业签订用工合同，但在解除或被解除用工或因公受伤后，无法获得企业赔偿和补贴，而争议的焦点集中于网约工与平台企业之间的关系如何界定。这不仅使劳动仲裁部门以及司法界面临极大的困扰，也使劳动者权益维护面临着普遍困境。

究其原因，主要是网络平台企业的用工方式越来越灵活多样，且非正规化不断加剧。一是企业对网约工的管理方式不同于以往的传统用工，具有简便的准入条件以及灵活的退出机制。网约工一般不受企业的管理、奖惩，只借助网络平台提供服务，并根据工作结果获得报酬。二是这种工作模式带有自主性、独立性、经营性。三是网约工当事人的法律关系更为灵活多样，签订的协议亦是多种多样，有的签订劳动合同，更多签订的是合作协议、承揽协议等。而且不同的企业，基于自身平台发展的需要，还有着各自的特点。据对某网络平台企业送餐员的调查，他们分为核心的管理层员工、直管送餐员以及众包型送餐员等不同类型，其中众包型送餐员就是典型的网约工。众包型送餐员的工作内容就是在平台抢单，然后按照要求将订单送到顾客的手中。这个过程，网约工们不与公司的人员接触，也不接受其管理，员工完全以自我管理为主。正是在"互联网＋"背景下，新形态平台企业生产、经营与服务组织方式有了很大的改变，网约工与单位之间的权利与义务关系发生了变化，使网约工劳动权益受到忽视，争议不断增多，维权难度增大。

二、几点建议

网约工是我省劳动者的重要组成部分。网约工权益保障不仅事关"互联网＋"经济的可持续发展，而且关乎社会稳定。因此，网约工劳动权益绝不可忽视。

第一，完善非标准劳动关系下的社保制度。一是增强现行社保制度的弹性。一方面，增强现行社保制度缴费标准的弹性化。在当前标准劳动关系和非标准劳动关系并存的情况下，应根据实事求是的原则确定不同劳动关系下的就业者应该有不同的缴费标准，在非标准劳动关系下的劳动者（如网约工）的社保缴费标准应根据劳动者的实际情况来确定，不应按统一的社会缴费标准来实施；另一方面，现行社保制度的保障对象应该具有弹性。随着非标准劳动关系下就业者数量的增加，现行社保制度应该囊括此种情况下的就业者。只有增强社保制度这两方面的弹性，才能在最大限度上保证大多数的劳动者都涵盖在社会保障的制度范围之内。二是努力推进非标准劳动关系下社保制度费用的收支在全国范围内实现转移续接。在非标准劳动关系下工作的网约工大多是农民工，这部分劳动者流动性较强，而现有社保制度不能满足他们的需要；此外，我国社保制度条块分割严重，各地区之间社保制度的标准不一，社保缴费、待遇的享受和转移续接困难，严重打击了农民工参保的热情。因此，促进农民工社保制度在全国范围内的转移续接，对于维护农民工的权益至关重要。

第二，强化平台企业的主体责任。针对互联网平台上小微企业劳动关系整体状况不佳和法律监管困难的局面，充分发挥平台的监督作用，督促平台企业遵守国家劳动保障法律法规，并利用平台优势地位制衡平台企业。只要将平台的监督义务法定化，就有可能改善平台上小微企业的劳动管理和守法状况，以保障劳动者的基本权益。作为平台企业，应当承担维护网约工权益的主体责任。一是按照有关法律法规，根据劳动者的工作时长、专兼职状况、个人意愿等情况，与之签订劳动合同或者其他协议，明确双方的权利和义务。二是对劳动者进行劳动安全卫生教育，预防劳动过程中发生事故，并应当根据工作性质为没有建立劳动关系的网约工办理意外伤害保险和其他相适应的商业保险。三是加强对网约工的培训，帮助他们熟悉工作流程、待遇保障、利益分配制度、晋升体系和渠道等，使之明确自身的权利与义务。四是保障劳动者在工作过程中的安全，劳动保护不能低于法定标准，人身权益不受侵犯。

第三，政府应当承担规范引导职责。对构成劳动关系的用工形态，政府应督促平台企业严格按照劳动法律法规保障网约工权益；对不构成劳动关系的用工形态，既要尊重"当事人意思自治"原则，也应坚持法律底线原则，通过法律法规、行业规范等明确网约工的基本劳动权益。应制定"互联网＋"行业收入分配指导价位，制定互联网平台就业格式合同等，限制平台企业在劳动用工方面的权利滥用。相关执法部门要坚持严格执法，不能让网约工成为劳动权益保障的"盲区"。此外，为适应"互联网＋"下从业人员工作短期化、灵活化、多样化的发展趋势，在社保制度设定中，应改变社保利益与稳定劳动关系下的全日制用工相捆绑的思路，给予劳动者一定的倾斜保护；还可根据劳动者的工资数额、工作量多少或者在不同平台上的工作时间长短，按照一定的比例来分配利益保障责任。

第四，工会应切实维护好网约工的合法权益。随着网络用工规模的不断扩大，工会要不断扩大工作覆盖面，将网约工这种新型的灵活就业者也纳入工会体系中，借助工会力量维护其合法权益。一是发挥行业工会的作用。行业工会是由同一行业从事相同或相近工作的人所组成的，更适应于对分散的、易流动的网约工个体，通过扁平化的管理机制将其组织起来，推动行业性集体协商、完善行业工时及行业劳动保护标准等。二是创新工会组织管理手段，借助互联网技术的应用，给网约工提供多样化的服务形式和服务内容如法律援助、继续教育培训和咨询等，把分散的网约工吸引过来、组织起来、凝聚起来。三是将网约工社保问题纳入工会视野。面对越来越多的网约工社保权益保护问题，工会应进一步推进工会在社保方面的立法参与和维权监督工作。

新时代和谐劳动关系的构建：
影响因素与对策
——基于湖北企业的调查*

一、新时代对构建和谐劳动关系提出的新要求

和谐稳定的劳动关系是实现经济健康持续发展的关键，是实现和谐社会的重要基础。党的十九大报告指出，我国已进入中国特色社会主义新时代，我国社会主要矛盾已经转化为人民日益增长的美好生活需要和不平衡不充分的发展之间的矛盾。深刻分析当前我国社会矛盾，从民生方面来看，一是收入上的不平衡，地区之间、城乡之间、行业之间（特别是垄断性行业与竞争性行业之间）收入分配差距较大，目前职工对收入的不满意，主要体现在对收入不平衡的原因方面。造成社会收入分配不平衡的主要原因，除市场经济引发收入上的差距外，现行分配体制的不完善也进一步拉大了收入差距。二是发展上的不充分，具体表现主要是在就业、医疗、住房、养老等方面，目前就业难、看病难、住房难、养老难，这"四座大山"不仅没有得到充分解决，还引发了许多矛盾。不仅如此，发展的不充分还体现在职工发展的需求方面，广大职工需求已从生存需求不断转向享受需求，从物质需求不断转向政治、文化、社会需求，人们对民主、法治、公平、正义、安全、环境等方面的需求日益增长。需要指出的是，不充分是从发展的层级和质量上来讲的，指的是我国生产力发展不充分，许多要素、资源没有得到充分利用。目前，我国经济总量很大，但是经济发展的质量和效益却并不高，在发展的质量和效益方面，群众是不满意的。这些都反映了我国社会主要矛盾发生变化的一

---

* 该文刊载于《理论月刊》2018 年第 8 期，文章有删节。

些新的特点。

新时代我国社会的主要矛盾变化和新时代逐步实现全体人民共同富裕和实现中华民族伟大复兴中国梦新目标的确立，必将使企业收入分配以及劳动就业的结构性问题进一步凸显。由于社会矛盾在本质上讲的是需求和供给之间的矛盾，因此，当前在推进供给侧结构性改革中，必然要从提高供给质量出发，通过改革的方式调整经济结构，使要素实现最优配置。而劳动力是经济发展中最重要的供给要素之一，劳动关系是生产关系中直接与劳动要素及其所有者有关的社会经济关系，因此，在推进供给侧结构性改革、促进经济结构调整优化的过程中，必然会对劳动关系产生重要的影响：既能够引导劳动关系的良性发展并进一步促进和谐劳动关系的建立；同时也可能会因供给侧结构性改革的逐步推进、对经济结构的调整加大而使劳动就业的结构性矛盾进一步凸显，劳动关系双方主体的地位进一步失衡，劳动关系领域的矛盾与冲突进一步加剧，从而使和谐劳动关系面临着重大挑战。

面临新时代劳动关系主要矛盾的变化，党的十九大报告提出，要提高就业质量和人民收入水平，完善政府、工会和企业共同参与的协商协调机制，构建和谐劳动关系。劳动关系是最基本和最重要的社会关系之一，劳动关系是否和谐，事关广大职工和企业的切身利益，事关经济发展与社会和谐。为此，深刻把握我国社会主要矛盾发生变化的新特点，坚持"以人民为中心"，深化供给侧结构性改革，着力满足广大职工的发展需求，大力提升广大职工的获得感、幸福感、安全感，在发展中保障和改善民生，努力促进企业和职工互利共赢，既是进入新时代后改革将面临的新任务和新挑战，也是新时代对构建和谐劳动关系提出的新的要求，其意义巨大。

二、当前我国劳动关系呈现的新特点和新趋势

1. 当前，我国劳动关系正处于深刻变动时期，社会转型期的利益矛盾凸显、贫富差距带来的社会不公、劳动者诉求的转型升级、劳动关系双方主体之间的互信不足等，使劳动关系面临复杂而多变的状态，并呈现以下特点：

第一，一些困扰职工权益的老问题与新问题叠加显现。一是工资增长问题。近年来湖北省绝大多数企业职工工资都有所增长，但受经济增速放缓的影响，传统企业一线职工工资增长受到影响，其月收入增速从前几年的20%左右降到近两年的13%左右。然而，普通职工在城市的生活费支出却超过20%，其生活压力日益加大。二是社保问题。据调查，湖北省企业养老金替

代率不足50%，大多数职工担心将来养老金不够用；农民工参加职工基本养老、医疗等保险的比例较低，离"应保尽保"还有很大差距。三是加班问题。据调查，在许多企业职工加班甚至超时加班的现象十分普遍，且有的不按规定支付加班工资。究其原因，不仅与职工工资太低有关，他们只有加班才可以获得更高的收入，更与企业为降成本、违法用工有着直接关系。四是带薪休假问题。调查显示，普通职工享受带薪年假的比例较低，特别是非公中小微企业中的非体力劳动者，带薪休假权很难落实。

第二，劳动争议纠纷案件呈多发状态。一是劳动争议案件居高不下，据调查，湖北省劳动争议案件受案数量近年持续上升。2015年，全省立案受理劳动人事争议案件27665件，较2014年增长15.57%。劳动争议案件持续走高。二是诉求内容涉及面广，不再局限于履行劳动合同、支付报酬等，新类型纠纷如诉求解除劳动关系的经济补偿、要求补办社会保险、签订无固定期限劳动合同、工伤赔偿、给付工资及福利待遇、同工同酬、医疗费、年休假等新内容大量涌现。这些都反映新常态下湖北省劳动关系相对紧张的现状。三是集体利益诉求增多。据调查，2014年武汉市处理集体争议案件29件，涉及劳动者330人；2015年全市处理集体争议案件60件，涉及劳动者746人。这些诉求主要涉及拖欠工资、内退下岗职工的生活待遇、企业改制中富余人员的安置补偿等带有普遍性的劳动纠纷。另据资料显示，2016年湖北省劳动监察部门在开展农民工工资支付情况专项检查中，为农民工追回工资及赔偿金共3.11亿元。此次检查，涉及农民工48.38万人，查处违法单位142户，其中，某甲企业拖欠农民工工资案件及某乙企业欠薪逃匿案件等一批群体性事件反应强烈，表明湖北省有的地方拖欠农民工工资等损害职工利益的现象仍存在。

第三，传统的劳动密集型产业是劳动争议案件的多发区域。目前，湖北省劳动争议主要集中于建筑、加工制造、食宿餐饮、批发零售、居民服务等劳动密集型行业，这些行业劳动争议量占整个争议总量的八成多。其特点：一是诉求者主要是中低收入者，尤以农民工群体为代表，他们最容易产生被侵权问题。由于农民工文化程度普遍较低，专业知识面窄，生活圈子闭塞，维权意识较差；同时，农民工劳动合同签订率低，即使签订了合同，用人单位往往采取单方保管合同或签订空白合同为由逃避责任，从而使农民工极易陷入维权困境。二是案件审理难度大。由于目前许多企业发展不景气，生产经营较困难，企业往往以减员增效、降低成本为由解除职工劳动合同或施行裁员，以此发生的补偿方案和补偿标准争议往往与职工的利益诉求相悖，从而劳动争议案件涉及的劳动矛盾激烈、调解难度大。三是从劳动争议案中的胜诉率情况看，2014 年武汉市用人单位胜诉率为 9.7%，劳动者胜诉率为 23.2%，双方部分胜诉率为 58%，其他为 9.1%；2015 年用人单位胜诉率为 9.7%，劳动者胜诉率为 26.8%，双方部分胜诉率为 52.1%；其他为 11.4%。劳动者胜诉率大大高于用人单位胜诉率，这反映企业劳动关系紧张与企业的引发不无关系，企业侵害劳动者合法权益的行为比较普遍、严重。

2. 随着经济结构的调整和劳动力市场的变化，企业经营模式和用工方式呈现多样化，劳动关系更趋复杂。一是劳动力流动加快，劳动关系短期化趋势日益明显。目前，湖北省就业结构性矛盾较突出，一方面，高素质劳动力短缺，他们为谋取更好的工作岗位，频繁跳槽，不愿意和单位签订长期合同。特别是在"互联网＋"业态下，一些企业高管、专业技术人员和高技能劳动者在不同公司之间的跳槽愈加频繁。据宜昌、襄阳部分企业调查，仅技能人才平均流失率为 10%；在武汉，大学生毕业一年内有 40% 的人会跳槽。另一方面，低素质低技能劳动者供过于求，而用人单位为降低人工成本，不愿或只愿意和劳动者签订短期合同。而一些劳动者，因企业所能提供的用工待遇和发展环境难以满足其要求，也趋于"短工化"。这种现象在农民工身上表现得尤为突出。合同短期化不仅使很多农民工像候鸟一样在老家和就业地之间来回转移，使劳动关系极不稳定，还加剧了"招工难、就业难"。二是就业形式的多样化和非正规就业的增加导致动态的、不稳定的劳动关系比重增加。随着新业态的发展，依托新业态、共享经济的灵活就业方式不断扩大，过去在传统产业中的固定职业和正规化的就业方式逐渐被更加灵活机动的就业方式所取代，特别是随着互联网技术的快速发展，催生了许多新的业态，衍生出很多新的用工形式，如滴滴司机、网餐厨师、快递公司等，这使灵活就业形式大量增加，使非正规化、多元化、动态化为特征的劳动关系比重增加，劳动关系复杂化程度提高，带来的问题更为突出，劳动争议不断增多。资料显示，近年来，一些平台企业与网约工涉及劳动争议的新型案件不断发生，如"e 代驾"的系列劳动争议，7 名厨师诉"好厨师 APP"的劳动争议案，网络主播劳动争议案，还有一大批快递员劳动争议案。其中一些案件在网络上、社会上可谓是影响不小。这些劳动争议案的一个共同特点是，他们都未与平台企业签订用工合同，但在解除或被解除用工或因公受伤后，无法获得企业赔偿和补贴，而争议的焦点集中于网约工与平台企业之间的关系如何界定。这不仅使劳动仲裁部门以及司法界面临极大的困扰，也使劳动者权益维护面临着普遍困境。三是在劳动关系中，劳动者弱势地位日益显现。随着市场经济的深入，劳资双方在经济实力、政治影响力等方面的差距越来越大，使得劳资双方在合同的签订与执行以及劳资纠纷而导致的合同解除等诸多问题上，"资强劳弱"特征日益强化，使劳动关系矛盾更为复杂。

　　3. 受宏观经济影响，产业结构转型升级压力加大，一些产业受到较大冲击，导致劳资双方的力量对比越发失衡，劳动关系中的矛盾日益凸显。首先，企业用工需求减少使劳动关系处于高敏感状态。据调查，2009～2014 年，湖北省各地有 24 万多农民工返乡。农民工返乡有多种原因，但一个重要原因是受经济形势影响，部分行业盈利大幅下滑，导致企业待岗或者裁员增加。其实，这一过程也是结构调整不断升级的过程。由于原有的劳动密集型产业逐步向资本密集型和技术密集型产业转移，对现有就业情况产生挤出效应，从而使隐性失业显性化。需要说明的是，隐性失业显性化不仅是企业经营困难中出现的现象，也不仅是在淘汰落后产能中表现的冗员或待岗歇业等，更是在提升技术过程中一部分产业工人将被资本或技术替代，面临成为新的失业群体的问题。由此，经济环境不佳以及产业转型升级压力加大使劳动者就业压力增大，这是导致劳动关系不稳定性加剧的重要原因。其次，企业成本压力加大给构建和谐劳动关系带来隐患。近年来，受原材料成本、融资成本、土地成本和劳动力成本持续上涨的影响，企业利润空间下降，导致企业加薪意愿有所降低，持续改善劳动者待遇的能力减弱，给构建和谐劳动关系埋下隐患。需要指出，企业加薪意愿降低与用工成本增加之间的矛盾，虽与企业利润有关，更与企业分配机制是否合理有关。目前看，企业初次分配中，资本主导的收入分配格局仍没有变。企业工资增长机制不健全，工资集体协商制度作用有限，企业多年不涨工资甚至压低工资的现象普遍存在；加上不同行业以及企业内部工资分配差距较大，同工不同酬问题严重，企业职工对利润侵蚀工资、高强度低薪劳动等侵犯自身权益的方式耐受力降低，这使得劳动关系逐渐趋于紧张。再次，部分企业用工管理不规范导致劳动关系矛盾突显。虽然近年来企业在构建和谐劳动关系方面重视程度不断提升，但仍有一些企业特别是私营企业规章制度不健全、法制意识相对淡薄，只注重经济效益，不重视职工的合法权益。例如，在劳动合同的签订上，利用信息不对称的优势，采取欺骗的手段等在与职工签订的合同上做文章，只约定劳动者应该承担的义务，避而不谈劳动者的合法权益。除不签劳动合同等用工管理不规范外，还有一些企业不缴社保或者拖欠工资等，以逃避正常用工成本，导致企业劳动争议多发频发。需要指出的是，上述现象不仅在传统企业，在"互联网 ＋"业态上更是如此。据调查，当前一些新型用工模式，如众包、独立承包商、事业合伙人、自雇等不断涌现，而企业在将其定义为"全新的合作关系"的同时，都试图绕开劳动法规定的用工者义务，否定传统劳动关系的存在。这表明企业在利用各种"创新"重新塑造传统的劳动关系的同时，也使得劳动者的就业和工作岗位变得越来越不稳定，大量的网约工普遍缺乏归属感和安全感，这给传统的劳动关系管理模式带来巨大的挑战。

三、构建和谐劳动关系的对策建议

第一，着力化解结构性矛盾。结构性矛盾的深层次原因是产业结构失衡，导致产业结构升级与劳动力整体文化素质较差的矛盾、新兴劳动力市场与传统就业观念落后的矛盾、市场经济发展要求与宏观管理改革滞后的矛盾"三碰头"，这也是劳动关系矛盾凸显且更加复杂的深层原因之一。破解就业结构性矛盾，需要大力优化产业结构。首先，调整教育结构，使高等教育的布局和结构与产业发展需求相适应。其次，加强对劳动者的职业技能培训，提升员工综合素质和就业能力。制订有关培训计划和激励政策，创新培训模式，整合培训资源，将职业技术职称、职业技能等级与职工利益挂钩，激发职工学技术、学本领的热情。再次，充分发挥中小企业吸纳劳动力就业的作用，并鼓励创业，在新业态环境下给灵活就业和创业群体提供更好的政策支持，同时注意规范新型用工关系。另外，调整收入分配结构，缩小行业间、地区间、城乡间的收入差距，严格执行国家"限高、扩中、提低"的收入分配政策，建立工资合理增长机制，合理提高最低工资标准，保障职工收入的合理增长。

第二，发挥政府在构建和谐劳动关系中的主导作用。一是应加大宣传力度，使构建和谐劳动关系的意义深入人心，以推动企业更好地承担起社会责任，加强劳动用工规范管理，严格劳动合同、集体合同管理规范；强化劳动用工管理培训，推行企业人力资源部门专职人员持证上岗，提高依法协调劳动关系工作能力和水平；加强对员工的人文关怀，强化人性化管理，构建和谐的职场关系和良好的工作氛围，增强职工的归属感和责任感。二是注意对劳动者合法利益的保护，针对当前失业等经济、社会风险日益凸显，要加强社会保障体系建设。比如可适当降低社会保险缴费率。充分考虑企业的经营现状和低收入群体的生活状况，从两方面制定缴费标准，即企业、低收入人群自缴和各级财政补贴共同负担的办法解决，负担比例视经济发展形势和人均收入状况而定，灵活调整社保缴纳比例，取消现有社会保险缴费工资基数保底数，让更多的人从中受益。同时维护好职工的休息休假权，特别是落实国家关于职工工作时间、全国节日及纪念日假期、带薪年休假等规定。畅通职工合理诉求渠道，并对维权劳动者积极开展劳动法律援助。三是开展对企业履行社会责任问题的研究，消除不利于企业承担社会责任的政策因素，为企业履行社会责任创造适宜的外部环境，帮助企业树立正确的发展观和义利观，在追求利润的同时，充分关注社会责任的履行。

第三，完善构建和谐劳动关系的规则支持体系。应适应新时代的新要求，建立健全劳动用工标准体系，在全面评估劳动标准实施状况的基础上，修订和完善工时、休假、劳动定额等劳动标准，加强对企业实行特殊工时和同工同酬制度的管理和服务。特别是针对"互联网＋劳动关系"这一新问题，应成立课题组专门研究，尽快制定相关法律条款，以明确弹性劳动用工关系以及全面的合理区别对待制度。同时，增强劳动法规的制度刚性和可操作性，要进一步健全劳动关系矛盾调处机制，加大对非法用工尤其是大案要案的查处力度，严厉惩处企业随意提高劳动定额、延长劳动时间、拖欠农民工工资等违法行为。完善劳动争议调解、仲裁和诉讼制度，在一些条件具备的地方探索设立劳动法庭，增强劳动争议处理的专业性与时效性。此外，要加强对劳资双方的法律培训工作，扎实有效的培训工作可以从源头上避免劳资纠纷。

第四，发挥工会在构建和谐劳动关系中的作用。在新时代新要求的背景下，工会组织应以构建和谐劳动关系为主线，积极采取措施，多点发力提高构建和谐劳动关系水平。一是加大源头参与力度。针对新形势中的新情况，工会应参与法律法规制定，要从法律、政策层面上引导和谐劳动关系的构建。二是发挥维护职能作用。工会是职工利益的代表者、维护者，维护好职工的合法权益责无旁贷。同时要发挥宣传教育作用。一方面要向企业经营者宣传《劳动合同法》等法律法规，使之自觉执行党和政府的有关政策和法律；另一方面要加强职工队伍素质建设。三是加强企业民主管理制度建设。要进一步建立和完善以职工代表大会为基本形式的职工民主管理制度，凡涉及职工切身利益的重大问题必须交职代会讨论通过，认真履行职工的民主权利。四是推动健全劳动关系协调机制。充分发挥劳动合同、集体合同制度对调整劳动关系的基础性作用，积极参与三方机制工作，协商解决涉及劳动关系的重大问题。

第五，创新劳动关系协调体制机制。在新形势背景下，在供给侧结构性改革和产业升级压力下，健全和创新劳动关系协调体制机制尤为重要。为此要加强联动机制建设。加强政府、工会、企业劳动关系三方协调机制的制度化、规范化、程序化建设，充分发挥三方机制共同研究解决劳动关系领域重大问题的独特作用，实现劳动关系双方利益关系的动态平衡。同时完善劳动关系矛盾调处机制。建立健全劳动争议源头预防和分类分级调处的体制机制，加强对供给侧改革中可能出现的劳动关系不和谐因素的预测、排查、布控和规范，制订各类劳动争议和纠纷的应急联动处理工作方案，特别是对关停并转企业涉及劳动关系领域重大事项，做好主动报告制度，把好涉及劳动关系处置的政策关，推动劳动关系治理走向标本兼治、事后救济和事前防范并举。

劳资关系协调及劳资矛盾化解机制研究[*]

近年来，随着我国经济社会建设的快速发展，劳动关系中的深层次矛盾日益显现，劳资纠纷乃至劳资冲突大幅上升。如 2010 年上半年连续发生的"富士康"事件、广本公司员工罢工等案件就是这一现象的集中体现。这些劳资矛盾纠纷的一个共同特点就是劳动者诉求表达机制、权益保障机制缺乏，劳资双方利益协调机制、矛盾调处机制不完善，以至于影响到劳动关系以致整个社会的和谐。为有效化解劳资矛盾与冲突，促进劳动关系的和谐发展，保障和改善民生，让广大社会成员享受社会发展的成果，创新社会管理、建立健全劳动关系协调和劳资矛盾化解机制是当前亟待解决的一项重要课题。

一、当前我国劳资矛盾的现状及特点

劳资矛盾是经济社会最基本最普遍的矛盾。由于劳资双方利益取向不同，他们之间会经常存在一些分歧。一方面，资方总是希望节约劳动成本，提高生产效率，实现效益最大化；另一方面，劳方则希望改善雇佣条件，提高工资和福利，获得公正的待遇。因此，劳资双方会因为此类利益问题经常发生矛盾，这也是正常的社会矛盾。值得注意的是，由于当前中国经济社会正处于转型之中，劳资之间的矛盾也因体制转轨、社会转型而表现出了一些极不正常的现象和特点：

第一，分配不公导致收入分配差距拉大，低端劳动者的收入普遍偏低。随着我国 GDP 以及财政收入的不断提高，劳动报酬总额却在不断下降，普通劳动者工资水平增速缓慢，工资水平偏低。不仅一线劳动者的工资低，而且不同群体的收入差距还在不断拉大，资料表明，2008 年，最高行业平均工资

＊ 该文刊载于《财务与金融》2012 年第 2 期，文章有修改。

高于最低行业平均工资 4.72 倍；2010 年，收入最高和最低行业的差距达 11 倍。特别是一些垄断行业与普通竞争行业之间，以及企业高管人员的收入水平与一般职工工资差距越来越大，分配不公问题突出。

第二，劳资关系不稳定，用工方式不规范，引发劳动者阶层分化。随着就业组织、就业形式不断变化，一些企业，特别是中小私营企业，除传统用工方式之外，采用非典型用工方式越来越多，比如劳务派遣、劳务外包、非全日制工时等。目前企业使用非典型用工数量不断增加，而由于我国法律对非典型用工的规制较为放松，这些劳动者在工资、福利待遇、劳动保护等方面与正式用工劳动者有较大差距，使得非典型用工的劳动者成为弱势群体，出现了劳动者阶层的分化。

第三，一些企业道德失范，他们有法不依或者蓄意规避法律，以致侵犯劳动者权益现象经常发生。表现为，一是不依法签订劳动合同，有意规避最低工资标准，在达到最低工资线后尽量压低工资，严重侵犯劳动者合法权益；二是违反工作时间规定，提高工时，甚至提高劳动强度，强迫劳动者每天工作长达十多个小时，使其不能享受国家的法定休假；三是违反国家安全生产法和职业病防治法，无视劳动保护，导致劳动安全事故频发，大量伤亡事件时有发生；四是有意模糊劳动报酬概念，将企业应缴纳的社会保险和有关福利计入工资中，以此降低职工的实际工资收入；五是一些企业因经营困难或倒闭，出现长期拖欠员工工资现象。

第四，缺乏民主、通畅的利益表达渠道，劳动争议案件持续高发。一是劳动争议案件逐年增加，案件处理难度不断加大。从全国各级劳动争议仲裁委员会处理的案件看，以调解方式结案的比例普遍较低，以裁决方式结案的比例持续居高。劳动争议案件日益复杂，试图通过调解说服方式解决纠纷的可能性越来越小。二是群体性劳动争议增多，呈扩大化趋势。三是劳动争议焦点集中体现在劳动报酬和社会福利等关系劳动者基本权益的问题上。劳动报酬和保险福利待遇是近年劳动争议中的一个非常突出的问题，它涉及的是劳动者的基本生存权，这是劳动关系的主要矛盾。需要指出的是，近年来，由于一些劳动争议案件得不到妥善解决而出现罢工、集体上访，甚至诉诸暴力的事件时有发生，因此，劳动争议案件远远不足以反映劳资矛盾冲突的严重性。

二、劳资矛盾乃至冲突频发的深层原因

我国正处于经济社会转型期，经济结构和经济制度正在发生根本性的变

化，社会结构也在发生变动。与经济结构、社会结构变动相联系的是经济体制的更新和经济发展方式的转变，以及由此而产生的企业用工多样化、就业主体分层化、利益关系复杂化、分配方式多元化、劳动关系动态化、劳动争议显性化，甚至人们行为方式、生活方式、价值体系都在发生变化。而我国各级政府职能转变较为缓慢，社会服务意识不强，管理不到位；企业内部缺乏民主，企业工会、职代会等作用有限，不能有效维护企业员工的权益；相关法律法规还不够完善，劳动争议仲裁体制和机制还不健全，劳动保障监察乏力，这些都使得我国当前劳动关系的调整变得较为复杂和艰难，劳资纠纷乃至冲突不断发生。

首先，由于我国各级政府职能转变较慢，仍然把追求"GDP 增长最快化"作为目标，使得收入分配不公平问题显得十分突出。一方面，为了使 GDP 与财政收入能够快速增长，地方政府通常以更高的激励吸引更多的资本来本地区投资，这就势必会压低其他要素收入。因此，当政府将重心放在"经济增长最快化"时，会造成各级政府本能地"亲近资本"，给资本要素所有者以"超国民待遇"，这一定程度上忽视了劳动者利益及全社会平衡，从而导致城乡之间、地区之间、行业之间的收入差距不断扩大，普通劳动者的收入不断降低。另一方面，当各级政府把追求 GDP 增长放在首位时，不可能也没有精力去平衡全社会不同阶层的利益，从而会在相当程度上"冷淡"社会管理与公共服务，忽视为人民群众提供公共产品与服务的责任。同时，少数政府官员在用"看得见的手"干预市场、用公权力去吸引与撬动资本时，腐败的发生也就无可避免。这也会再度恶化社会公平，从而引起广大职工的不满，导致劳资双方的矛盾和对立加大。

其次，伴随着工业化、城镇化进程的加快，以及社会的转型、民主法制进程的加快，人民群众对各类社会服务的需求不断增加，他们迫切希望生活质量得到显著提高，社会服务能够不断增加，实际利益得到切实维护，公平正义得到有效保障。但由于我国经济建设发展较快，相对来说，社会管理领域的改革相对滞后，使社会经济发展过程中出现了严重的不平衡、不协调等问题，以致劳资纠纷、债权债务纠纷等新型矛盾不断产生。如企业改制、重组、破产、社会职能移交、生产力布局调整，以及征地拆迁、重大工程建设等，就出现了不少纠纷。在企业转型、改制、重组中，人员的安置与融合等涉及劳动关系的改变是劳动争议中最突出的问题，企业一方面要安置好员工，还要实现员工的整合，实现重组后的企业员工对新的企业文化内心的认同和融合；但另一方面企业的安置非常有限，甚至无力安置，而政府基本公共服务、公共产品供给也没有跟上，民生权益保障能力不够，员工诉求得不到重视，加上一些管理部门平时在思想观念、管理方式、管理环节上不注重社会管理、不注重协商协调，缺少人文关怀和心理疏导，以致没能协调与处理好复杂的劳动关系及其中的利益矛盾，致使矛盾的冲突性增强。

再次，随着经济体制改革的深入，我国劳动关系已基本市场化，但由于转型期制度的失效和制度设计的不完善、滞后，导致劳动关系不规范、分层化，形成资强劳弱的格局，使劳动者在资本面前丧失话语权，经济、社会地位严重下降。而部分企业主利用市场经济不完善的缺陷，漠视劳动法律法规，使劳动者利益常常受到损害。而本应以维护职工合法权益为己任的工会，却也因其制度的缺失，很难有效维护劳动者的合法权益。目前，在国有企业，工会只是企业内部的一个行政部门，这一制度安排，使得工会除了要考虑劳动者的利益以外，还要考虑企业的利益，以及贯彻执行党和政府的政策；而非公企业工会，其基本就是"雇主工会"，这就削弱了工会对劳动者利益的代表性与独立性，不能真正代表职工与企业平等协商，无法履行企业民主化管理所赋予的权利，开展的工资集体协商往往流于形式，无法真正起到维护企业员工利益的作用，成为积淀劳动关系矛盾的机制缺陷。

最后，随着经济体制和社会结构日益变动，社会利益格局也在不断调整，利益诉求也在不断分化，但由于社会管理思维滞后、管理机制落伍，特别是发生了劳动争议后，劳动争议调处体制、劳资矛盾化解机制不畅，致使劳动争议难以有效得到遏制。目前从劳动争议调处体制、劳资矛盾化解机制来看，主要问题：一是劳动仲裁前置，案件分流不畅，导致大量仲裁案件积压严重，一些案件排期数月不得处理，当事人权益难以维护，办案质量难以保障。二是裁审关系不顺，资源重复浪费。目前，先裁后审的体制，使仲裁裁决不具终局效力，案件进入诉讼必重新审理，资源浪费不可避免；加之仲裁和法院在法律适用上的不同步，极易造成裁审结果大相径庭。三是劳资矛盾化解的三方机制虚化。所谓三方机制，是协调劳动关系的一项法律制度，是政府、工会和企业代表组织共商合议、解决重大劳动关系和劳动争议问题的制度性平台。《工会法》和《劳动争议调解仲裁法》对此都有明确规定。但实践中，三方协调机制工作比较局限，制度比较虚化，目标和任务与其基本定位和应当承载的内容有较大差距。一些三方协调会议只是定期开开例会，联合搞搞表彰，真正需要研究解决的重大劳动关系和劳动争议问题时，却难以列入议事日程，难以发挥三方合力。四是劳动监察，执法乏力。目前，我国大多数劳动争议因用人单位侵犯劳动者法定权益而引发，如拖欠工资、社会保险争议等。对此，劳动保障监察部门可依据法律保障劳动者的基本权益。当然，如果劳动保障监察执法不到位，劳动者权益没能得到及时保护，劳动争议就会增加。然而，问题是，现行争议制度主要是针对权利争议所设计的，而利益争议实际并未纳入现行法律调整、规范范围，劳动保障监察部门无法监控。因此当大量利益争议不能通过法律程序解决时，罢工、怠工、上访事件也就屡见不鲜。

三、建立健全劳动关系协调和劳资矛盾化解机制的对策建议

在社会主义市场经济条件下，劳动关系的和谐是整个社会和谐的基础，而要达到全社会和谐，必须以解决民生问题为根本前提，这是协调劳动关系、化解劳资矛盾的最根本的条件。为此，第一，政府应合理调整收入分配关系，建立起一种权益保障与利益调节机制，使所有社会成员在经济发展的同时都能共享改革和发展的成果。一是加快经济发展方式的转变，实施扩大内需战略，增强消费对经济增长的拉动力，改革现行收入分配制度，改善国民收入分配结构，提高劳动报酬在收入分配中的比重，增加城乡中低收入者的劳动者报酬，增加就业，健全覆盖城乡的就业服务体系。二是政府不应再以"GDP 增长最快化"为目标，而应努力抓好社会建设尤其是社会管理与公共服务。在社会管理中，深化收入分配改革，减少政府对经济生活的干预，从根本上弱化权力在要素市场的支配关系，杜绝权力与资本相互利益输送的管道与机会，协调好全社会利益关系，通过公共决策减小既得利益制度化的概率，保障社会资源公平创富的平等机会，促进全社会收入分配良序形成，缩小贫富差距，促进社会公平。三是加强公共服务建设，以发展社会事业和改善民生为重点，通过履行经济调节、市场监管、公共服务等职能，推进经济建设、政治建设、文化建设、社会建设以及生态文明建设，发展教育、就业、收入分配调节、社会保障、医疗卫生等社会事业，从源头上促进社会公平正义和社会关系和谐，减少社会矛盾纠纷，不断满足广大群众对公共服务的新要求，逐步形成惠及全民的基本公共服务体系，实现基本服务均等化。

第二，政府应积极转变职能，要由管理型向服务型转变，要不断维护好、发展好最广大人民群众的根本利益，这是不断增进社会公平正义、保持良好社会秩序的重要环节。一方面，政府应发挥在劳动关系中的协调、监督和服务作用。作为政府职能部门，担负着调解劳动关系的重要职责，为劳资关系的协调创造条件和提供服务。政府服务的内容包括：政府通过立法，建立完整的劳资关系法律体系，为劳资关系的法律调整提供依据，制定标准；政府

对劳资双方在建立劳动关系、进行合作方面给予指导帮助，提供咨询服务，发布各种信息，解决劳动者信息不对称的问题，为弱势群体的机会均等提供保障；为劳资关系双方进行人员和业务培训，提供专项服务；在社会保险待遇支付、社会救助、社会优抚等方面，构建方便、快捷的给付机制，实现服务于民的宗旨。另一方面，要结合行政管理体制改革，转变和完善政府职能，创新政府社会管理，充分调动城乡基层自治组织、社会组织和公众等社会管理主体积极性，充分发挥多元化社会主体的社会管理功能，推进社会管理的规范化、专业化、社会化和法制化。需要说明的是，对于社会组织，政府应鼓励、培育其发展，因为它是介于政府"宏观管理层"和企业、社会"微观管理层"之间的一个"中间协调层"，是沟通政府、社会、企业、个人之间的桥梁和纽带。由于转型时期的中国社会显示出"多元化"特征，社会流动增加，矛盾和冲突加剧，而解决冲突的各种新机制尚未完善，因此，应通过引导和鼓励社会组织和公众参与社会管理，以协调各社会利益群体之间的矛盾，消除社会隔阂，实现社会稳定与民主管理，促进社会融合。

第三，应大力推进实行工资集体协商，建立政府、企业和劳动者之间民主协商与合作的机制，建立以合作对话为基础的劳资利益协调机制，这是协调劳资双方利益、化解双方矛盾的重要制度保障。在"劳动关系三方协商机制"中，政府的作用主要是规范和引导，规范企业用工行为，规范合同管理，规范企业内部规章制度，促使企业实现合理分配，预防劳动争议案件的发生，并通过协商对话解决劳动关系中的重大问题，促进劳动关系的协调发展，进而促进社会的安定和谐。需要注意的是，在当前资强劳弱的背景下，除强调政府的作用外，更主要的是要建立合作对话的重要主体之一——代表劳动者的工会组织。工会是职工的代表，工会应承担起法律赋予的基本权利，履行好维护劳动者合法权益的基本职责。因此，为塑造强有力的集体劳动关系的主体，应改革工会体制。一是要加强工会组织建设，鼓励工人积极加入工会，鼓励组建行业性工会以及区域性行业性工会，鼓励和引导工人积极参与劳动法律制度、工资集体协商等相关制度的建设。二是要有针对性地从体制与制度上解决现实中工会的代表性、独立性不够及职能弱化等问题，要强化工会的职能作用，适当赋予工会及员工一定的集体行动权，确立工会组织作为员工利益的代表者和代言人的法律地位，真正形成劳方的协商主体。三是工会要督促企业积极开展集体协商，并充分利用集体协商这一重要平台，监督企业依法民主管理，增加透明度；要改善因与企业地位不平等、力量不均衡而导致工资协商泛泛而谈、空洞无实的问题，提高集体协商的实效性，切实保障职工合法权益；要积极主动地和用人单位沟通，及时地调解劳动者和用人单位之间的纠纷，尽可能地避免或者减少劳动争议案件的发生。

第四，要大力提升企业与劳动者的社会责任意识，企业与劳动者都应充分认识到，劳动关系双方都是最重要的利益相关者，企业需要雇主和员工共同来建设，双方只有本着公平和诚信的精神进行合作，才能共同发展，共同分享企业发展带来的利益成果，这是维系和谐劳资关系重要基础。因此，一方面，企业应加强社会责任意识，自主改善劳动关系，维护社会公共利益。只有履行社会责任，为员工提供健康与安全的生产条件、合理的工资待遇、承担相应的社会保障责任，关注员工的需求和切身利益，培养员工的归属感和凝聚力，让员工分享企业成长和发展带来的收益，才能实现劳资合作和劳资两利，为构建和谐劳动关系创造条件。另一方面，劳动者也应承担一定的社会责任，增强法律意识，维护社会公共利益。同时，企业还应加强民主建设，健全员工利益诉求表达机制，给予利益诉求员工以充分尊重，唯有如此，才能使员工增强信心，诚实守信，与企业精诚合作，荣辱与共，形成责任共担、利益共享的利益共同体。需要说明的是，不仅企业要给予员工依法表达利益诉求的通道，而且全社会都要加强民主建设，畅通不同社会群体的意愿表达渠道。创建新的社会阶层经济利益诉求机制，为构建社会主义和谐社会创造良好的社会环境，这是构建和谐劳动关系、化解社会矛盾的必然选择。

第五，应建立多元纠纷解决机制来化解劳资矛盾，根据当前劳动争议案件数量持续增长，呈复杂性、多样性、群体性的特点，应在政府主导下，多方参与，司法推动，建立多元纠纷解决机制，及时化解劳资矛盾，这是协调劳动关系的重要手段。一是加大劳动监察执法力度。从源头上抓好劳动争议案件的预防工作。劳动监察工作的对象，重点放在经常发生违法行为，劳动关系很不稳定的企业；工作内容应放在重点查处企业的非法用工、欠缴社会保险费和克扣工资等行为；工作方式应采取接受职工举报进行查处与定期和不定期到企业进行检查督促相结合。二是建立劳动争议预警制度，通过危机干预制度预防群体性纠纷的发生。要预防和减少劳资纠纷，一方面要加强劳动执法，完善劳动监察；另一方面要建立劳动争议预警制度，特别是建立群体性劳动纠纷应急联动机制，由行政、司法、工会以及一些社会力量，包括媒体协调参与，引导职工理性合法地表达诉求，建立有效信息沟通和协商机制，排查可能发生的纠纷隐患，发现问题及时处理、合力解决。三是完善劳动争议仲裁和诉讼制度。加强劳动争议仲裁员队伍建设，整合现有资源，简化处理程序，及时化解劳资矛盾。四是进一步完善我国劳动法律法规，制定《集体合同法》和《工资共决支付条例》，对工资集体协商的推进给予强有力的法律支持；出台《劳动争议处理法》，为企业管理、劳动者维权提供有力的法制保证。五是应慎重考虑当前一些地方不断出现的罢工问题。在现阶段，我国各地出现的罢工已是客观存在、不容回避而且愈来愈普遍的社会经济现象，但在现行立法中却几乎是空白。对于罢工，我们不应一概加以否定，应看到，它既可能危及社会安定，也存在有利于社会稳定的一面，如果把罢工纳入法制轨道，使其合法化和规范化，则不仅有助于防范罢工危及社会安定，还有助于加强工会建设，为工会维权提供有效手段，增强工人对工会的信任感，对化解劳资双方矛盾、防范罢工危及社会安定有极大的助益。因此，在当前劳资纠纷不断，社会问题凸显的情况下，如何通过立法来保障并规范劳动者的罢工权，已是中国劳动法制建设的一个非常紧迫的任务。

参考文献

［1］中国统计年鉴（2009）［M］.中国统计出版社，2009.

［2］宋晓梧.中国行业收入差距扩大至15倍，跃居世界之首［N］.经济参考报，2011－02－09.

［3］仇建国.企业如何预防和减少劳动争议［J］.中国劳动保障，2010（1）.

［4］魏建，李俊枫.基于博弈视角的劳动争议处理机制完善路径分析［J］.理论学刊，2009（11）.

［5］卢周来.追求GDP增长最快化导致收入分配不公［N］.重庆时报，2011－03－22.

［6］周春梅.建和谐劳动关系的困境与对策［J］.南京社会科学，2011（6）.

［7］王敏.劳动争议处理机制存四大问题 职工权益屡被侵犯［N］.工人日报，2010－03－22.

［8］胡德巧，孙中震.加强劳动争议调解仲裁服务能力建设［J］.宏观经济管理，2010（8）.

［9］黄燕翔.善治视域下社会中介组织的管理创新［J］.安徽工业大学学报（社会科学版），2010（11）.

［10］郭捷.创新劳动关系协调机制的思考［J］.法治论坛，2011（1）.

［11］张居盛，邓陕峡，高玉林.论我国劳动争议解决机制的完善［J］.理论月刊，2009（10）.

［12］李娅，赵俊燕.我国工资集体协商制度建构［J］.人才开发，2010（3）.

行政垄断、收入流动性与我国
行业收入差距的扩大*

一

改革开放三十年来，中国居民总体收入增长迅速，人们的生活逐渐向小康水平迈进。同时，摆在我们面前的一个非常严峻的现实问题，就是收入差距逐渐扩大。对于收入差距不断扩大，社会各界讨论了很多年，但学者和政策制定者对收入分配扩大的原因和结果并没有取得一致的意见。有的人认为，短期看，收入差距的扩大是不可避免的，因此对于收入差距变化的分析，应着眼于长期，如果在收入分配分析时考虑了收入流动性因素，收入分配问题可能就没有人们所想象的那样严重，因为今天的穷人可能成为明天的富人。持这一观点的人还以一些国际经验为例，认为在有些国家，尽管在基尼系数意义上的收入差距比较大，但是由于其居民收入流动性比较快，因此，公众对不平等的社会反应程度并不是非常强烈。

然而，大多数人对我国收入差距不断扩大的事实反应是激烈的，担心如果贫富差距进一步扩大的话，会影响到社会的和谐和稳定，甚至阻碍经济持续发展。对此，有的经济学家也利用收入流动性进行分析，发现中国城镇居民的收入流动性整体上在下降，收入流动性的降低使得收入阶层的分化趋于稳定化。这一研究更坚定了人们对我国收入差距扩大所带来的结果的担忧。

尽管人们对收入差距的认识不同，但是，控制收入差距对于经济增长、改善收入不平等的状况、减少贫困、增加收入流动性是人所共识的目标。

这里涉及一个重要概念——收入流动性。所谓收入流动性，是指在一个

*　该文刊载于《贵州社会科学》2010 年第 2 期。

较长时期内，经济社会中不同阶层的人们收入的变化。较快的收入流动性说明，如果现时的低收入者有充分的机会在后期进入高收入人群，那么，即使一个社会年收入分配的不平等程度很高，但长期收入分配的不平等会明显小于短期不平等。反之，如果一个社会缺乏收入流动性，那就意味着现时低收入者很难有机会在后期进入高收入人群，极少数的高收入者总是高收入者，而大多数人总是低收入者，这样的分配结构以及由此决定的社会结构，一定会产生各种社会怨言和冲突，影响社会和谐和稳定。由此，加快收入流动性的重要意义不仅在于它可以实质性地改善收入不平等的状况、减轻不同收入者之间由于收入分配不平等所产生的社会心理压力以及社会矛盾，而且可以通过收入流动机制的形成，促成中等收入群体的崛起，并以此推动一个国家实现经济社会长期稳定的发展。

二

然而，中国收入流动性如何？由于目前这方面的研究有限，详细资料较少，笔者只能根据有关统计资料，对 1978～2005 年部分行业职工平均工资增长情况做一点相关分析。

如表1，1985 年，最高收入行业与最低收入行业的平均工资比率仅为 1.45:1，1995 年这一比率达到了 2.23:1，2000 年为 2.82:1，2003 年为 3.22:1，2005 年为 3.75:1。由此，长期看，不同行业间的收入差距不仅在明显加大，并有继续扩大的趋势。

表1　　　　　　　　1978～2005 年部分行业职工的平均工资

项目	年份	合计	农林牧渔业	电力、煤气、供水	交通运输仓储邮政	金融保险业	科学研究和综合技术服务业	批发零售贸易和餐饮业	最高值/最低值
平均工资（元）	1978	615	470	850	694	610	669	551	1.81
	1985	1148	878	1239	1275	1154	1272	1007	1.45
	1990	2140	1541	2656	2426	2079	2403	1818	1.72
	1995	5500	3522	7843	6948	7376	6846	4248	2.23
	2000	9371	4832	12830	12319	13478	13620	7190	2.82

续表

项目	年份	合计	农林牧渔业	电力、煤气、供水	交通运输仓储邮政	金融保险业	科学研究和综合技术服务业	批发零售贸易和餐饮业	最高值/最低值
平均工资（元）	2001	10870	5741	14590	14167	16277	16437	8192	2.86
	2002	12422	6398	16440	16044	19135	19113	9398	2.99
	2003	14040	6969	18752	15973	22457	20636	10939	3.22
	2004	16024	7611	21805	18381	26982	23593	12923	3.55
	2005	18075	8295	25156	22414	31080	26815	15012	3.75
增长率（%）	1978～1985年	9.33	9.34	5.53	9.08	9.54	9.61	8.99	1.74
	1986～1990年	13.26	11.91	16.47	13.73	12.49	13.57	12.54	1.38
	1991～1995年	20.78	17.98	24.18	23.42	28.82	23.29	18.50	1.60
	1996～2000年	11.25	6.53	10.34	12.14	12.81	14.75	11.1	2.26
	2001～2005年	14.04	11.41	14.42	12.72	18.19	14.51	15.86	1.59
	1978～2005年均值	12.83	10.8	12.86	13.3	15.07	14.09	12.53	1.40

资料来源：根据国家统计局发布的历年《中国统计年鉴》数据整理而成。

　　需要注意的是，上述行业工资水平的对比，仅仅是一个静态的、在某一个时间点上的绝对值差异。而从长期的角度来分析，可进一步发现：在不同行业之间，其收入增长速度在长时间里是存在着巨大的差距的。以图1中农林渔牧业、电力、煤气、供水业和金融保险业的平均工资增长速度为例，对比后发现，从1986～2005年间，金融保险业和电力煤气供水业的工资增长速度始终高于农林渔牧业，其中1991～1995年，金融保险业收入增长率达到28.82%，同期，农林牧渔业的收入增长率只有17.98%，与金融保险业相差10个百分点。

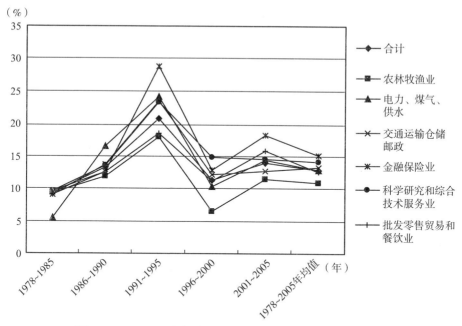

图1 1978～2005年部分行业职工的平均工资年增长率比较

这种平均工资年增长率的不同所带来的收入差距一直持续了20年。1985年，金融保险业和电力煤气供水业的平均工资分别是农林渔牧业的1.31倍和1.45倍，而到2005年这一差距被拉大到3.75倍和3.03倍。也就是说，自1985年后的二十年中，不同行业平均工资年增长率呈现固化，并导致行业间收入差距在进一步扩大，金融保险业以及科学研究和综合技术服务业等行业的收入增长率一直较高，而从事农林牧渔业以及批发零售贸易和餐饮业职工的收入增长率一直相对较低（见图1），农林牧渔业以及批发零售贸易等行业的从业人员逐渐沉入社会收入下层，而金融、电力、煤气、供水行业等的从业人员以及机关事业单位人员等人群升至到收入上层，行业之间的收入差距一直在以加速度的形式扩大，行业间的收入流动性呈现出明显的下降，这使我国社会收入阶层两极分化的现象愈演愈烈。

综上所述，可得如下结论：首先，改革开放以来，虽然我国各行业收入在不断提高，但行业的收入差距也在不断地扩大；其次，1985年以后，平均工资水平越高的行业，其工资增长速度往往越快，使得行业间收入差距以加速度的形式扩大；另外，行业间工资差距出现固化，并存在难以逆转的倾向，行业间的收入流动性也呈现出明显下降的趋势，这使我国社会收入阶层两极分化的现象愈演愈烈。

三

　　那么，导致我国行业间收入流动性下降的原因是什么呢？众所周知，在市场经济激烈竞争环境下，由于不同产业所需劳动力素质高低不同以及产业间的兴衰交替，不同行业间工资水平的拉大是一个必然的结果。然而，从我国的现实情况看，目前，我国行业间收入差距最高与最低的比例达到11：1，最高的证券业是全国平均的5.9倍，不仅行业的收入分配差距很大，而且高收入行业的收入增长速度也是长期的高于低收入行业的，也就是说这一收入差距是以加速度进一步扩大的。

　　改革开放至今已三十多年，市场机制对劳动力价格的决定起着越来越重要的作用，尤其是在非国有部门，工资完全是根据企业对劳动力的需求以及符合需要的劳动力的市场供给决定的。而且，从不同所有制企业的工资决定机制来考察，民营经济工资的决定基本是符合市场对人才的需求的，民营经济中教育回报率较高。这实际上说明在我国劳动力市场，劳动者报酬率正在逐渐地、真实地得到反映。然而，问题是，目前不同行业工资差距却表现为固化且长期持续扩大，这又如何解释？

　　如果说，改革开放之初，我国行业间收入差距的出现是因为就业机制还由政府行政调配，从而使某些急需人才的行业的收入水平在一定时期内高于其他行业，这似乎也在情理之中。但改革开放三十年了，人才培养与就业机制市场化也近二十年，从当前就业形势看，尽管有些部门高素质人才还不够，但并不存在人才奇缺的问题，因此，从人员素质角度来解释行业间的收入差距扩大似乎并不成立。上述图1即已表明，近些年金融保险业和电力、煤气、供水业的工资增长速度始终是高于农林渔牧业；除上述金融保险等行业外，还有烟草、电信、铁路等，以及一些军工企业，其职工工资一直较高，而如制造业等竞争性行业，工资水平一直较低。这一现象用劳动力市场工资决定机制及其理论来进行解释，显然是说不过去的。事实上，解释这一现象，只能用垄断来予以说明。

　　在市场经济条件下，垄断是不可避免的，它是竞争过程中自发形成的。然而，我国现阶段的垄断不是通过公平竞争演化而来。也就是说，这种垄断并非市场经济发展的结果，而是传统的计划经济体制在体制转型时期的残留和畸变，是凭借行政权力人为形成的垄断。正是基于传统体制下所形成的垄断，使得我国垄断行业的经营具有强烈的行政垄断的色彩，导致了行业间收入差距的拉大和劳动力市场的人为分割，使得我国居民的收入流动性日趋下降。

首先，由于我国的行业垄断多为行政因素所致，这就从制度上为垄断企业获得超额利润创造了条件。一方面，政府通过行政手段为垄断企业构筑起了难以逾越的行业进入壁垒，从而保证了这类行业能维持独家经营或极少数几家垄断经营，从而形成超额的垄断利润；另一方面，一些垄断性行业则是依靠行政命令垄断了相关的重要资源，从而保证高额垄断利润的长期存在。这是垄断企业与非垄断企业员工之间工资收入差距过大的根本性原因。资料显示，全国 40 家国有垄断企业，就平分了 169 家央企 6000 多亿元利润中的 95%。其中有 12 家垄断企业利润超过了 100 亿元，仅这 12 家垄断企业就囊括了央企总利润的 78.8%。这 12 家垄断企业主要来自石油、石化、冶金、通信、煤炭、交通运输和电力系统等行业。

其次，留存于垄断性行业的应属于国家所有的利润常被滥用于单位福利。在国家对垄断性行业收入分配管理办法中，大量本应归中央或地方政府所得的收益，留在垄断企业内部。在国家对社会财富的积累缺乏行之有效的监管机制情况下，国有垄断企业不可避免地会给员工发放各种各样的补助、奖金，从而使国有垄断企业员工收入较一般竞争性企业过高。需要注意的是，在企业账面利润中，往往所反映的只是垄断带来的超额收益中的显性部分，还有一部分超额收益是以超出正常劳动回报率的企业人力成本的隐性方式存在的。从发达的市场经济国家来看，在决定垄断行业职工收入时，一般是依靠其成熟的劳动力市场来平衡各行业收入，通过界定垄断企业利润中的资产和劳动要素的应得收益，保证垄断性行业从业人员收入跟其他行业趋同。然而，我国情况与此不同，由于垄断企业多数不是通过市场竞争自然形成的，而是由过去计划经济时期垄断行业的管理部门演化而来；加之国家对垄断企业经营和利润分配缺乏有效监控，在界定资产收益与劳动收益时，混淆不清，对于垄断企业的人力成本扩张冲动也缺乏必要的预算审计与约束，致使垄断性行业内出现内部人控制，经营者与劳动者抱成一团，共享垄断利润。

最后，垄断企业借助行政手段限制了潜在竞争者的进入，使人才流动机制受到阻碍。在垄断行业缺乏足够的竞争者以及由此带来的无竞争压力的背景下，其内部成员出于维护自身利益的需要，并为了长期享有远高于其他行业的收入和福利，日益排斥其他行业的优秀劳动力的流入，使得能够进入垄断企业的劳动力往往是内部人员的亲属或其他与企业经营关系密切的人。由此，垄断企业所在的劳动力市场日趋封闭，在阻止其他行业的优秀劳动力流入的同时，使得垄断企业自身逐步形成了一些以血缘和其他社会关系为纽带的既得利润集团；而且垄断企业为保持对行政垄断这一资源的长期占有，实现财富世袭传递，又不断地强化对外部优秀人员的排斥。

由此可以看出，行政垄断对居民收入流动性影响的传导路径为：行政垄断导致垄断企业取得超额利润并无竞争压力；在超额利润再分配过程中因缺乏有效监督导致垄断行业从业人员收入远高于正常的劳动回报率；而竞争压力的缺乏使得垄断企业缺乏吸收优秀人才、增强企业竞争力的动力，使得垄断行业劳动力市场日趋封闭；故超高的垄断行业收入水平和封闭的垄断行业就业市场共同导致我国居民收入流动性的下降。

四

由此可见，当前我国收入分配差距过大、且收入流动性一直较低的根本原因就在于行政垄断。正是行政垄断造成行业收入差距扩大、收入分配不公；并在排斥其他优秀人员进入的同时，还严重损害了机会公平，以致社会各收入阶层流动性出现减弱，低收入人群社会地位上升渠道出现堵塞，致使我国收入分配不公不仅表现为短期现象，而且还表现出长期化、固定化的趋势。行政垄断以及由此带来的高收入破坏了我国社会主义的收入分配秩序，扭曲了收入分配制度，背离了社会主义共同富裕的本质，严重影响到社会公平。

关于社会公平有着多重含义，包括结果公平和过程公平，即最终分配公平和机会公平。从目前来看，我国行业收入分配差距的扩大在一段时期内是难以避免的，也就是说，短期内我们可能无法最终实现收入分配结果公平，因为过于注重收入公平将导致市场效率降低，但我们可以通过重视过程公平即机会公平来提高收入流动性，促进社会各收入阶层互相流动，缩小收入分配差距，从而减缓社会矛盾。为此，政府首先应当对行政垄断行业的不合理高收入进行改革，并承担起消除行政垄断对居民收入流动性的不良影响的责任，通过关注就业机会、市场准入以及分配过程的公平来保障机会公平，具体应从以下几方面着手：

一是将现有的垄断行业加以甄别，区分出因规模经济和国家安全需要形成的自然垄断行业，和因行政命令人为形成的、非必要的垄断行业，针对两者不同情况加以区别对待。对自然垄断行业，应逐步完善其产品价格听证制度，取消企业单方面的产品定价权，从而遏制垄断企业的成本扩张冲动；对于非自然垄断行业，应通过消除行业壁垒，放松行业管制，引入潜在竞争者，促使行业适度竞争，从而消除垄断企业的超额利润。这样通过改变垄断企业经营环境和对其经营活动加强监管，从源头上消除垄断行业高工资存在的经济基础，进而缩小行业初次分配差距。

二是对垄断行业收入分配过程进一步规范。一方面，引入战略投资者等方式，明晰产权，实现经营权与所有权的二权分离，进一步健全和完善委托代理机制；另一方面，要从分配制度上加强规范。尽管从理论上讲，行业收入差距因其受到市场结构、行业技术水平、人力资本存量、产品生命周期等多方面的因素影响是不可以避免的，但问题是究竟是什么因素造成了垄断性行业收入高于其他行业数倍的结果以及垄断性行业在国有垄断厂商内部分配的不合理性水平，这就需要从分配制度上寻找原因并加以规制。通过改善企业产权结构，完善收入分配机制，从而严格界定出垄断企业收入中的资本收益、劳动收益和因行政垄断而产生的超额收益所占份额，避免劳动收益被人为地加以扩大，防止垄断企业的人力成本盲目扩张。

三是加强劳动力市场的建设，促进人才自由流动。必须认识到尽管我国的人才流动机制已实现了市场化，中低端劳动力市场已基本实现了自由流动，但部分大型国有企业和垄断企业的人员招聘机制仍存在种种问题，并人为地对劳动力市场形成分割。为此，政府应规范垄断企业的人员招聘机制，通过法律和制度建设防止就业歧视，保障就业公平，促进行业间劳动力流动，通过增强收入流动性来减缓行业收入差距的不良影响。

总之，通过促进行业间的劳动力的自由流动，在发展中增强居民收入的流动性，防止社会收入阶层出现固化，减缓和消除行政垄断对居民收入分配的不良影响，缩小行业间所入差距，是当前阶段我国政府应承担的且不容回避的历史责任。

参考文献

[1] Glaeser E L. Inequality [R]. NBER working paper, 2004：1151.

[2] 章奇，米建伟，等. 收入流动性和收入分配来自中国农村的经验证据 [J]. 经济研究，2007 (11).

[3] 尹恒，李实，邓曲恒. 中国城镇个人收入流动性研究 [J]. 经济研究，2006 (10).

[4] 中国行业工资差距比已达11：1差距拉大 [EB/OL]. 人民网，2009 - 07 - 14.

[5] 邢春冰. 不同所有制企业的工资决定机制考察 [J]. 经济研究，2005 (6).

[6] 于华阳. 对垄断性行业收入问题研究现状的反思 [J]. 理论学习，2008 (3).

从收入流动性看我国居民的收入差距

——一个新的研究视角[*]

一

到目前为止，我国学术界有关收入分配问题的研究多是从当年收入分配的静态格局出发来测量收入差距的合理与否，而运用时间序列方法从动态角度对不同时期内同一居民收入进行分析，从而在一个较长时期内测度收入分配的公平与否还很不够。

我们知道，静态意义上收入差距的测量都是以一个年度内居民的个人收入为基础的，所反映的只是该年度的分配与公平问题。所谓基尼系数正是这样一个静态意义上的反映收入差距的重要指标。然而，由于个人收入在不同年份之间会发生变动，因此，仅从基尼系数等指数来理解收入分配不均可能并不是很全面的。

从国际学术界对收入分配的研究来看，他们的考察已经从原来关注静态意义上的基尼系数转向对收入流动性的动态分析。这种分析思路主要从两个方面着手：一是测量居民几个年份的总收入，以分析总收入的变动情况。二是对这几个年份中居民相对收入的变化加以观察，即利用相关方法对不同年份居民收入的动态变化加以测量和分析，以分析收入分配的不平等程度的变化。这就是所谓收入流动性（income mobility）问题。

收入流动性问题本质上反映了一个较长时期内收入差距的变动与公平问题。比如，当一个社会中的一定时期内较低收入阶层的人们有很大比例进入较高收入阶层，同时亦有一定比例的原先较高收入的人群进入收入较低阶层，

---

* 该文刊载于《求实》2008 年第 3 期，文章有删节。

那么，实际上这个社会可能给所有人提供了更公平的竞争环境，亦给低收入人群提供了更均等的机会。因此，"收入流动性"概念的意义在于，它是对收入不均等指数的一种补充，反映的是长期内的收入差距与短期内的收入差距的比较问题。

这里，我们以美国为例来进一步说明收入的流动性。根据美国财政部提供的数据，1979～1988 年十年中，中等收入阶层中有 47.3% 的人口流动到了较高的收入阶层；而同期中等收入者中只有 19.7% 的人口流动到了较低收入阶层；较低收入阶层中（第 2 个 20% 人口收入阶层）也只有 10.9% 流动到了更低的收入阶层。这一数据表明，在美国的收入流动中，从最低收入阶层、较低收入阶层以及中间收入者向更高一级的收入流动比例明显大于从较高收入阶层向较低收入阶层的流动比例。

众所周知，美国居民的收入差距是相当大的，但是美国政府为了促进公平竞争，保障个人的发展机会，增强收入的流动，采取了与完善的市场经济制度相配合的公共政策以及各种法律手段和措施，从而为促进收入流动提供了完善的公平竞争的市场经济制度环境。在这种制度环境下，每个人都可以通过市场平等竞争，充分发挥自己的聪明才智，真正实现按照要素贡献大小参与收入分配；同时，完善的法律体系从制度上也最大限度地杜绝了不合法收入的来源和机会。所以，这种旨在提供公平竞争的公共政策从制度设计和制度安排方面十分有效地保证和促进了美国的收入流动性，也使得美国的收入分配不平等问题并没有给经济增长以及社会稳定等带来较大的负面影响，收入差距问题也没有引起人们过分的心理反应和"不安全感"；尽管基尼系数意义上的收入差距程度也非常严重，但美国社会公众则更能够接受和容忍目前的收入分配差距。

由此可见，收入流动性的强弱与测度收入分配差距有着内在的紧密关系。较强的收入流动性对于缓解收入不平等导致的社会压力和冲突、平抑社会公众不平衡的心理和矛盾，有着重要的意义。

二

毫无疑问，从收入流动性角度对我国居民的收入流动进行实证分析，对于理解我国当前的收入分配差距具有非常重要的理论意义和现实意义。

然而，由于目前我国个人收入统计机制尚不健全，会计制度还不完善，对个人真实收入难以有效计量，收入流动性方面的数据极其缺乏，因此，进行收入流动性方面的研究还存在着一定的困难。从现有的资料看，目前解释我国收入流动性方面的资料主要有以下两个：

其一，有关部门在 1989 年对中国农村居民收入流动性进行的一项社会调查中，统计了中国 25 个省区、135 个村镇中 7950 户农村家庭分别在 1978 年、1983 年以及 1989 年的收入增长情况。根据这一组数据分析，得出的结论是，受市场化改革和制度变迁的推动，中国农村居民收入在 20 世纪 80 年代改革开放初经历了一个非常显著的流动。1978～1989 年十年中，1978 年处于最低收入阶层的人口，到 1989 年，有近 65% 的流动到了较高的收入阶层。然而，进一步研究也表明，中国农村居民收入流动加快的同时，贫困人口也有一定程度上升。其原因在于，受到工农价格"剪刀差"影响，农产品市场贸易条件不断恶化，结果造成处于最低收入阶层的人口拥有的实际收入有一定程度的下降，这在一定意义上抵消了收入流动对农村内部不平等的缓解作用。

上述调查可以说是最早涉及中国居民的收入流动性及其相关问题，可以说其意义是巨大的。虽然重点只是分析制度变迁与农村居民收入流动性之间的关系，但仍十分有效地说明了中国农村制度改革所产生的巨大进步意义。当然，这一分析也存在着一些缺陷。首先，调查仅限于农村居民收入流动性，没有分析城市居民收入流动问题，因此很难从整体上、宏观上比较全面地反映中国居民收入流动性状况；其次，中国收入分配整体不平等的迅速加剧，实际上是从 20 世纪 90 年代以后开始的，因此，这一资料反映不了 90 年代以后的情况。显然，90 年代以来中国居民收入流动性问题以及它和收入分配不平等之间的关系则是需要重点加以分析的。

其二，社科院经济所曾经收集了 1990～1995 年期间 10184 名城市居民的收入数据，并对所获得的数据进行了详尽的分析，试图从比较中找出中国收入流动性的一些特征。

这一研究针对的是 20 世纪 90 年代初、中期我国居民的收入流动性问题，应该说具有很强的现实意义，毕竟中国居民收入差距的加速主要发生在这一阶段。从分析研究来看，有两个问题的答案对理解收入不均的现象至关重要：一个问题是收入不均是由机会不均所造成的还是在机会比较均等的前提下市场竞争的结果；另一个问题是现在观察到的收入不均是短期现象还是长期现象。研究的结果告诉我们，机会不均有多严重以及收入不均是否会持续这两个问题的答案应该是基于可靠的具有统计意义的证据，而不是基于主观印象或一些不具统计意义的案例。当然，这一研究也存在一定的问题，主要是收集到的数据多是由当事人对过去五年内的收入状况进行回忆，因而难免存在着较大的误差。

　　另外，我们根据有关统计资料，对 1978～2005 年部分行业职工平均工资增长情况做了相关分析（见上文"行政垄断、收入流动性与我国行业收入差距的扩大"中的表 1、图 1），得出的数据显示，20 世纪 90 年代以前各行业收入增长差距并不大，居民收入流动性较强。而 90 年代后，各行业收入的增长率明显拉大，如 1991～1995 年，金融保险业收入增长率达到 28.82%，同期，农林牧渔业的收入增长率只有 17.98，与金融保险业相差 10 个百分点。之后，长达 10 余年里，金融保险业以及科学研究和综合技术服务业等行业的收入增长率一直较高，而从事农林牧渔业以及批发零售贸易和餐饮业职工的收入增长率一直相对较低，这使得从事这些行业的人群逐渐沉入收入下层，而金融业从业人员、电力、煤气、供水行业以及机关事业单位人员和管理人员等人群升至到收入上层，行业之间的收入差距一直在扩大。

　　由上所述，我们大致可以得到如下结论：首先，改革开放以来，我国目前居民收入流动性中，向上流动的比率大于向下流动的比率，这对缓解我国居民收入差距有一定的积极意义；其次，在进入 20 世纪 90 年代以后，居民收入的跨阶层流动开始减弱，也就是说低收入阶层向中等偏低收入阶层的流动还是较多的，但是跨阶层向中等收入阶层和较高收入阶层流动的比率还非常不够。

　　需要说明的是，表一选取的数据是行业的平均工资，以工资替代收入来反映行业收入差距的变化虽然不是很全面的，但也大致可以反映出我国居民收入的流动性。这种流动性的趋势是，收入差距在进一步扩大的同时，收入流动性在大大降低，且这种下降是全面性的，收入阶层的分化出现了稳定的趋势。

三

　　导致收入流动性变动的因素有很多，从宏观面来看，既包括体制因素，也包括政策因素，如转型时期仍然还存在的许多阻碍居民收入流动的体制、机制性障碍以及转型时期公共政策的不完善和不统一等，都会造成不同部门、不同行业之间居民收入流动进程中的交易成本过大，以及所带来的巨大风险和不确定性。同样，从微观来看，也还有一些因素如机会以及个人受教育程度等也会影响到收入的流动性。

　　从我国近年来的收入差距特别是城乡之间、行业之间的收入差距看，体制性的因素、行业垄断以及由此带来的机会不均等显然都是导致收入流动性降低重要因素。由于户籍壁垒，我国城市社会中普遍存在着两个劳动力市场：一个是收入高、劳动环境好、待遇好、福利优越以及法律赋予工作者的各种权利能够得到较好的保护的劳动力市场，这个劳动力市场是专门针对具有城市户籍居民的高端劳动力市场。当然，并不意味着这一市场的技术或素质要求非户籍者难以达到，而是城市政府用行政手段所采取的歧视外来者的强制性壁垒。另一个是收入低、工作环境差、待遇福利低劣的劳动力市场，其实就是农民工劳动力市场。二元的劳动力市场使得农民工无法取得与城市居民同等的劳动资格，因而也不可能取得同等的劳动收入，收入流动受到较大的限制。同时，垄断也使得行业之间的两极分化越来越严重，并逐渐形成以城市里的低工资者、下岗失业人员和退休人员等为主体的低收入阶层。当然，也有一些因素在阻止收入流动性的下降，例如教育因素。据有关资料显示，1979～1991年间，受教育者受教育年数每增加一年，其进入最高收入阶层的加权机会比例将增加24.2%。由此可知，在改革开放初期，教育因素是导致人们收入流动性增强的一个重要原因。其实，即使现在来看，教育作为最重要的决定收入流动的因素之一，仍然发挥着重要的作用。人们通过学习以期获得人力资本和教育资本投资来改变自身的状况。

不过总的来看，教育在增强收入流动性方面的作用似乎还是令人不太满意，其表现就在于近几年来大中专毕业生的工资水平普遍有所下降，出于对收入的不满，不少大中专毕业生不得不频繁变换岗位。这使得人们宁愿相信传统体制内的优势对于个人成长更加重要，甚至一些人认为，父亲的能力对子女进入现职单位就业并获得稳定的收入仍然有着重要的影响。这就是所谓从富裕循环到富裕复制的机会不均等的问题。

一般而言，教育资本作为后致性因素往往会影响到个体的社会流动性。但如果这种后致性因素影响到代际之间的收入流动，即父母受教育程度以及由此所决定的家庭背景、收入状况等直接决定或者影响着其子女的受教育状况和收入状况，那么则说明这个社会所给予的机会是不平等的，因为它从客观上排除了个人通过教育等后天努力去改变自身收入状况、社会地位的可能。

然而今天，这种不平等的教育机会却处处可见，例如从人口、教育与收入的相关性资料中可知，最低收入的20%的人口中仅仅只有11.38%享受到了高等教育，中等偏下收入的20%的人口中只有10.12%享受到高等教育，而最高收入的2%人口却享受到了51.91%的高等教育。相对于数量而言，质量差别更为严重，收入较低的10%阶层所接受的小学教育质量比相邻的收入较高的10%阶层低35%；在中学教育方面，收入最低的40%阶层与中等收入的40%阶层的教育质量差距超过了20%。这意味着低收入家庭子女接受更高阶段的教育，不仅意味着要付出更高昂的学费和更多的机会成本，也意味着承担教育收益率递减的损失。由此可见，与教育机会有着深刻内在联系的城乡差别、父母收入高低差距等因素也严重影响到我国居民受教育机会的公平性，从而亦影响到我国居民的收入流动性。

需要说明的是，在一个机会平等且具有公正合理的收入分配秩序和较强的收入流动性的国家，面对通过市场竞争并且合理合法获得高收入者，人们总是可以接受和承认这样的收入差距。相对于结果不平等而言，人们往往更加不能接受机会不平等导致的收入差距和不平等。目前我国社会公众对收入分配差距的心理反应比较强烈，也从一个侧面说明了我国居民的收入流动性较低。当前一个显而易见的事实是，中国学术界，政府部门以及媒体等社会各界都对中国收入不平等问题表现出很强烈的社会忧虑，这表明中国的收入不平等已经引起了社会公众的强烈反应和普遍关注，但是具有和中国几乎相同的基尼系数的国家，人们却对收入不平等的反应和态度比较平和，这显然和这些国家具有较高的居民收入流动性有关，这也从另一个侧面说明了我国当前居民的收入流动性仍然较低。

四

改革开放 30 多年来，中国经济在飞速发展的同时，社会阶层的分化也已出现，而且各阶层之间的边界正在变得越来越清晰，但是各个阶层之间的社会流动性和收入流动性机制尚未完全形成。

那么，收入流动性的机制如何构建？这里首先应明了收入流动性的相关特征。一般地，伴随着收入流动性较低的主要特征是"大、偏、固"。所谓"大"，就是收入差距过大，根据最近的有关资料显示，我国基尼系数已经超过 0.47[①]，已经达到很严重的程度。所谓"偏"，就是分配政策与分配结果的偏差，在目前的高收入阶层中，通过辛勤劳动、科技发明致富的是少数，而通过其他途径的约占一半。所谓"固"就是凝固，分化作为一种必然现象并不可怕，最为可怕的是高收入阶层与低收入阶层成为一种"世袭"复制，这就是本文所说的收入流动性过小的问题。

因此，解决收入流动性机制，政府在防止收入差距扩大的过程中，更应注重的是矫正收入政策的偏差和防范收入差距的固化。

---

① 中国经济网，2007 年 11 月 15 日。

收入差距的出现，甚至一段时期有可能扩大都是不可避免的，我们在追求效率和公平的均衡时，不可能试图实现最终的收入分配结果公平，因为过于注重收入公平会减低市场效率；同样，过于讲求效率，也会破坏公平。在效率和公平之间，强调一方可能会损害另一方，这确实是一个难解的矛盾。但我们应该注重的是竞争过程的公平，即通过机会公平来解决这一问题。这里，政府的责任就是保障机会公平，在和谐中促进社会各阶层的流动，在发展中增强收入的流动性。

保障机会公平，一是要体现在个人受教育权利的公平上。诺贝尔经济学奖获得者、美国经济学家萨缪尔森曾说到，在走向平等的道路上，没有比免费提供公共教育更为伟大的步骤了。由此，教育作为政府提供的主要公共服务，就是要维护教育机会的公平。现在各地区基础教育投入主要由地方财政负担，因此，在我国地区间发展差异较大、各地区财政状况存在较大差异从而教育权利的公平性受到影响的情况下，中央政府应主动拨款以弥补各地区间教育投入的差异，以此从制度上根本解决教育权利的公平性，改善欠发达地区的人力资本水平。

保障机会公平，二是要体现在反垄断和竞争权利公平上。行业垄断是制度政策给予行业的"保护伞"。这种所有制对行业的分割，在改革的初期发挥了其应有的作用，但从当前收入分配的角度来看，行业垄断明显是收入差距拉大的主因。所以，垄断不除，缩小收入差距、平衡工资收入、增强收入的流动性就成为空话。打破垄断，就是要创造一个平等、竞争的经济环境。最重要的是减少进入管制，或改产权结构。

保障机会公平，三是要体现在人们获得制度服务的公平上。比如户籍制度，户籍制度对于城乡二元体制起着至关重要的作用，户籍制度不打破，所涉及的许多不平等问题如农民工的社会保障问题就不可能解决，农民收入也不可能有较快的增加，而且还会产生一些新的不平等的问题。因此，深化体制改革和完善公共服务的供给制度，消除影响劳动力转移的制度性因素，取消户籍制度来加强劳动力的跨区域流动，营造一个机会公平的环境，消除各种阻碍收入流动的体制和机制，这对于形成一个自由顺畅的收入流动机制，缓解因收入不平等产生的社会压力，改善当前的收入分配状况，从而实现中国社会结构向全面小康社会的变迁是具有重要意义的。

参考文献

［1］尹恒，李实，等. 中国城镇个人收入流动性研究［J］. 经济研究，2006（10）.

［2］吴永球，陈仲常．中国城镇居民的职业流动性研究——来自微观数据的经验分析［J］．市场与人口分析，2007（5）.

［3］郭丛斌，闵维方．中国城镇居民教育与收入代际流动的关系研究［J］．教育研究，2007（5）.

［4］徐铮．收入不平等与教育不平等的探索［J］．经济改革，2006（5）.

我国产业结构演进中工资
水平与劳动力配置刍议[*]

    配第和克拉克认为，随着经济的发展和人均收入水平的提高，劳动力从第一产业即农业向第二、第三产业等非农业部门的转移，是一个普遍规律。随着人均收入水平的进一步提高，又会出现劳动力由第二产业向第三产业转移的现象。这一就业结构变动规律被称为"配第—克拉克定律"。库兹涅茨在克拉克研究的基础上，从劳动力和国民收入两方面对产业结构变化进行分析，得出更为精确的关于就业结构和产业结构变动的一般描述。关于就业结构和产业结构演进中的动因，克拉克认为动因在于经济发展中各产业间出现收入（附加价值）的相对差异造成的。人们不断由收入低的部门向收入高的部门流动是劳动力不断由第一产业向第二、第三产业转移的主要原因。库兹涅茨则认为部门比较劳动生产率的差异决定了产业结构不断向高级化方向发展的有序性。这里的比较劳动生产率等于部门的国民收入占总国民收入的比重与部门的劳动力在总劳动力的比重之比。一般来说，部门之间比较劳动生产率越是相差悬殊，劳动力转移的可能性越大，动力越强。这从更深层次上揭示了就业结构、产业结构演变的动因。

    中国工业化的迅猛发展使经济总量不断提高，产业结构不断得到提升。可以说，产业的演进是符合"配第—克拉克定律"的。然而，目前中国第一产业滞留的劳动力仍然过多，第三产业吸纳劳动力仍然不足，就业水平差强人意，联系到我国不同群体收入差距不断扩大，尽管工资水平不断提高，但低收入群体仍过于庞大，这就不禁要问，我国就业结构和产业结构演进中工资差异产生的动因到底如何？工资水平对劳动力的配置作用到底如何？

    就工资对劳动力配置的作用而言，它是通过第一、第二、第三产业以及国民经济各部门、各行业、各企业，或者各地区之间的工资差异来实现的。

---

[*] 该文刊载于《理论导刊》2005 年第 9 期，标题及文章内容有修改。

237

当某一部门的生产供不应求，需要更多的劳动力投入生产时，这一部门的工资水平因对劳动力的需求增加而上升，工资水平的上升会将更多的劳动力吸引到这一部门，从而使劳动力按照生产的需要而得到合理的配置。相反，当某一部门的生产超过社会需要，需要缩减生产和排除劳动力时，这一部门的工资水平因对劳动力的需求减少而下降，工资水平的下降会使劳动力离开这一部门，流向工资水平高的对劳动力有较大需求的部门。

从三个产业的发展情况来看，第一产业比较利益低，农民在市场和资源约束的情况下，收入很难有大的提高。因此，农村劳动力会逐渐从第一向第二、第三产业转移。我国从20世纪80年代以来连绵不断地爆发的大规模外出寻找就业机会的"民工潮"就是这种转移的一个生动写照。无疑，转移的动力来自于产业间的收入差距。收入差距越大，农村劳动力流动的愿望就越强烈。

第二产业存在两种就业环境，一是国有部门控制的企业，在这些企业，职工实际工资水平较高，但由于制度的原因，农村劳动力很难进入；二是大量私营的以劳动密集型为主的中小企业，在这些企业，工人工资水平非常低，在吸纳劳动力就业方面无多大优势。不过，尽管如此，每年仍有大量的农民工在这些部门寻求就业。然而，2004年上半年以来，在我国东南沿海地区乃至内地出现的中小企业招工难现象，引起"民工荒"，从而导致农民工回流，这不能不让我们对我国工资水平在配置劳动力方面的作用产生疑问。

关于"民工荒"产生的原因，有多种说法，归纳起来，主要有以下几种：一是"民工荒"说明了党的富民政策开始显效。随着政府对"三农"问题的重视，一些有利于"三农"问题解决的政策出台，农民种地的热情又高涨起来。在夏粮丰收，粮食价格再创新高，农业税被大幅度减少的背景下，农民从农业上得到的收入增加了，这使农民减少了外出打工的比例。二是由于全国没有统一的劳动力供求信息网络，不能在第一时间显示和契合劳动力供求，以使劳动力配置达到最佳，这使得一些地区富余劳动力大量闲置。三是"民工荒"反映了民工生存环境恶劣和工资待遇低下。近年来城市居民收入水平年年提高，可一些地区农民工的工资却原地踏步或涨幅很小，加之外出打工的生存环境恶劣，导致一些农民不愿进城打工。上述解释说明，目前我国并未形成真正意义上的"民工荒"。在劳动力市场上，供给仍大于需求，在广大农村，仍然存在大量的富余劳动力亟待转移。但是什么原因导致"民工荒"，农民工为什么回流？显然，根本原因在于农民工工资水平偏低，深层原因是劳动力市场不健全，对农民工缺乏保护。当农民工外出打工的工资不比在农业上获得的收入高时，理性的选择必然会促使农民工流向收入较高的部门，从而使工资差异产生的向第二产业转移的动因不足。

第三产业或者说服务业对经济结构的调整具有重要的促进作用，其较高的工资水平，会吸引劳动力不断地流入。特别是，第三产业中有许多是新兴行业，随着社会的飞速发展，社会分工越来越细，还会不断催生出一些新的行业，因而是就业的主渠道。然而，我国服务业的发展亦不快。究其原因，除技术上的要求以外，行业垄断对服务业发展的限制应是一个主要因素。垄断对服务业发展的限制可以通过较高的利润差别、工资差别以及较低的就业表现出来。

改革开放以来，工资水平高于全国水平的行业集中于电力、煤气及水生产供应业、交通运输业及邮电通信业、金融保险业、房地产业等服务行业。这些行业大多为国家垄断性行业，它们凭借其垄断优势获取高额利润，收入水平自然比其他行业高。与此相对应，那些工资水平低的行业多集中于第二产业中的传统行业。在传统行业，居民收入水平增长速度缓慢，失业人数增加，与垄断行业的差距逐渐拉大。

工资差别的存在，同经济中价格差别的一样，具有在整个社会经济范围内不断重新配置劳动资源的功能。它会激励劳动者和其他生产资源从低生产率的工作岗位、企业、行业或产业部门向高生产率的地方转移，从而优化劳动资源的配置效率。不过，工资差别发挥其价格导向作用需要两个条件：一是存在较为完善的劳动市场，劳动力能够自由流动；二是工资作为劳动的价格，是生产效率的函数，高工资与高效率成正比，高工资水平应该是社会对该部门高水平劳动价值的认可。然而，目前这两个条件尚不具备。一方面，由于我国不存在统一的劳动力市场，劳动力的流动受到一定限制。另一方面，垄断对行业的保护还非常严重，这使得劳动力价格不能得到正确地反映，同质劳动力由于市场的分割将得到不同的工资。

资料显示，1985年，我国第一、第二、第三产业的产值比为28.4：43.1：28.5，就业比为62.4：20.9：16.7，劳动生产率之比为817：3711：3061；到2000年，我国第一、第二、第三产业的产值之比为15.9：50.9：33.2，就业之比为50%：22.5%：27.5%，劳动生产率之比为3995：28414：15181。显然，第二产业的发展快于第三产业，表现在第二产业由于资本有机构成的提高，其就业比重下降，而其产值变动和劳动生产率比第三产业高。其他相关资料也证实了中国制造业平均劳动生产率水平要比服务业平均劳动生产率水平高2～3倍。然而，制造业的平均工资水平和平均利润率水平却比服务业的平均工资水平和平均利润率低。通常情况下，劳动生产率高，利润和工资才有可能高。但中国目前是服务业的劳动生产率低，而利润和工资反而高，这种情况就不符合经济学的一般规律。利润高并不能说明生产率高，只能说明服务业获得了垄断利润，使其得以在劳动生产率比较低的情况下实现了比较高的利润水平和工资水平。

垄断部门高工资水平能够在低效率条件下实现，源于其远远高于社会平均利润的垄断价格。中国特有的垄断经济生成背景并非是市场发展的结果，而是凭借行政权力人为形成的集中。总体上，我们还未形成充分的、公平合理的市场竞争环境，垄断部门由于身处行业不同，能够享受政府给予的行政性特权而得以垄断市场，因而工资成本可以通过垄断价格转移出去。最有代表意义的是金融、通信、电力、煤气、航空等产品的价格，离谱的价格成为其高工资水平的分配基础。并且，在国家行政性垄断保护下，垄断部门劳动的低效率为垄断价格所掩盖，价格的市场导向作用被扭曲，劳动的价值无法接受市场的鉴别，整个市场的资源配置效率由此而降低。

总之，在劳动力市场不完善的背景下，在劳动力自由流动受到限制的条件下，在对农民工缺乏保护、工资被压低，而对垄断部门过于保护、并使其获得高利润、高工资，从而在全社会不能形成均衡工资的情况下，工资差距所形成的诱导机制的功能丧失，工资对劳动力配置的功能就会大打折扣，产业结构、就业结构的提升也将受到严重影响。由此，清除阻碍劳动力市场形成的藩篱，增强全社会劳动力的流动性，保护农民工利益，健全农民工社会保障制度，限制垄断，进一步改革工资制度，促使工资决定机制市场化，这对于劳动力的合理配置都是具有重要意义的。

工资水平与经济起飞刍议[*]

一

所谓经济起飞，是指一国在工业化初期的较短时间（20～30年）内，克服了那些阻碍和抵制该国经济持续增长的旧的势力，突破了传统经济的停滞状态，并实现了基本经济和生产方法的剧烈变革。这一重要概念是罗斯托1960年所提出的。罗斯托认为，经济起飞阶段是一个国家摆脱贫困和落后的关键时期，也是一个国家经济发展最困难、最重要的阶段。欠发达国家只有实现了经济起飞，才能实现工业化。而一旦起飞，也就意味着人均国民收入开始了急速持续增长；并且，在产业革命的先决条件基础上，大规模的工业制造业兴办起来，生产力得到迅猛发展，从农村转移到工业的资本和劳动力进一步支撑了工业化。农业技术的改良、农产品的商品化和农村生活的变化等"排斥因素"和工厂数量增加、工资提高等"吸收因素"，促进了劳动力的加速流动。这一切都表明，经济的发展产生了一种剧烈的突变或质变，跨出了传统社会的循环圈，进入了经济大规模持续增长阶段。

罗斯托认为，要实现起飞绝非易事，需要具备一些条件，这些条件包括：第一，有较高的资本积累率；第二，能带动整个经济增长的主导部门；第三，有相应的政治经济制度作保证。值得注意的是，上述第一和第二两个条件与工资成本有着十分紧密的联系。因为低廉的工资成本，是资本积累率不断提高的基础；同样，凭借廉价的劳动力及所形成的制造业的比较优势，整个经济的不断增长就有了依托，从而经济的起飞就有了现实的依据。正如罗斯托所说的，"当工业浪潮涌现所要求的其他条件成立时，特别是工业企业家涌

---

* 该文刊载于《求实》2005年第8期；人大复印资料《理论经济学》2005年第12期全文转载。

现，现有工业技术被充分掌握，以及具有了最低限度地组织培养一支工业劳动队伍的能力时，丰富而廉价的劳动力供给奠定了与较发达经济进行有效竞争的基础。"

二

改革开放以来，中国在工业化和现代化的道路上迅速向前发展，中国基本的经济结构、生产方式和社会结构发生了巨大变化，中国经济正在起飞。可以预见，随着工业化的进一步展开，在不久的将来，中国经济还将持续快速增长，并最终实现起飞。

关于中国经济起飞问题，许多学者都进行了大量论证，特别是在进入持续增长的条件上。徐长生教授认为，从时间上看，"中国经济起飞的全过程大致要持续30~40年"，"理由主要有三点：①中国拥有12亿多人口，潜在的国内市场容量巨大，而且中国地域辽阔，东部、中部与西部之间，大城市、中小城市与农村之间的需求呈阶梯性和连续性特点，从而可以大大推迟经济持续高速增长最终所面临市场需求不足这一瓶颈约束；②中国的国内年储蓄率已超过35%，利用外资已位居世界第二，二者合一，可以使今后十多年中国保持近40%的投资率（总投资/GDP）；③中国劳动力资源丰富，工资成本低，在相当长的时间内这仍将是我国在国际市场上保持竞争力的一个武器。"显然，上述三个理由正是我国经济持续增长、实现起飞的三个重要条件。

上述三个条件并不是相互孤立的，应该说，它们之间密切相关。因为国内市场容量的扩大，需要购买力的不断提高去支撑，购买力的不断提高，其实质就是收入水平的不断提高；同样，国内储蓄率进而投资率的大小也与人们收入水平密切相关。显然，在这三个条件中，工资水平的高低具有十分重要的意义。

的确，劳动力成本低或工资水平低一直是我国经济增长中的一个起飞条件和优势资源。这种优势资源表现在：第一，为中国许多产品的市场竞争提供优势。特别是在劳动密集型产业，比如轻工、纺织、服装。在全球同类产品的市场份额划分中，至少在劳动密集型产业市场中，中国占有一定的比例，这是形成中国产业竞争力很重要的一个方面。第二，劳动力的低成本也是吸引国外投资者到中国投资的一个很重要的因素。中国劳动力价格低廉，是外商到中国投资时的一个重要考虑因素。这就形成中国加入国际分工的一种模式或切入点。第三，也是中国从依托劳动力的资源优势逐步深入到国际分工过程中，透过学习，在国际分工中不断提高自己的位置。因此，劳动力的成本低廉是中国当前经济发展中的一个很重要的优势和起飞条件。

正是借助于这一条件和优势，改革开放后，中国在劳动力密集型产业及对外贸易方面有了飞速发展，并成为中国经济增长的"引擎"；也正是借助于低廉的工资成本这一条件和优势，使资本积累不断加速，经济得以持续增长。不过，需要注意的是，廉价劳动力其实是一把"双刃剑"，一方面，我们凭借低廉的工资成本和巨大的市场，形成了中国制造业的比较优势，成为世界上重要的产品加工和制造基地；但另一方面，在国际市场上，我国产品的竞争力并不强，产业结构也不太合理；而且我国劳动密集型产品在国际市场上所占的份额也相对较小。所以，中国即使劳动力很低廉，也不可能在国际市场上占有太多的份额。中国想要在国际市场上提高自己产品的竞争力，要想在外贸中进一步扩大市场份额，就必须向资金技术密集型的产业扩展。这些在国际贸易中的份额相当大。仅靠劳动密集型的产品空间容纳不了中国未来的发展。而贸易结构的变化和国内产业结构的变化、就业结构的变化都是紧密相连的。这些结构变化，在收入方面的表现就是收入水平的提高，收入水平的提高，也是劳动力价格或工资水平的提高。因此，适度的工资水平，即与经济增长相适应的工资水平应成为我国经济持续增长、实现起飞的一个重要条件。

三

工资水平问题是个收入问题，收入问题不仅有收入差距的问题，还有个收入水平的问题。当前大多数中国老百姓的收入来源是劳动收入，其劳动报酬即工资增长得快不快，工资水平高不高，自然成为大家十分关心的一个问题。长期以来，中国老百姓工资水平一直比较低，这是计划经济体制下实行低工资、低消费的结果：既给人民生活带来很多不便，也对经济发展带来很大影响。尽管改革开放后，工资水平有了较大幅度的提高，但总的来说，仍然不高。可以说，还是属于低工资水平。目前，低工资制已经影响到经济生活的方方面面，进而影响到经济起飞。比如对消费的影响，即是一个最具典型的问题。近几年来，扩大内需、刺激消费一直是我国政府推行的积极财政政策的主要内容，扩大内需已成为拉动我国经济增长的一架强有力的马车。但目前，在扩大内需的过程中，投资对 GDP 增长的贡献显得强劲，消费在经济增长中的贡献则显得不足。一般来说，一国市场规模取决于人口、消费倾向和购买力水平。其中，购买力水平的高低对最终产品的消费、从而对产业结构的演进具有重要影响。再比如，农民工问题。农民工对社会的贡献是巨大的，然而长期以来他们一直受到歧视，他们不仅工资水平低、工作待遇差，与企业主阶层收入差距不断扩大；而且由于主要从事低技术水平的简单加工业生产，这使得在这些部门就业的劳动力难以持续得到发展。一个普遍的现象是：年年在珠江三角洲和长江三角洲打工的农民工有几千万，但他们像候鸟一样，飞来飞去，很难融入当地社会，跟城里人仍然是"两张皮"的关系，被市场所分割。如果这种状况持续下去，不仅未来中国的产业工人队伍难以形成，而且未来还可能出现一方面是高素质劳动力资源短缺的危机，另一方面却是相当多的农民工难以进入产业技术工人的行列，难以融入工业化进程之中。

显然，工资水平高低的问题不是一个小问题，它实实在在地是一个关系到中国经济起飞，关系到中国经济增长和长期发展的大问题。那么，从目前看，中国的工资水平与经济增长的关系及其影响主要表现在哪些方面呢？

首先我们看消费和积累的关系及其对经济的影响。在过去的 20 多年里，中国经济高速增长中最重要的支撑力量是高资本投入。从统计资料中我们看到，在绝大部分年份里中国的投资率都维持在 35% 以上，有些年份甚至达到了 40%。而支撑高投资率的主要力量则是高储蓄率。我们知道，储蓄率的上升是与最终消费率的下降相对应的，消费需求不旺必然会影响到经济的快速增长。显然，当前中国经济增长速度放缓，其中重要原因是消费率偏低，而其深层次原因是广大人民收入水平增幅缓慢。其他先进国家的实践经验证明，在人均 1000 美元的水平之上时，GDP 中劳动报酬份额的增长将明显加速。2003 年，我国人均 GDP 达到了 1000 美元，这意味着人均收入或工资水平也会相应有一定幅度提高。然而，多年来我国经济年均 GDP 增幅一直较高，而全国工资总额占 GDP 的比重却在下降，上升或持平的年份不多。这一现象说明了什么呢？是不是说明我国积累率已经过高，工资水平偏低呢？众所周知，积累率过高必然会影响到居民收入水平的提高，影响到工资的增长，影响到消费并进而影响到中国的经济增长和起飞。

工资作为收入问题对经济影响的另一个方面是收入差距的不断扩大、收入结构的极不合理问题。衡量收入分配的差距，国际上一般以基尼系数为指标，基尼系数越大，居民收入差距就越大。目前，我国收入差距已经过大，表现在：一是城镇居民收入差距过大；二是农村内部收入差距过大；三是地区间的收入差距也明显扩大；四是全国居民收入差距也过大。引起收入差距过大的主要根源是工资外收入（包括垄断性收入）、灰色收入以及非法收入。

这些收入集中在少数人手中，大多数人仍然是靠低工资作为其收入来源，而且，这种差距还有扩大之势。最具典型的实例是普通劳工与私营企业主之间，一方是持续的低工资，而另一方是由持续的低工资带来的财富的积累，两个阶层的收入差距在不断扩大。毫无疑问，较低的工资水平不仅影响到人们的消费，影响到产业结构的演进，影响到工业化的进程，如果贫富差距进一步扩大的话，还会影响到社会的稳定，阻碍经济可持续发展。

工资问题还是个资源配置问题，因为工资起着劳动力资源配置的作用。从我国目前来看，就业结构性矛盾十分突出，多年来的失业主要表现为结构性失业。2000 年，第一产业产值占国民经济的 15.9％，而其就业人员却占50％，属于过度就业；第二产业产值占 50.9％，其就业人员仅占 22.5％，使用的劳动力较少，虽然有就业的空间，但由于对劳动力的技术要求较高使许多剩余劳动力的进入受到限制；第三产业产值占 33.2％，从业人员占27.5％，与发达国家第三产业占 50％ 以上存在较大差距。究其原因，一方面，各产业的劳动生产率水平不同，对劳动力的成本或工资水平要求也不一样；另一方面，由于劳动力市场不够完善，农民工缺乏有效的保护，工资被压低，劳动力流动受到限制，而垄断行业在获得垄断利润、垄断工资的同时，还阻隔了就业，以至于在全社会形成不了均衡的工资，工资差距所形成的诱导机制的功能丧失，工资对劳动力配置的功能大打折扣，产业结构、就业结构的提升也就受到了严重影响。

上述三个问题反映的是中国经济结构不合理问题，却都和收入分配政策相关，亦和工资水平相关。这就引出本文所提出的主要问题，在目前经济起飞阶段，我国工资水平是否合适，工资水平与经济增长是否协调，工资水平与经济增长之间的关系如何？

四

法国经济学家帕斯卡尔·拜伊和阿莱因·穆尼耶曾指出："发展经济学的基本问题，即为什么各国之间的经济增长率各不相同的问题，其答案可能就是本文的主要假设（如果能得以证实的话），即工资成本是决定性的因素。""我们或许只有从工业化与工资关系结构的联系中，才能找到解释不同国家特有的工业化的主要因素；而且这种关系近来在世界范围内的转型或许可以成为解释工业化迅速向新的地区扩展的原因。"这一论断虽然未被证明是发展中国家在工业化进程中经济得以快速发展并具有普遍意义的理由，但我们确实不能否认工资水平给各国经济所带来的重大影响。世界各国工业化道路模式尽管不同，但从其工资变化中，确确实实反映出特定国家和地区的"这种特殊关系的历史性变化"。其中，东亚"四小龙"的经济起飞就是一个非常典型的实例。他们从一个贫穷落后的国家或地区，成为一个新兴的经济体，其工资水平的变化，就深刻反映出其工业化的发展道路，亦充分体现了工资与经济增长之间的具有内在性的协调关系。这种协调关系体现在：经济高速增长产生的收入效应使工资水平不断提高、且收入差距较小；而不断提高的工资水平在促进消费水平不断提高、产业结构进一步升级、就业结构不断趋于合理时，又促使经济进一步增长。"经济增长主要归因于消费品领域和相关的服务。由于实际工资、以工资为收入的人数以及劳动生产率的增加和提高等三重因素的作用，经济增长具有了内生性。"这可以说是东亚"四小龙"经济发展的一个生动写照。

反观中国工资与经济增长之间的关系，笔者感到：一方面中国经济发展很快，GDP的增速类似于日本、东亚"四小龙"等工业化国家和地区起飞时的增长速度；另一方面工资水平与经济增长之间又不具有很好的协调性，突出表现在上述三大结构不合理方面，即积累和消费的结构不合理，第二、三产业的结构不合理及居民收入差距的扩大。究其原因，一是目前的低工资制度仍然受到传统体制下行政配置资源的强大惯性的影响，二是目前的低工资很大程度上受到不健全劳动力市场的压抑，以致使工资对经济增长的促动作用不仅没有充分体现出来，还可能从某些方面束缚了经济的进一步增长，延缓经济真正起飞。这就是摆在我们面前的一个亟待解决的现实问题。

面对这一问题，我们应该如何去解决？笔者认为，首先在理论上，我们应深刻认识工资这一变量对经济发展的巨大作用，同时，我们还应深入到经济体系内部，认真探寻能够有效保证经济起飞的工资调节机制。在实践上，一方面我们应加快改革步伐，破除传统体制对经济的束缚，破除一些不合理的制度，特别是户籍制度，健全并完善劳动力市场，让劳动力价格在市场上能正确反映出来；另一方面我们还应把握工资关系应适应经济发展的需要，"以便在国家范围内就利润/工资之间的比率以及消费品生产/资本货物生产之间的比率进行调节以期保持平衡，从而使经济和社会发展之间产生一种有机的联系。"适应经济发展需要的工资关系，应该是让更多的人融入工业化进程中，使工薪收入者在整个从事经济活动人口中的比例提高到一个新水平，使第一、二、三产业结构逐步趋于合理；不仅如此，适应经济发展需要的工资关系应是以提高广大居民的收入水平为目的，工薪收入者的格局应是"两头小、中间大"，"中间阶层"的形成不仅能从分配的结果上较好地解决社会收入分配不公的问题，还能在保持效率的前提下，促进共同富裕，同时又为维护社会稳定大局奠定基础。

总之，正确认识工资在经济增长中的作用，从而确定适度的工资水平，以保证经济最终实现起飞并顺利进入持续增长阶段，也就是笔者所思考并希望得以解决的主要问题。解决这一问题的意义在于，一个与经济发展水平相适应的工资水平，不仅能合理引导劳动力有序的流动，激励人们努力工作，提高劳动生产率，且对企业的积累，对城市、农村的发展，以至于对经济结构的调整、社会结构的变迁将是十分有利的。

参考文献

［1］罗斯托. 从起飞进入持续增长的经济学（中译本）［M］. 成都：四川人民出版社，1988.

［2］徐长生. 中国经济起飞应注意的几个重要问题［N］. 光明日报，1998 - 12 - 27.

［3］帕斯卡尔·拜伊，阿莱因·穆尼耶. 增长模式与工业化的历史［J］. 国际社会科学杂志，1997（4）.

［4］胡放之. 东亚"四小龙"工业化进程中工资水平的决定及特点［J］. 湖北社会科学，2004（9）.

加薪就能提高劳动报酬比重吗[*]

　　所谓劳动报酬，是指劳动者在单位时间内提供劳动所获得的报酬。劳动报酬主要有三种形式：一是货币工资，是用人单位以货币形式直接支付给劳动者的各种工资、奖金、津贴、补贴等；二是实物报酬，是用人单位以免费或低于成本价提供给劳动者的各种物品和服务等；三是社会保险，是用人单位为劳动者直接向政府和保险部门支付的失业、养老、人身、医疗、家庭财产等保险金。三种形式中，工资是劳动报酬的最主要形式。

　　在经济学中，工资、利息和租金等生产要素的报酬共同构成了国民总收入，也就是通常说的 GDP。初次分配就是国民总收入直接与生产要素相联系的分配。分配内容主要由三块构成：劳动者报酬、资本所得、政府收入即税收。这三部分各自所占份额的多少，决定了国民收入初次分配的基本格局。这一基本格局的特点为：如果政府强势，政府所得在初次分配中的比重就比较高；如果企业生产过程中主要的决定因素是资本，那么，资本所有者在这生产中相应的决策权和获得收益的能力就比较强，资本所有者所得就会在初次分配中占到较大的份额；如果企业劳动力短缺或者工会力量强大，劳动者就会在初次分配中享有更大的份额。

　　劳动者工资总额占 GDP 比例的多少，是衡量国民收入初次分配公平与否的重要指标。该比率越高，表示劳动者的工资性收入在国民收入的初次分配中所得份额越大，社会分配越均等。反之，则表示劳动者的工资性收入在国民收入的初次分配中所得份额越小，社会分配越不均等。当然，收入分配均等问题不仅表现在劳动报酬上，还反映在就业、教育、享受社会保障待遇等权益的公平上。

　　劳动报酬比重和初次收入分配的结构，既会影响到人民生活质量的提高，

---

　　* 该文刊载于《解放日报》2010 年 11 月 22 日；应解放日报社约稿，就学习党的十七届五中全会精神进行解读。

也会影响到经济的快速发展。近几年，我国工资水平有了较大幅度的提高，但与经济增长速度相比，工资水平的上升幅度还不够。这一情况也会对我国经济生活产生一定影响。比如，多年来，扩大内需、刺激消费一直是我国政府推行的重要政策。但就消费、投资、外贸这三驾拉动经济增长的马车来看，投资对 GDP 增长的贡献显得强劲，消费在经济增长中的贡献则显得不足。众所周知，工资收入与购买力水平直接相关。而购买力水平的高低，对最终产品的消费、甚至对产业结构的升级、外贸结构的演进、就业结构的变迁都具有重要影响。再比如，农民工对社会的贡献是巨大的，然而，长期以来他们的工资偏低，缺乏社会保障；而且由于主要从事低技术水平的简单加工业生产，使得在这些部门就业的劳动力难以持续得到发展。这样，不仅未来我国的产业工人队伍难以形成，而且未来还可能出现一方面是高素质劳动力资源短缺的危机，另一方面却是相当多的农民工难以进入产业技术工人的行列，以至于难以融入工业化、信息化进程之中。

近年来，人们普遍感到收入差距拉大、劳动报酬偏低，社会上要求提高劳动报酬的呼声也越来越高。许多地方政府提高了当地最低工资标准，一些企业也开始给工人加薪。那么，加薪是否就能提高劳动报酬比重呢？对于初次分配中劳动报酬的占比问题，如果经济发展很快，而普通职工工资水平的上升幅度大大落后于经济增长速度，工资水平多年来提高幅度不大，劳动报酬在初次分配中的比例一直较低，且呈下降趋势的话，那么，此时的加薪，就只是对一部分最低收入群体的保护，或者说只是劳动报酬占比问题的正常回归。

应该说，劳动报酬问题不是一个小问题，它实实在在地是关系到中国经济增长和长期发展的大问题。由此，党的十七届五中全会提出，要"着力保障和改善民生"，要"合理调整收入分配关系，努力提高居民收入在国民收入分配中的比重、劳动报酬在初次分配中的比重，健全覆盖城乡居民的社会保障体系"。这一提出意义重大。

那么，如何才能提高劳动报酬在初次分配中的比重呢？国民收入的初次分配如同"切"蛋糕一样，蛋糕怎么"切"，既与蛋糕结构有关，也与蛋糕总量有关，更与分配制度有关。因此，要大幅提高劳动报酬比重，需要从利益格局上进行调整。一是改革和完善现行收入分配制度，可通过对困难企业实行减免利得税和流转税，来确保职工收入增长；也可以提出企业获得税收减免的唯一要件是完成政府设定的提高劳动者薪酬的政策目标，以税式支出的方式公开让利于民。二是打破垄断，保障社会资源公平创富的平等机会。三是推动企业实行工资集体协商，通过劳资双方平等协商逐步提高劳动报酬在初次分配中的比重。

　　需要注意的是，提高劳动报酬比重不是劫富济贫，而是在保障各方利益均有所增益的基础上，调整失衡部分；换句话说，要实现收入分配公平，就是要建立起一种利益调节机制，使所有社会成员在经济发展的同时都能共享发展和改革的成果。由于提高劳动报酬的比重涉及各种利益格局调整，因此，在这一进程中，不仅需要有遵循客观规律、平衡各方利益的勇气与决心，更需要探索劳动报酬增加的保障机制，缩小贫富差距，实现民富国强。

提高初次分配中劳动报酬
比例促进经济健康发展*

一

所谓劳动报酬在初次分配中的比例，主要是指劳动者的工资总额占 GDP 的比例。这一比例又叫分配率，它是衡量国民收入初次分配公平与否的重要指标。分配率越高，表示劳动者的工资性收入在国民收入的初次分配中所得份额越大，社会分配越均等。反之，分配率越低，表示劳动者的工资性收入在国民收入的初次分配中所得份额越小，社会分配越不均等。对于我国初次分配中劳动报酬的适度比例问题，过去长期被人们所忽视，以致经济发展如此之快，而普通职工工资水平多年来提高幅度不大，劳动报酬在初次分配中的比例一直较低。根据经济学理论和其他国家的实践，在人均 GDP 达到 1000 美元的水平后，GDP 中劳动力报酬部分的增长将明显加速，工资水平相应会有一个较大幅度的提高，这是经济发展到一定程度的必然反映。然而，2003 年，我国人均 GDP 已超过 1000 美元，到 2007 年底，我国人均 GDP 已超过 2000 美元，但从我国工资的变动情况来看，过去 11 年间我国的工资总额在 GDP 中所占比重从 17.28% 下降到 12.16%，在国民经济中的份额减少了将近 1/3，工资水平的上升幅度大大落后于经济增长速度。而从成熟的市场经济国家来看，劳动者的工资总额占 GDP 的比例一般在 54%～65% 之间。显然，我国劳动者的工资性收入在国民收入初次分配中的比例是较低的。

那么，在国民收入初次分配中，企业工资性收入是如何决定的？

---

* 该文刊载于《贵州社会科学》2009 年第 6 期；人大复印资料《社会主义经济理论与实践》2009 年第 9 期全文转载；文章有删节。

改革前，我国实行的是高度集中的工资管理体制，在国民收入初次分配中，劳动报酬的主要部分——工资完全由政府决定，实行的是低工资、低消费。改革开放后，我国劳动报酬即工资的决定机制发生了重大变化，原先集中在政府手中的工资决定权逐步转变为市场决定，市场作为工资决定的主要力量发挥着重要的作用。目前，在各类企业，其工资的决定都是通过劳动力市场供求主体双方的相互选择、相互竞争来实现的。当某一行业、部门、企业的劳动力供不应求时，工资水平就会上涨；而当劳动力的供给已经饱和或超过一定的限度，工资水平就会下降。可以说，市场在国民收入初次分配中居于主导地位。

然而，就当前我国工资的决定而言，还有许多特殊的原因，以致工资的决定十分复杂。

首先，从劳动力市场来看。由于我国正处于体制转轨和结构调整中，劳动力市场呈断裂和分割的状态，劳动力的流动受到一定程度的限制，竞争很不充分，这主要体现在国有部门所在的劳动力市场。在该市场，由于受传统就业体制、户籍制度以及社会保障制度的影响，部分城市劳动力受到制度的保护，以致该市场劳动力供给的压力较小，工资上升的抑制功能较弱；加上国有部门中一些行业受到国家政策保护，使之获得了高额垄断利润；还由于改革中分配行为不够规范，一些单位缺乏合理有度的约束，这使得一些国有部门、特别是国有垄断部门的工资不断提高。而在国有部门以外的劳动力市场，特别是农民工所在的就业市场，由于存在劳动力过剩的情形，竞争较充分，工资水平的上升就受到了大量劳动力闲置的制约；加上劳动力市场不健全，缺乏工资增长的良性机制，劳动力需求方刻意压低工资，特别是从初次分配的基础机制上、从计件工资这一工资结构形式上——或是提高劳动定额，或是降低单位价格——以变相的方式压低劳动报酬，这使得以农民工为代表的劳动力市场的工资水平多年来都没有什么变化。这是我国劳动者工资整体偏低的一个主要原因。

其次，从政府的财政体制来看。一般地，GDP可分解为三大块：一块是劳动者的劳动报酬，一块是资本所有者所得，一块是国家的财政收入。在目前分灶吃饭与政治集权体制之下，地方政府主要是对上而不是对下负责。而政绩考核的核心指标是地方官员能否创造出更多的GDP，为本级与上级财政贡献更多的收入。为了使GDP与财政收入能够快速增长，地方政府通常以税收优惠、或压低本地区普通工人工资成本以保证外来资本能够获得更高的利润率为条件而吸引更多的资本来本地区投资。由此，在GDP最大化目标的驱使下，政府往往不顾劳动者的利益，而任由本地普通工人在初次分配中的工资增长保持较低水平以保障资本利得和财政收入的增长。这就是近几年来我国资本形成率和财政收入增长均大大超过 GDP 的增长、而劳动者所得比例远低于 GDP 增长的一个重要原因。

最后，从企业的工会制度来看。市场经济条件下，工会是代表工人与资方谈判的重要的市场竞争主体。但由于在改革开放过程中，一方面，在对国有经济进行改制的同时，工会制度改革相对滞后，表现在许多国有单位工会还停留在传统的角色上，而没有在企业集体协商制度所需具备的条件上去进行建设，或直接作为职工代表参与集体谈判。另一方面，在私营企业，工会组织发展亦很缓慢，或者根本就没有建立起工会组织。即使有工会组织，工会也不能代表职工参与收入分配政策、工资水平和各项福利待遇等的制定。面对普遍拥有用工权和工资水平决定权的企业，工人只能是企业收入分配的被动接受者。这就导致资方与劳方谈判地位的失衡，使企业老板处于绝对的强势地位，职工处于绝对的弱势地位。以至于企业利用其市场竞争中的强势地位，压低工人工资水平和应有的福利水平，提高剩余占有率，这是导致我国劳动者的工资性收入在初次分配中的比例整体偏低的又一个重要原因。

二

正是凭借低廉的工资成本和巨大的市场，中国形成了制造业的比较优势，成为世界上重要的产品加工和制造基地。也正是凭借低廉的工资成本，使我国资本积累不断加速，经济得以持续增长。不过，在看到低工资给中国经济带来成功的同时，也应该看到低工资给中国经济带来的不利影响。

（一）低劳动报酬不利于消费需求的扩大

拉动经济增长的因素有三大块：消费需求、投资需求和净出口。其中消费需求在经济增长中的作用无疑是最重要的。而收入是消费需求的主要决定因素，是消费的基础。当工资水平较低时，人们的购买力较低，消费率就较低，这意味着消费品市场将会受到严重影响。不仅如此，消费率偏低，会使快速增长的投资最终失去需求支撑，以至于造成经济失衡。一般地，投资增加会带来生产能力增加，但如果最终消费没有相应提高，必然导致产能大量过剩、企业效益下降、银行呆坏账增多等经济失衡现象。就当前我国经济情况来看，消费需求仍显不足。据有关资料显示，2006 年，我国最终消费率为

51%，居民消费支出占按支出法计算的国内生产总值的比重仅为36.3%，都低于世界平均水平。显然，消费率较低，其原因主要是初次分配中劳动报酬过低，广大中低收入者缺乏消费能力。尽管近几年来，城镇居民收入增长较快，但相当数量的城镇职工包括进城农民工的工资增长还很缓慢。

（二）低劳动报酬阻碍了产业结构的演进

一般地，在产业结构不断适应需求变化的过程中，人们的工资水平起着十分重要的作用。工资水平及其在分配上的差异，及各种商品需求的收入弹性的不同，使需求结构呈现出多样性，从而导致产业结构在适应需求结构的演变过程中不断升级。这可以通过两条传导链清晰地表现出来：一是收入水平——消费需求结构变动——产业结构变动的传导链；二是收入水平——要素供给结构变动——产业结构变动的传导链。在第一条传导链中，收入水平对消费需求进而对产业结构的影响表现得非常直接，人们收入水平的变化直接决定着消费结构的变化，而消费结构的不断变化引导着产业结构不断调整和升级。在第二条传导链中，收入水平对需求进而对产业结构的影响是通过劳动力要素的供给表现出来。随着劳动力技术含量的提高，其所得到的工资必然相应有所提高，而高工资反过来又可以通过吸引高技术人才，集中产业优势，生产高附加值和资本密集型产品，从而促使产业结构升级。

改革开放以来，中国产业结构不断得到提升，应该说是符合产业结构演进规律的。不过，总的来看，我国产业结构提升得并不快，而且也不尽合理。究其原因，还是与人们低工资水平有关。一方面，由于我国收入差距较大，高、中、低收入群体之间存在严重的消费断层。尽管高收入群体有消费高端商品如汽车、住房、信息咨询、风险投资服务等方面的需求，但人数还是较少，规模不够大；最能带动消费上层次的中等阶层却还未形成，由于预期收入不稳定，他们的消费是最为保守的；而低收入者人数众多，他们的消费水平还处在20世纪90年代初中期的水平上，这种情况必然使企业生产受到消费的制约，并使技术、服务等徘徊在低档次上从而导致产业结构演进缓慢。另一方面，我国行业收入差距十分突出。资料显示，目前工资水平高的行业集中于电力、煤气及水生产供应业、交通运输业及邮电通信业、金融保险业、房地产业等服务行业。而与此相对应，那些工资水平较低的行业多集中于以制造业为代表的第二产业。应该说行业间工资差别的存在，对于在整个社会范围内不断重新配置劳动资源具有重要作用。但中国工资与劳动力配置、与产业结构演进之间不具有协调性，表现为大部分高级人力资本都配置在第三产业；而第二产业，由于相当多的企业工资水平低，人才流失，再加上技术上缺乏自主创新，许多技术只是简单地模仿，生产中又主要倚持的是廉价的熟练劳动力，以致我国制造业技术水平一直得不到提升，产品的品质也较低，产业结构处于较低的水平。

（三）低劳动报酬支撑不了对外贸易的发展

一般说来，发展中国家的经济发展水平相对较落后，综合实力不强，因此，要谋求经济和贸易的发展必然遵循比较优势原则。我国也不例外。我国的比较优势主要建立在劳动力廉价这一要素禀赋基础之上。改革开放30年的实践表明，以低工资成本为依托的劳动密集型产业的发展确实对我国经济起飞起了巨大的推动作用，是提升中国经济国际竞争力的主要力量，其意义重大。

不过，需要注意的是，以廉价劳动力所支撑起来的劳动密集型产业的发展空间毕竟有限，以低工资成本作为扩大出口的竞争优势长期看也是不足取的。因为，一方面，劳动密集型产品的份额在国际市场上占的份额相对较小，所以，即使劳动力很低廉，也不可能在国际市场上占有太多的份额。另一方面，以低工资成本所换取的出口产品在价格上的竞争优势，为企业的长期发展埋下了巨大的隐患，沉迷于"廉价劳动力"优势的企业，是很难在和跨国公司的竞争中吸引到人才的。而廉价的低端劳动力是以低成本的培训投入为基础的，这样的劳动力很难进行技术创新。一旦技术优势丧失，"廉价劳动力"的优势将不复存在。因此，中国想要在国际市场上提高自己产品的竞争力，要想在外贸中进一步扩大其市场份额，就必须向资金技术密集型的产业扩展，扩大自主品牌和自主知识产权的高新技术产品的出口规模。这些在国际贸易中的份额相当大。所以，仅靠廉价劳动力和与其相联系的劳动密集型的产业支撑不了中国未来的发展。

（四）低劳动报酬阻碍了农民市民化的进程

按照刘易斯的观点，劳动力从农村流向城市，主要取决于城乡实际收入差异，只要城市工业部门的一般工资水平高于乡村农业且一般工资水平达到一定比例，农民就愿意离开土地迁移到城市中谋求新职业。刘易斯还估计，外出农民的收入要比留在原地高出大约30%以上，农民才会迁移到城市，而当工资水平较低时，处于消极保护自己权利和理性考虑，农民工会返回农村。

显然，这里，工资水平起着很重要的作用，它成为农村劳动力转移及城市化发展的重要动因。

改革开放以来，特别是 20 世纪 90 年代以来，我国城市化发展受到重视，城市化进程有所加快，每年都有数以千万计的农民工进入城市打工。不过，我们也看到一个非常普遍的现象，大多数农民工无法在城市安身立足，很难融入城市化进程之中，为什么会出现这种情况？究其原因，除户籍限制、社会保障制度及其他一些制度性因素外，较低的劳动报酬亦是一个重要因素。由于农民工文化程度普遍较低，他们只能在较低层次的工作岗位上就业，接受较低的工资，而面临低工资和较高的城市生活成本，他们几乎又没有足够的收入去接受教育和培训以使自身的素质和技能得到提高。这种情况一方面使他们失去了寻找更高收入的机会，从而陷入"低收入—人力资本积累不足—低收入"的恶性循环；另一方面也使他们进入城市所需的货币资本积累和人力资本积累滞后，从而支付不起在城镇安家落户的成本。

（五）低劳动报酬导致居民收入结构失衡

居民合理的收入结构应该是在基尼系数范围内既有高收入，也有低收入。然而，中国目前的基尼系数为 0.45，占总人口 20% 的最贫困人口占收入和消费的份额只有 4.7%，而占人口 20% 的最富裕人口占收入和消费的份额高达 50%。中国社会的贫富差距已经突破了合理的限度。引起收入差距过大的主要根源是工资外收入的快速增长（包括垄断性收入、灰色收入以及非法收入）。这些收入集中在少数人手中，而大多数人仍然是靠低工资作为其收入来源。而且这种差距还有扩大之势。最具典型的实例是普通劳工与私营企业主之间，一方是持续的低工资，而另一方是由持续的低工资带来的财富的积累，两个阶层的收入差距在不断扩大。为什么普通劳工的工资会较低？这除了劳动力市场不健全及其劳动关系的不健全外，政府对劳动者保护不够以及企业工会不作为都是导致工资水平较低的一个重要原因。如果贫富差距进一步扩大的话，将会影响到社会的稳定，阻碍经济持续发展。

三

由上我们看到，中国宏观经济中的各种突出的问题，都是我国经济发展中的主要矛盾，又都与低劳动报酬或者说与低工资水平及其决定因素有关，由此，我国经济中的各种矛盾，实际上是由低劳动报酬引起的、或者说是工资这一变量失衡引起的。

因此，要维护整个市场的均衡，促进经济健康发展，必须完善劳动力市场，健全工资决定机制，增加劳动报酬在初次分配中的比例，这是解决中国许多问题的一个重要突破口。

那么，如何提高劳动报酬在初次分配中的比例？

首先，从完善劳动力市场入手，消除市场的割裂状态，实现劳动力市场的充分竞争，这是劳动报酬在初次分配中的比例能够得到正常提高的市场条件。在市场经济条件下，工资是由市场决定的，但由于我国劳动力市场长期受到相关制度的影响，市场处于分割状态，劳动力流动受到阻碍，市场竞争不充分；再加上我国劳动力市场的供给主体之一是大量低人力资本的农民工，受社会歧视等因素的影响，供求双方在权利和地位上并不完全平等，劳动力需求方掌握着主动，并利用劳动力市场还不够健全的缺陷，刻意压低工资，这使得我国劳动力市场工资整体处于较低水平，甚至低于劳动力价值。由此，消除各种制度性障碍，允许劳动力自由流动，维护市场公平竞争，实现各类劳动力的平等就业，完善劳动力市场机制，促使劳动力市场的统一，这是让劳动力价值得到合理的体现、劳动者报酬率得到客观反映的基础。

其次，要制定相关的法律法规，维护市场秩序，这是劳动报酬在初次分配中的比例能够得到正常提高的制度条件。由于中国经济是典型的二元经济结构，就业的结构性矛盾十分突出；加上劳动力市场不健全、劳动关系还不完善等，以致出现企业劳动合同签约率低，企业职工参加社会保险不高，职工劳动保护不够，职工工资被压低、被拖欠等不和谐现象，这使得市场经常会出现失灵，工资水平的决定更为复杂，因此，必须依靠政府进行干预，以确保劳动者劳动报酬权等各项权益不受侵犯。

如何才能确保劳动者的劳动报酬权益？这就必须依靠法律、法规及相关条例，而且应具有可操作性。笔者认为，解决这个问题可以从两个方面入手，一是与劳动法相配套，可以制定如集体合同条例等相关法律法规，以对工资集体协商的推进给予强有力的法律支持。由于现有法规对企业开展工资集体协商的规定还不够规范，因而许多企业以法律没有强制性规定为理由，拒绝工会提出的协商。为了明确工资集体协商是企业一项不可推卸的法定义务，应通过在集体合同条例中予以规范。二是与劳动法以及集体合同条例相配套，政府还应制定劳动定额相关法规。目前国家没有统一的劳动定额标准。现在企业都是根据各自情况自主制定和实施劳动定额，以致企业的定额普遍偏高、单价普遍偏低。大多数工人不得不靠加班时间来完成定额任务，以获得相应的工资收入。由此，

"计件单价"和"定额"是两个非常关键的因素，它们直接涉及实行计件工资的工人在初次分配中的基础机制。工人要想提高工资，必须提高单价，科学合理地确定定额，这是提高初次分配中劳动报酬的比重的关键所在。

另外，要建立健全工会组织，充分发挥工会在工资集体协商中的作用，这是劳动报酬在初次分配中的比例得到正常增长的又一制度保证。由于中国剩余劳动力较多，而劳动者组织化程度较低，单个劳动者难以对抗强大的资本，这使得劳动力市场呈现出"强资本、弱劳动"的格局，劳动力市场价格决定的供求关系被资本逐利所替代，劳动者在工资决定中失去了话语权。为改变这种状况，必须建立健全工会组织，重视发挥工会在劳资双方博弈中的均衡作用，以推动劳资双方在平等的基础上进行协商。由工会代表职工与企业进行集体协商，这是开展工资集体协商的一个重要前提。目前，虽然大多数企业都建有工会组织，而且他们在工资集体协商中也发挥了一定的作用，但在许多企业、特别是私营企业，工会组织并不健全，即使有工会组织，也不能代表职工利益，这就失去了工资集体协商的一方主体；而且，即使被认为发挥了一定作用的国有企业工会，也还存在一个转变行政身份的问题，工资集体协商也往往流于形式。因此，建立健全工会组织就是十分必要的。笔者认为，建立工会组织，进行工资集体协商，切实有效的办法是组建行业性工会。通过区域性行业性工会进行工资集体协商，比企业单个工会作用更大。一是避免企业工会所处的依附地位，可使其有效地开展协商对话；二是避免非公有制企业工会组建率低，可使职工形成工资集体协商一方有实力的主体；三是避免企业之间、职工之间恶性竞争，可使职工在工资集体协商框架下争取到报酬最大化。四是避免企业和职工只注重眼前利益，可使其在更高层面上看到双方的长远利益，即在保证就业机会的前提下主张劳动者最大的经济利益。因此，建立健全行业工会，平等的与资方进行协商，是使企业职工分享企业的剩余控制权和剩余索取权的重要一环。

参考文献

[1] 我国人均 GDP 逼近 2500 美元 [N]. 深圳商报，2008 – 03 – 25.

[2] 工资条例：国家降税预留涨工资空间 [N]. 华夏时报，2008 – 05 – 08.

[3] 房价挤占居民其他消费 最终消费率 10 年下降 10% [EB/OL]. 人民网，2007 – 01 – 10.

[4] 赵学清. 提高劳动报酬在初次分配中比重的几点思考 [J]. 河南社会科学，2008 (1).

后　记

　　本书系笔者长期调查研究和理论研究的成果集。在本书即将出版之际，笔者百感交集。多年来，笔者一直秉承"关注民生、服务社会"的理念，积极服务社会和地方经济发展，多次深入企业、农村进行调研，撰写了多份调研报告。这一份份调查报告和理论研究成果都是艰辛所得。在此，深深感谢支持我调研工作的各地政府及相关部门和企业，感谢湖北工业大学领导和同事对我的支持和帮助。

　　2011年，针对湖北黄石市有色金属、黄金行业部分工矿棚户区改造进行调研，看到棚户区职工居住环境恶劣，收入普遍较低，深感民生领域欠账较多。为此，撰写了《关于对有色金属、黄金行业部分工矿棚户区改造情况的调研》，受到中央领导的高度重视，对湖北工矿棚户区改造工程起到重要的推动作用。2011年，针对"招工难、就业难"，笔者在湖北进行了大范围的调查，调查报告得到中央及湖北省领导的高度关注，《中国青年报》《长江日报》《长江商报》《楚天金报》《武汉晚报》等多家媒体分别进行了报道，《半月谈》、"新华网"就调查报告的相关观点予以摘编刊发，求是理论网、人民网等多家媒体转载报道，引起社会广泛关注。2012年，因部分地区农产品价格出现大幅波动，笔者深入到农村、农贸批发市场和超市进行调研，撰写了《大力发展"农超对接"推进农业发展方式转变》的调研报告，得到湖北省领导及相关部门的关注，成为全国政协十一届五次会议提案，人民网、中国网、网易（新闻）等多家媒体予以报道。2013年，针对传统企业用工成本持续上涨，企业职工工资增长缓慢等问题，笔者深入湖北几十家企业进行调研，撰写了《湖北传统制造企业一线职工收入状况的调查》，引起政协委员及媒体高度关注，《楚天都市报》《长江商报》《楚天金报》等媒体予以报道，人民网、新华网等多家媒体予以转载，社会影响极大。2014～2016年，针对企业转型中的技能人才问题，笔者连续深入湖北多家企业调研，撰写了《关于在企业转型升级中进一步加快培养高技能人才的建议》《关于我省新兴产业高技能人才供求状况的调查》，得到湖北省领导及相关部门的高度重视，被全国政协十二届四次会议采纳，中国网以"加强高级技能人才培养，推动制造业转型"为题摘编刊发。2017 年，针对农民工就业质量，笔者走访了部分传统和新兴企业。调查中，切实感受到当前劳动就业中的一些问题较突出，不仅农民工就业质量不高，而且随着经济结构加速调整，劳动关系中的矛盾日益凸显。为此，撰写了《关于我省农民工就业质量的调查报告》《关于构建和谐劳动关系助推供给侧结构性改革的建议》《保障"网约工"劳动权益促进"新业态"健康发展》等 3 篇调研报告，都得到了湖北省领导的批示。其中，调研报告《保障"网约工"劳动权益　促进"新业态"健康发展》被《长江日报》所报道，人民网、人民政协网等多家媒体进行了转载，相关部门给予高度肯定。

非常欣慰的是，十余年来，笔者共提交调研报告 20 多篇，有 13 篇调研报告得到中央及省领导的批示，有 16 项提案被全国政协、湖北省政协采纳，为政府决策提供依据，为服务地方经济建设、推动地方经济发展贡献了一份力量。

作为一名学者，笔者时刻牢记自己的使命，将继续关注民生，深入调查研究，为助推高质量发展、保障和改善民生，为服务地方经济建设而努力。由于笔者水平有限，书中疏漏和不当之处在所难免，敬请各位读者批评指正。

胡放之

2018 年 9 月 14 日